대한민국 전문대학 교육의 정체성

직업교육과 평생교육

대한민국 전문대학 교육의 정체성

직업교육과 평생교육

한강희 지음

교육입국 백년대계: 직업교육과 평생교육

내가 고등직업교육인 전문대학 교육 현안에 관해 직접적인 관심을 가지게 된 계기는 2008년 여름 한국전문대학교육협의회(이하, 협의회)가 주관한 학술 연수대회 참가하면서부터였다. 이때 교육부 지원하에 있는 특별법인으로 전문대학의 제반 업무를 관할하는 협의회의 존재를 알게 되었고, 일선 대학에서 추천한 파견 교수들이 그곳에서 고등직업교육 현안 업무에 관해 심도 있게 관여하는 실상을 목도하게 되었다. 2009년 협의회 근무 시절 직원이 30명이 채 안 되었는데 현재는 50여 명을 넘어서고, 파견 교수 연인원도 당시 30여 명 정도에서 2020년 현재 1백여 명에 육박하니 놀랄 만한 진전에 감회가 새로울 뿐이다.

2009년 2월 초 협의회 기획조정실에서 정책홍보 담당으로 약간의 기여도 할 겸 반 안식년 수준으로 가볍게 생각하고 서울역 인근 중구 중림동 소재 협의회 사무실에 출근하게 되었다. 여기에는 기자 경력을 눈여겨보고 후임으로 추천한 안산대학교 한성택 교수의 후원이 컸다. 그런데 공교롭게도 복병을 만난 것이다. 30년을 넘어서는 고등직업교육인 전문대학 역사를 정리해야 하는 과업에 맞닥뜨린 것이다.

사실 10년사 편찬 이후 공백으로 남은 20년사를 만들어야 했고, 그것도 미간으로 남아있어서 다시 25년사를 기획해야 하는 사정이었음에도 여차여차한 사정으로 미루고 미뤄져 30년사 편찬의 당위성은 당시 최우선 과제로 선정되어 누군가의 손길을 기다리고 있던 차였다. 협의회 근무 여장을 풀자마자 이승근 기획조정실장의 추천과 격려에 힘입어 불가피하게 공보관 업무에서 춘추관 역할로 변경이 되어 고등직업교육의 콘텐츠 속에 담긴 알파와 오메가까지를 손품 발품에 부지런히 담아내야만 했다.

어차피 누군가 감당해야 한다면 내가 감당하고, 내가 감당한다면 빈틈없이 잘해 보자, 그리고 쏜살같이 해치우자는 오기가 발동했다. 전국의 내로라하는 전문대학 1백여 곳을 방문해 사진을 찍고 자료를 모으고 이색적인 비사를 끌어모으면서 무어라 말할 수 없는 뿌듯한 보람도 생겨났다. 책을 마무리하면서 30년사 집필편집위원장으로서의 당시의 소회를 다음과 같이 편찬 후기에 토로한 바 있다.

"서울역 후원(後園) 서소문 공원에 개나리꽃 피고, 중림동 약현 성당 뜰 안 자색(紫色) 목련화 사이 비집고 어룽대는 나른한 봄빛, 차마 사무쳤지요. 한데 내 마음속의 봄은 휑하니 살풍경이었어요. 싹 돋고 꽃 피고 잎이 무성해지며, 낱말들이 모여 구절과 문장을 만들어나가기 시작했어요. '미끈유월', '어정칠월' 무심히 견뎌내, 서울의 중심 목멱산(木覓山)이 계절의 무늬 바꿀 무렵, 그림과 도표도 똬리를 틀었지요. 첫눈이나 세모(歲暮)는 자연의 순리. 이윽고 '환한 보람' 하나 얻게 되었지요. 10년 만의 서울 재입성과 함께 '공보관'에서 보직 변경돼 '춘추관' 임무 맡은 지 딱 1년 만이네요. '졸업'이 '시작'(commencement)을 의미하는 것처럼, "30년사" 발간은 한 세대를 마감하는 매듭이라기보다는, '새로운 초입'으로 가는 벅찬 설렘 아닌가 싶네요."

한국전문대학교육협의회 기획조정실 정책팀 전문위원(2009. 2. 1.~2010. 1. 31.), **"한국전문대학교육30년사" 편찬위원회 집필위원장**(2009~2010)을 계기로 이후 **전문대학 정책자문 전문위원**(2011~2020), **전공심화과정 인가-지정 심사위원**(2012~2018), **한국고등직업교육평가인증원 평가팀장 겸 소위원회 위원**(2011~2020) 등으로 활동했다. 그 외에 고등교육 발전을 위해 **한국교원단체총연합회 전국대학교수회 운영위원 및 부회장**(2012. 2.~2015.

2.)을, 도립대학 발전을 위해 **전국도립대학교수협의회 자문위원 및 도립대학 발전방안 연구위원**(2011~2019)을, 전문대학 산학협력을 위해 한국고등직업교육학회 홍보이사 및 대학지자체상생발전위원장(2013~2020)을, 전남 지역 초중등 교육 발전을 위해 **전라남도 교육청 재정위원회 위원**(2018~2020)으로도 활동하고 있다.

파견 교수 활동을 계기로 고등교육정책 전반에 관여하면서 교육부 정책위원으로서 소임과 역할을 다하기도 했다. **교육부 대학발전 기획단 전문대학 분과 기획위원**(2013. 5.~12.), **교육부 국정자문 자체평가위원**(2013. 5.~2017. 4. 30.), **교육부 특성화사업 4영역 평생직업교육대학 모형설계 연구위원**(2013~2014), **교육부 교육과정심의회 운영위원회 위원**(2016. 12. 15.~2020. 5.), **교육부 파견 광양보건대학 이사**(2015. 5.~2017. 5.) 등으로 활동했다. 교육부 산하 기관으로는 **한국교육개발원 대학구조개혁팀 구조개혁지표개발위원**(2015. 6.~12.), **대학기본역량진단 평가위원**(2018~2020), **교원양성기관 현장실사 평가위원**(2017. 9.) 등을 역임했다.

이러한 경력을 바탕으로 도립대학에 재직하는 동안 우리 대학의 현재를 진단하고 미래 비전을 창출하는 자체평가·기관인증 등 업무에 직간접적으로 간여해 왔다. 최근 연간을 중심으로 보자면 **대학 중장기발전기획위원회, 전남도립대학교 개교 20주년 기념사업추진위원회 위원장 및 20년사 출판편집위원장, 기관평가인증준비위원장, 대학구조개혁평가준비위원장, 교수학습지원센터장, 대학기획위원회 위원** 등 교육품질 제고 및 인증과 평가에 대한 업무를 도운 바 있다. 고등직업교육과 관련한 최근 연간의 활동은 학회에 참여하면서 이뤄진 발표 및 토론 결과로 요약할 수 있다. 주요 활동을 소개하면 다음과 같다.

* "공립 전문대학 지표 현황과 문제점 및 개선 방안"기조 발표(전국 공립전문대학협의회, 충북도립대학, 2011. 2.)
* 한국고등직업교육학회 토론, "차기 정부의 직업교육 변해야 산다", 교육과학기술부, 한국직업능력개발원, 한국고등직업교육학회 공동 주최(한국프레스센터 19층 기자회견장, 2012. 8.)
* 국회 고등교육 관련 정책토론회, "세계 수준의 전문대학 육성" 토론, 한국전문대학교육협의회 공동주최(국회 의원회관 제2세미나실, 2012. 9.)
* 한국교원단체총연합회 주관 정책토론회 사회 진행 및 전문대학 분야 토론자, "대학평가제 문제점과 개선 방안"(서울시 서초동 소재 한국교총 5층 회의실, 2013. 5.)
* 한국대학교육협의회 주관 정책토론회 토론자, "대학평가제 문제점과 개선 방안"(서울시 중구 소재 프레지던트 호텔, 2014. 6.)
* 한국고등직업교육학회 토론자, '고등직업교육정책의 방향과 좌표'(부산시 해운대구 센텀지구 경남정보대학교, 2015. 7.)
* 한국고등직업교육학회-한국고등직업교육혁신운동본부 주최, 고등직업교육정책 대토론회 토론자 "4차산업혁명시대의 인재양성, 고등직업교육에서 길을 찾다"(한국프레스센터 20층 국제회의장, 2017. 2.)

이 책에 실린 글들은 이러한 기획과 전략에 힘입어 작성되었다. 각 장의 세부 내용을 개략적으로 살펴보면 다음과 같다.

"고등직업교육기관으로서 전문대학 형성과 발전과정"은 전문대학 30년사 편찬 자료를 근거로 다시 쓰였다. 즉 필자가 맡았던 서론과 결론 부분을 중심으로 전문대학의 태동부터 2010년 도약까지 총 4단계로 구획하고 그 양적 팽창과 질적 성장을 주요 교육사적 연대기를 참조하여 실상과 맥락을 세부적으로 짚어 보았다.

"21세기 교육환경 변화에 따른 고등직업교육기관으로서 전문대학 활성화 방안"의 골자는 교육과정 및 교수·학습 방법 혁신을 통한 직업교육 효율성 제고, 평가·인증 체제 구축을 통한 사회적 위상 제고, 글로벌 리더 양성을 통한 교육산업 경쟁력 제고에 주목해야 하고, 산업체는 산학협동을 통한 우수인력 양성으로 산업 경쟁력을 확보해야 하며, 국가적 차원의 인적 자원 개발 및 관리에 대한 비전 제시를 역설하고 있다. 요컨대 '수월성', '다양성', '효율성'에 중점을 두어 '교육산업사회'(educational industry society)에 대비하고 교육 고객화(educational consumerized), 학습중심(learning oriented), 네트워크화(network driven)에 초점을 두어야 한다.

　"고등교육정책 중 '대학 평가제도'에 관한 고찰"은 기존의 단기적, 근시안적 평가 및 활용, '대학의 줄 세우기 평가', 객관성 및 공정성이 결여된 평가 체제, 일관성이 결여된 평가지표 적용, 재정지원 연계 문제 등을 고려하여 정부-대학 간 갈등을 최소화하고 대학의 장점을 극대화하는 정부 주관 대학평가 시스템 개선, 교육의 질제고를 위한 평가방식 개선, 평가체제 운영기반 강화, 고등교육 재정 확충 및 민간부문 참여 확대 등 이전과는 다른 혁신적인 '21세기형 대학 평가체제'가 도입되어야 함을 주장하고 있다.

　"평생직업교육대학 운영 모델 및 역할 연구"는 교육부 정책 시행 프로젝트로서 전문대학 공동연구진이 수행한 과제다. 세부적인 연구 내용으로 일반대학교 및 전문대학, 한국폴리텍대학 등 고등교육 기관의 평생직업교육 운영 실태 분석, 평생직업교육대학의 운영 모델 및 역할 제시, 평생직업교육 프로그램 개발 및 운영 방안, 평생직업교육대학 선정 기준 및 방법, 평가지표 개발, 예산지원 규모 및 방법, 사후관리 방안, 성과관리 및 질 관리 방안 등을 설계하여 재정지원사업 4유형 기획 및 설계 실천안으로 활용하였다.

　"선진 교육복지 패러다임에 부응한 고등직업교육(전문대학 교육) 현안의 재구조화"는 전문대학 현안의 우선순위를 비전과 전략 → 교육 여건 → 교육 운영 → 교육성과 등 순차적으로 설정하고, 비전과 전략은 비전과 목표, 리더십, 대학의 책무를, 교육 여건은 교직원, 학생, 교지 및 교사, 실험실습실, 재정, 정보자료자원을, 교육운영은 교육, 산학협력, 평생교육, 학생지원, 운영시스템, 국제화를, 교육성과는 신입·재학생 충원율, 중도탈락률, 취업률, 학생 개별스펙, 교육재정(교육 외 수익, 산학협력 수익, 국고보조금 수익, 교육비 환원율), 교육 만족도(학생, 교직원, 산업체, 졸업 동문, 지역사회), 명성(인지도, 이미지)으로 나눠 목표 값을 제시하고 있다.

"전문대학 교양과목으로서 글쓰기 교육의 현실과 개선 방안"은 직업기초능력 'NCS 학습모듈'체제 도입과 더불어 의사소통능력 교과목의 구체적인 운영 모형을 제시한 것이다. 즉 전문대학 단위에서 시행할 만한 글쓰기 교과목의 운영방법 개선을 제안한 내용이다. 여기에는 글쓰기센터의 활성화, 글쓰기 교과의 교과과정 편입 및 시스템 구축, 글쓰기 전담 전임교원의 확충, 글쓰기 교육의 단계별 수준별 설계-개발-적용의 재정립을 역설하고 있다.

"4차산업혁명시대 고등직업교육의 역할체계 규정과 혁신 방향"은 고등직업교육 맥락에 대한 이해를 바탕으로 재구조화를 통해 고등직업교육 핵심 현안에 관한 접근과 모색이 실질적인 정책으로 입법화해야 할 것을 제안하고 있다. 이정표, 신현석 교수의 연구 성과에 힘입어 반성적 소론으로 정리한 내용이다.

"공립 전문대학의 현재적 진단과 구조 혁신 방안"은 '현재의 도립대학을 국립 직업교육대학 형태로 개편하자'는 내용이다. 연구 결과는 19대 대통령 후보님께 드리는 도립대학 요구사항으로 정리하여 전달한 바 있다. 이 글의 "2장 고등직업교육의 현재 여건 및 개선 방향"은 양한주 전 동양미래대학교 교수이자 고등직업교육평가원장께서 집필하셨다는 점을 밝힌다. 해당 원고의 논리적 흐름을 위해 필자에게 양해를 구하고 싶다. 주요 내용의 논지를 요약하면 다음과 같다.

"전국 6개 광역지자체가 설립한 도립(공립)대학 7개교는 1990년 대 후반 국가균형발전을 위한 교육정책의 일환으로 창학 20여 년간 묵묵히 지역 발전을 선도해 왔다. 선진국의 경우, 교육의 최고기관 인 대학을 국가가 책임지며 운영하고 있다. 직업교육은 더더욱 그렇 다. 우리는 사립 전문대학이 98%로 겨우 2%를 광역 지자체가 설립 하여 운영하고 있다. 이제 국가가 발 벗고 나서야 할 때다. 그간 도 립대학은 국공립이라는 미명 하에 공적 커뮤니케이션의 장에서 들 러리만 섰을 뿐, 스포트라이트를 받은 적이 없다. 공립대학으로서 지역 균형발전을 선도하라는 목적만으로 국가로부터 재정적 투여가 이뤄지지 않고 있다. 이에 도립대학과 국립대학의 통합은 대학구조 조정으로 인한 부작용을 최소화하는 안전판이 될 수 있다. 구조조정 거점대학 도입은 최적의 대안이다. 이는 평생직업교육의 장으로서 평생학습시대를 선도하는 '국민 평생학습대학' 구현과도 직결된다. 도립대학과 국립대학의 통합은 대학구조조정 문제를 지혜롭게 풀기 위한 시의적절한 단초가 될 수 있다. 이에 도립대학 7개교 구성원 일동은 도립대학과 국립대학의 통합을 강력히 요구한다."

이 외에 필자가 참여한 연구 프로젝트로 "청년실업 해소를 위한 고등직업교육 혁신 방안(양한주 외)", "전문대학 4년제 학과 연구" (차갑부 외) 등이 있지만 비교적 중대형 규모의 공동 연구진을 구 성해 진행한 성과물이므로 여기서는 생략하였다.

한편 본서는 각 장이 끝나는 부분에 작성 당시 시의성에 맞춰 기 고한 기사, 칼럼, 방담, 기획특집, 인터뷰 등을 실었다. 자칫 경직화 하기 쉬운 이론 및 연구가 대중적인 실용화 단계로 안착하기 위해 서는 말랑말랑한 저널적 접근이 합리적인 방략이라고 판단하였기 때문이다. 여기에 실린 중앙 일간지 및 지방지, 대학교육 전문지 등 언론 기고문의 테마는 한국의 고등교육 화두로 부상한 직업교육과 평생교육에 관한 현재적 진단과 미래 비전의 창출에 관한 내용이 주류를 이룬다. 즉 전문대학, 지방대학, 도립대학의 한계와 난점에 대한 출구를 모색하고 그 대안을 마련하는 데 초점을 맞추고 있다.

　이 단행본은 온전히 필자의 몫이 아니다. 당연히 이 분야 여러 선배님들과 동학 제현의 선행 업적과 함께 그들의 진심 어린 격려와 조언이 있기에 가능했다. 그 수가 매우 많아 그분들의 이름을 여기에 적시하기 힘들다. 책으로 엮기까지 고민이 많았다. 어쭙잖은 글들이지만 한 때를 풍미한 흔적이기에 미력하나마 대한민국 고등직업교육 발전에 보탬이 될 요량으로 용기를 내었다.
　밝고 깊은 안목을 가지신 분들이여, 부디 따뜻하고 부드러운 관용의 시선으로 바라봐 주시길.

광주 중외공원 태봉산 자락
2020년 가을의 끝자락

한 강 희 謹識

CONTENTS

제1장

우리나라 고등직업
교육기관으로서
전문대학의 형성과
발전과정

Ⅰ. 머리말

우리나라 전문대학은 근대 대학 학제와 함께 시작하여 21세기 교육시장 개방 및 무한경쟁체제에 이르기까지 고등직업 교육기관으로서 중심축을 담당해 왔다. 특히 해방 이후 비약적인 경제성장에 힘입어 괄목할 발전을 이룩하였다. 이후 최근에 이르기까지 다매체다문화 시대, 지식정보화 사회라는 내·외적 교육환경 변화(paradigm shift)에 긴밀하게 부응하며 전문 직업인을 양성하는 산파역으로서 그 소임을 다해 왔다. 즉 전문대학은 산업발전에 대응하는 노동시장의 수요 탄력성에 발맞춰 다양한 종류의 직업교육을 수행하며 깊이와 넓이를 확보해 왔다고 할 수 있다.

우리나라 전문대학은 국립 2개교, 공립 8개교, 사립 136개교 총 146개 대학으로 사립이 절대적인 숫자를 점유하고 있다. 국립 2개교는 한국철도대학과 한국재활복지대학으로 모두 경기도에 소재하고 있다. 공립대학은 지역자치제도가 정착하면서 1969년 설립된 인천전문대학을 제외한 8개교 모두 1990년대 후반에 개교했다.

전문대학은 20세기 초 배화학교, 숭의여학교를 비롯한 6개 대학에서 근대 학제로서 처음 출발하였다. 1970년대엔 48개교가 설립되었으며, 1995년 '5·31 교육개혁' 후속 조치로 고등교육법이 개정된 1990년대엔 대학 설립 준칙주의 영향으로 50개교가 설립되는 등 두 연대에 걸쳐 가장 많은 대학이 설립되었다.[1]

그간 전문대학이 직업교육을 수행한 과정을 교육사 내부의 제도적

---

1) '대학 설립 준칙주의'란 대학 설립 요건을 단순화하여 교지, 교사, 교원, 수익용 기본재산의 기준만 확보되면 원칙적으로 인가를 해주는 정책이다. 한편 전문대학은 권역별로 수도권이 47개교로 전체 3분의 1을 차지하며 다음으로 대구·경북권 24개교, 부산·경남권 21개교, 광주·전남권 17개교, 대전·충남권 11개교, 전북권 9개교, 강원권 9개교, 제주권 3개교 등이다. 단일 지자체로는 경기가 33개교, 경북 17개교, 서울 10개교 순이다. 상당수가 수도권에 위치하며, 경북, 부산·경남권 순으로 이어진다.

인 변천을 근거로 시간적 추이에 따라 구획해 보면, 공식적으로 '전문대학'이란 명칭을 달게 된 1979년 이전의 '태동과 형성기', 1979년 '전문대학' 명칭을 달게 되면서부터 1996년까지의 '성장과 발전기', 1997년 이후부터인 '혁신과 도약기' 등 3단계로 나눠볼 수 있다. 요컨대 전문대학이 직업교육을 내실화하며 성장, 발전한 과정을 들여다보면 크게 보아 '직업교육의 양적 확대와 질적 심화 과정'이라 해도 무리가 없을 것이다.

'양적 확대와 질적 심화'는 좁은 의미에서 볼 때 이전의 '전문대학 형태'가 '전문대학'으로 통합 명칭을 단 1979년 이후부터 급속히 내적 진전을 가져온 일군의 현상을 의미한다. 1979년 3월은 초급대학을 일반대학 혹은 전문대학으로, 실업고등전문학교·전문학교를 전문대학으로 개편하고 각종 5년제 대학을 폐지하는 등 교육사적으로 중요한 의의를 갖고 있다. 이는 '전문대학' 명칭 사용 및 체제 개편의 기점이 된 전문대학 역사의 분수령이었다. 한편 1997년은 1995년 5·31 교육개혁 후속 조치로서 구체적인 법률 개정 중 전문대학 관련 조항이 발효하기 시작한 연도이기도 하다.

여기서는 전문대학의 발전과정을 3단계로 나눠, 시기별로 나타난 교육제도 및 교육과정 상 주요 특징을 일별하고 그 의미를 추출하기로 한다.

II. 전문대학의 태동과 형성(1979년 이전)

1. 고등직업 교육제제의 태동과 형성

우리나라 교육법은 1949년 12월 제정되었는데, 이후 10여 차례의 학제 변천이 있었다. 특히 고등직업교육은 학제 변화가 가장 심했던

교육 부문이었다. 즉 우리 고등직업교육은 초급대학(1950~1977), 실업고등전문학교(1963~1977), 전문학교(1970~1978), 전문대학(1979~현재), 개방(산업)대학(1982~현재), 기술대학(1998~현재), 기능대학(1998~현재) 등으로 다양한 체제를 선보였다. 하지만 다음 표에서 볼 수 있듯이 전문대학은 일반대학과 함께 한국 고등교육의 양대 축을 형성하고 있다.

2년제 대학이 몇 가지 체제로 변화를 보인 이유는 국가가 주도한 공급자 위주의 경제발전 논리에 따른 기술인력 양성에서 찾을 수 있다. 이는 해방 이후 가난을 떨쳐내지 못하고 부존자원이 절대적으로 부족한 현실에서 인력자원 개발만이 경제성장을 담보할 수 있다는 의도적인 노력이라 볼 수 있다.

고등직업 교육제제로서 전문대학은 1960~1970년대에 이르러 비약적으로 팽창하게 된다. 1964년 45개였던 고등교육기관이 1978년에 112개로 늘어났으며, 전문대학 명칭으로 개편된 1979년에는 127개로 증가하였고, 2008년 현재 145개가 되었다. 15년 사이에 3.3배 정도의 양적 성장을 한 것이다. 이러한 양적 팽창의 배경에는 실업고등전문학교, 전문학교가 갖고 있던 한계와 문제점의 재검토, 경제개발계획에 따른 인력 양성이라는 시대적 흐름이 맞물려 있었다.

2. 고등직업 교육제제 초창기 세 가지 형태

1) 초급대학 시기(1948~1978)

'초급대학'은 1950년 교육법 제정 이후 동년 3월 제1차 개정 학제 공포에 의해 최초로 도입된 고등교육기관이다. 초급대학은 국가산업 진흥에 요구되는 중견 기술인 또는 중간 사회계층의 지도자 양성을 목표로 삼았다. 이 시기 초급대학은 중학교 졸업자를 대상으로 입학

자격을 부여하는 4년제 초급대학과 고등학교 졸업자에 입학자격을 부여하는 2년제 초급대학이 병존하였다. 초급대학의 입학생은 4년제 대학 탈락자와 가정형편이 어려운 학생들이 전체 학생의 90%를 차지하는 등 주류를 이루었다. 남학생 대 여학생 비율은 36.8% 대 63.2%로 나타났다. 이러한 구도는 일본의 단기대학과 유사한 맥락으로 이해할 수 있다. 4년제 종합대학의 입학정원이 많지 않았던 것도 초급대학을 선택한 이유였다. 초급대학은 1963년 제3차 개정 학제로 실업고등전문학교가 설립되면서 사회적 기능이 현저히 약화돼 위기에 직면하게 되었다. 그리하여 많은 초급대학이 위기 극복의 대안으로 일반대학으로 개편을 시도하였다.

2) 실업고등전문학교 시기(1964~1974)

실업고등전문학교는 기존 학제인 초급대학의 정체성 부재를 극복하고 '중견 산업기술 인력 양성'이라는 목적하에 1963년 도입된 고등교육기관이다. 개정된 교육법 128조는 "실업고등전문학교는 산업에 관한 전문적 지식과 이론을 교수·연구하며 산업기술을 연마하여 중견 산업기술인을 양성함을 목적으로 한다"라고 규정하고 있다. 실업고등전문학교는 5년제였기 때문에 1963년 개교 당시 1학년과 4학년의 신입생을 각각 모집하였다. 그런데 1학년은 전국 모두 높은 경쟁력을 보인 반면, 4학년은 저조하여 기존 3학년 진급반에서 신입생을 충원하는 등 어려움을 겪었다.

고등실업전문학교가 초급대학에 비해 온전히 성장할 수 있었던 것은 제1차 경제개발계획 추진에 따라 '중견 산업기술인 양성'이라는 국가적 요구를 수렴하고 특수한 목적성과 지역 안배에 의한 학생선발 제도로 운영되었기 때문이다. 다음 표에서 보듯 1970년 2년제 전문학교로 개편되기까지 외형은 성장한 셈이다.[2] 하지만 한계와 난점도 있었다. 실업고등전문학교는 5년이라는 장기간의 수업연한으로 인해 입학생 기피 및 중도탈락생의 증가, 중등교육과 고등교육의 중첩, 고등직업교육에 대한 사회적 인식 미흡이라는 한계를 극복하지 못했다.

표 1-1. 고등직업교육 유형별 학교·학과·학생 수 현황[3]

구분	학교 수				학과 수
	계	국립	공립	사립	
실업(고등)전문학교	97	15	20	62	492
초급대학	10			10	61
대학 및 대학원	72	14	1	57	1,493

3) 전문학교 시기(1970~1978)

전문학교는 1970년 제5차 개정 학제에서 실업고등전문학교의 문제점을 보완하고 대학 진학에 실패한 학생들을 직업기술교육으로 유인할 목적으로 도입되었다. 하지만 중견 산업기술 인력 양성이라는 원래의 목적을 달성하기 어려운 상태에 봉착했다. 이러한 상황에서 실업고등전문학교의 한계점을 기능적으로 보완하고, 대학 예비고사 탈락자 흡수라는 두 가지 목적 아래 인문계 및 실업계 고등학교 졸업자들을 끌어들일 새로운 형태의 단기 고등직업학교의 필요성이 대두되었다.

아울러 1960년대 후반기에 접어들면서 산업구조가 급변하는 등 경제발전이 급속도로 이루어지면서 산업기술 인력에 대한 수요가 급증하게 됨에 따라 단기 직업교육기관의 필요성이 더욱 요구되었다.

그리하여 1970년 1월, 5년제 실업고등전문학교를 존속시킨 상태에서 2년제 전문학교의 신설을 골자로 하는 교육법 개정 법률안이 법률 제2175호로 공포, 전문학교가 탄생하였다. 이와 같은 교육제도의

---

2) 문교부, "문교 통계연보", 1976.
3) 한국전문대학교육협의회, 《전문대학10년사》, 1994.

개편으로 실업고등전문학교는 점차 전문학교로 개편되어 1976년 모두 없어지게 된다. 전문학교는 1979년 전문대학으로 개편되기까지 9년 동안 종래의 초급대학, 간호학교, 실업고등전문학교와 함께 성장해 단기 고등실업교육기관으로 자리할 수 있었다.

전문학교의 교육목적은 당시 개정된 교육법 제128조 6항(1970. 1. 1)에 "전문학교는 사회 각 분야에 관한 전문적인 지식과 이론을 교수, 연구하며 국가 사회의 전 분야에 필요한 중견 직업인을 양성함을 목적으로 한다"라고 명시, 당시 병행·운영한 실업고등전문학교의 설립 목적과 유사한 것으로 이해할 수 있다.

'전문학교' 학제 도입은 유능한 전문 기술인력을 양성하려는 정부의 노력과 지원이 수반된 시기였다. 그러나 국가의 정책적 배려와 의지, 자기 발전을 위한 전문학교 스스로의 노력에도 불구하고, 4년제 선호 풍토와 직업교육에 대한 사회적 폄하 및 부정적 인식으로 인한 한계를 극복하기에는 역부족이었다. 4년제 편입 경향이 강하게 나타나 자기 정체성 확립에 실패한 것이다. 즉 실업고등전문학교의 5년 장기교육이라는 단점을 극복하기 위한 대안으로 출범했지만, 설립 목적과 의의를 충분히 살려내지 못했다.

표 1-2. 단기 고등직업 교육기관의 역사적 변천 과정과 주요 내용[4]

	초급대학	실업고등전문학교	전문학교	전문대학
설립연도	1948	1964	1976	1979
설립 목적	4년제와 유사	고급 기능공 및 중견 직업인 양성	중견 직업인 양성	중견 직업인 양성 및 직업교육을 위한 고등교육기관
배경	고등교육 일원화 및 1948년 교육법	제1차 경제개발계획 의거 중화학인력 양성	IDA차관 도입	고도 산업사회의 도래

---

4) 윤정아, "한국 전문대학의 기능과 분화 과정", 서울대 석사학위논문. 2004.

Ⅲ. 전문대학의 성장과 발전(1979~1996년)

1. 전문대학체제 개편 배경과 목적

1979~1996년은 전문대학이 고등교육기관 체제를 구축하면서 이에 기반을 두고 양적인 성장을 이룬 시기다. 1980년대 전문대학은 대학 정원 자율화 정책에 의한 양적 팽창으로 지원자 감소라는 어려움에 직면하면서도 산업인력 수요 증가에 따라 전문대학 수와 학생 수가 괄목할 만한 수준으로 증가하였다. 이후 1990년대는 평생직업교육에 대한 중요성이 강조되면서 전문대학에 대한 인식이 바뀌고 학생 수 감소에 따른 무한경쟁에 대응하기 위해 질적 성장을 도모하며 위상 확보를 위해 다양한 노력을 기울이게 된다. 당시 교육목표가 유사한 초급대학과 5년제 실업고등학교, 전문학교 등 단기 고등교육을 개편할 필요성도 대두되었다.

이에 따라 문교부 과학교육국에서 단기 고등교육기관 개선을 위한 구체적 방안을 마련하기 위하여 '전문학교 교육제도 개선 연구위원회'를 만들었다. 한국 단기 고등교육제도의 개선에 관한 연구와 전문학교 교육제도 개선 연구위원회의 연구 결과를 토대로 실업고등학교, 전문학교, 초급대학 등 기존의 단기 고등교육기관을 1979년 1월 1일부터 전문대학(1977. 12. 31, 법률 3054호 개정)으로 단일화하였다.[5]

이러한 과정을 거쳐 1978년 운영되던 10개의 초급대학과 112개의 전문학교가 모두 1979년 전문대학 단일 체제로 개편되었다. 이렇게

---

5) 단일화 배경과 이유에 관한 법적 근거는 다음과 같이 나타나고 있다. ① 초급대학과 전문학교의 성격과 기능이 비슷하여 이를 통합할 필요성이 있다. ② 전문학교의 성격과 기능이 불투명할 뿐만 아니라 양적 급성장에 반하여 교육수준이 미흡하다. ③ 교육과정도 산업사회에 부응할 수 있는 직업교육으로서의 독자성이 결여되어 있고, 대학입학 예비고사 불합격자 진학 등으로 사회적으로 공신력이 떨어지며, 학생 사기가 저하되고 있다. ④ 단기 고등교육의 일원화, 입학 자격의 강화, 교육내용의 내실화·전문화, 실험실 시설의 강화로 사회적 인식도의 고양과 우수학생 유인으로 중견 직업인을 양성하여 산업사회 인력수요를 충족하고자 한다.

하여 전문대학은 총 127개의 대학, 91종의 학과, 78,455명의 학생 규모를 가지고 출발하였다.

요컨대 한국의 고등교육은 4년의 수업연한을 두고 '이론과 응용방법을 연구'하는 일반고등교육기관인 '대학'과 2년의 수업연한을 두고 '전문적인 지식과 교육을 통한 인력 양성을 목표'로 하는 단기 고등직업기관인 '전문대학'을 중심으로 이원화된 체계를 갖추게 되었다. 즉 전문대학은 국가적 필요에 의한 직업기술 교육기관으로서의 완성형 고등교육 학제로서의 위상이 명확해졌다. 전문대학으로 체제가 일원화되고 입학자격이 고졸 예비고사 합격자로 강화되면서 일반인의 전문대학에 대한 편견이 완화돼 대학과 동일 수준의 고등교육기관으로 인식하기 시작했다.[6]

2. 전문대학체제 기반 조성과 성장

1970년대는 국가 통제가 강화되면서 산업화에 필요한 과학기술과 기술인력을 확보하기 위하여 전문학교와 실업고등전문학교 등을 설립하여 단기 고등교육을 장려한 시기였다. 이에 따라 고등교육에 대한 사회적 수요가 팽창하고 이로 인한 사교육비 증가와 재수생 증가가 사회문제로 대두되었다. 이러한 문제를 해결하고 고등교육을 정상화하면서 산업발전에 필요한 인재를 수급하기 위해 도입한 정책이 1981년 7·30 교육개혁 조치로 발표된 '졸업정원제'이다.

졸업정원제는 정원의 30% 이상(전문대학의 경우 15%)을 선발하여 졸업할 때 정원에 맞춰 탈락시키는 방식으로 대학에 면학 분위기를

---

6) 고등교육법 제128조는 "전문대학은 사회 각 분야에 관한 전문적인 지식과 이론을 교수·연구하고 재능을 연마하여 국가 사회 발전에 필요한 중견 직업인을 양성함을 목적으로 한다"라는 전문대학 설립 목적을 명시하고 있다.

조성하고 재수생을 흡수하여 과도한 사교육비 문제를 해결하고자 했다. 그러나 졸업정원제는 중도탈락자를 선발하는 과정상의 미비점과 모순점이 발생하여, 1984년에는 모집정원 자율화로 유명무실해지고, 1988년부터 다시 입학정원제로 전환하였다.

졸업정원제는 대학교육에 대한 사회적 수요를 충족시키고 교육기회를 확대하는 데 기여하였다는 긍정적인 평가와, 진학에 대한 가수요를 조장하였다는 부정적인 평가를 동시에 받았다. 이후 정부는 1995년 세계화·정보화시대를 주도하는 신교육체제 수립을 위한 교육개혁방안(I)인 '5·31 교육개혁안'을 수립하게 된다. 교육개혁의 전체적인 강조점이 직업교육에 있다는 점은 그다음 해인 1996년 2월9일 발표된 '세계화·정보화시대를 주도하는 신교육체제 수립을 위한 교육개혁방안(II)'인 '2·9 교육개혁안'에 나타난다.

'2·9 교육개혁안'의 핵심은 직업기술교육을 중심으로 하는 평생학습, 평생교육체제의 구축에 있었다. 즉 세계화·정보화 시대에 질 높은 인력 양성을 통해 국가경쟁력을 제고하며, 나아가 국민 개개인의 질 높은 생활을 영위하는 데 필요한 학습기회를 전 생애에 걸쳐 보장하는 직업기술 교육체제를 구축하는 것을 주요 내용으로 한다.

전문대학의 성장을 단적으로 나타내주는 지표 중 하나는 대학 수의 변화다. 1970년 65개였던 전문대학의 수는 2000년에는 최대 158개교에 이르러 30년 동안 약 143.1%의 증가율을 보였다. 2009년 기준 통폐합 등으로 다소 감소하여 146개 대학에 이르렀다. 1970년대와 1990년대에 증가세가 두드러졌으며, 1980년대에는 다소 둔화 현상을 보였다. 1990년대는 문민정부의 출범으로 정치적으로도 권위적이고 통제 중심적인 사회환경에서 개방적이고 자율적인 사회체제로 급격히 전환하는 시기였다.

그렇지만 이러한 성장을 긍정적이라고만 해석하기에는 한계가 있다. 전적으로 사립에 의해 운영되고 있다고 해도 과언이 아닐 정도로 사립대학 비율이 높기 때문이다. 1979년 전문대학 발족 당시에는 국공립대학이 지역별로 균형 있게 분포되어 있었으나, 1982년 이후 순차적으로 국립전문대학이 4년제 개방대학으로 개편되어 국공립 전문대학은 36개에서 10개로 줄어들었다. 이에 반해 사립전문대학 비율은 90%를 상회하기에 이르렀다.

다음으로는 전문대학체제 기반 조성과 성장의 한 지표로 전문대학 학사운영의 내실화를 떠올릴 수 있다.

첫 번째는 다양한 입학전형 방법의 도입이다. 전문대학에서는 교육법과 그 시행령을 기준으로 교육부의 권장 사항을 수용하면서 신입생을 선발해 왔다. 입학전형 방법은 학생의 질에 영향을 미치는 요소이므로 우수한 학생의 선발을 위해 특성에 맞는 여러 가지 전형 방법을 고안하여 적용하여야 하나, 입학전형 방법은 상당 부분 행정적 통제를 받는 상황이었다. 크게 일반전형과 특별전형으로 나누어 시행하였다. 이후 대학 지원자 감소, 지식과 기술의 변화로 인한 직업전환 교육에 대한 요구에 따라 대학 특성에 맞는 독자적 전형 기준 설정과 전형별 성적 반영 여부, 반영 비율, 반영 방법 등을 감안하여 학생을 선발하는 추세로 진행됐다.

두 번째는 산업체 근로자들의 기술인력 개발을 위한 계속교육 기회 제공을 위하여 산업체와 전문대학이 위탁교육 계약을 체결하여 실시하는, 재직자를 위한 산업체 위탁교육이 도입되었다. 산업체 위탁교육은 산업체가 단독으로 위탁하는 단독위탁과 둘 이상의 산업체가 하나의 대학에 학과별로 위탁하는 연합위탁으로 구분하여 시행되었다. 산업체 위탁교육은 재직자들의 직무향상을 위한 직업교육, 수학 기회를 놓친 산업체 근로자들의 학위취득, 평생교육 차원에서 활성화되었으나, 일부 전문대학이 교육재정 확보의 수단으로 산업체 위탁교육을 무분별하게 확대 실시하는 등 비판도 받았다.

셋째는 3년제 학과 등 수업연한의 탄력적 운영이 도입되었다. 전문대학의 수업연한은 고등교육법과 고등교육법에서 위임된 사항과 그 시행에 필요로 하는 사항으로 규정하고 있다. 70년대 말까지 전문대학은 2년의 수업연한으로 산업에서 요구하는 중견 기술인력을 양성하는데 큰 문제가 없었으나, 지식기반사회로 변모하면서 전문 직업인을 양성하기 위해선 수업연한을 연장해야 할 필요성이 대두되었다. 이에 따라 1991년 보건계열 학과를 위주로 수업연한이 1년 연장되었다. 이처럼 전문대학 일부 학과가 3년제로 전환됨에 따라 기초 및 전공 실습교육이 충분히 효율적으로 이루어질 수 있어, 자율화에 관한 제도가 긍정적으로 자리매김되었다.

다음은 전문대학 평가를 통한 직업교육 내실화가 이루어졌다. 대학평가는 대학의 질적 수준을 체계적으로 평가하여 그 결과를 사회에 공표함으로써 그에 대한 사회적 인정을 얻게 하는 제도이다. 대학 평가는 대학의 수월성 제고, 대학의 책무성 강화, 자율성 신장, 경영 효율성 제고 등 대학의 총체적 질 관리를 위한 기제라 할 수 있다.

1995년부터 한국전문대학교육협의회가 주관이 된 전문대학 평가는 평가 방법과 내용을 연구하여 전면적으로 개선, 정량적 평가뿐만 아니라 정성적 평가를 보완하였다. 교육시설, 교육재정, 교육운영, 교육행정 및 정보화, 직업교육 및 대학발전 노력 등 평가영역에 걸쳐 평가했으며, 평가기준 개발 → 대학별 평가보고서 제출 → 서면평가 → 현장방문 평가 → 우수대학 선정의 순서로 이루어졌다. 한국전문대학교육협의회에서는 1998년부터 전문대학 평가의 성격을 기관 종합평가에서 학과(계열) 평가로 전환하였다. 이는 2007년 종료되었고, 이후에는 대학 자체평가로 유도되었다.

3. 직업교육에 대한 재인식과 전문대학의 발전

1990년대 들어 산업구조의 급속한 변화로 인해 유능한 인적자원을 개발하기 위해서는 고등교육의 교육목적은 물론 운영과 조직, 기능, 형태 등의 변화가 불가피하게 되었다. 그중에서도 직업교육은 고등교육 기관의 핵심적인 기능으로 부상했다. 1970~80년대는 산업인력의 수요가 2차 산업에 집중되는 시기였다면, 1990년대는 인력수요 분야가 다양화하며 정보화의 발달로 직업기술교육의 패러다임에 변화가 일어났다.

주지하다시피 '5·31 교육개혁안'은 1990년대 초반 이후 전문대학의 도약을 가져오는 결정적인 계기로 작용하였다. 문민정부에서 교육개혁안이 나오기 전인 1992년에 발표한 '교육발전의 기본 구상'도 전문대학 교육의 발전을 위한 중요한 디딤돌이 되었다. 교육개혁위원회가 활동한 지 1년이 지난 1995년 5월 31일 '교육개혁안—세계화·정보화 시대를 주도하는 신교육체제 수립을 위한 교육개혁방안'이 발표되었다. 5·31 교육개혁의 주요 영역과 내용은 다음 표와 같다.

표 1-3. 5·31 교육개혁안 주요 내용[7]

① 열린교육사회, 평생 학습사회 기반 구축	학점은행제 도입, 시간제 학생 등록 실시, 학교의 전·편입학 허용, 최소 전공 인정 학점제 도입, 농어촌 교육 강화, 성인 학습자의 다양한 교육욕구 수용, 원격교육 지원체제, 국가 멀티미디어 교육지원센터 설립, 교육정보화추진위원회 구성 등
② 대학의 다양화와 특성화	대학 모형의 다양화와 특성화, 세계화·정보화 전문요원 양성을 위한 단설 전문대학원 설치, 대학 설립 인가제로부터 준칙주의로 전환, 대학 평가 및 재정지원 연계 강화, 대학교육의 국제화 등
③ 초중등 교육의 자율적 운영을 위한 학교공동체 구축	학교 운영위원회 설치, 학교장 초빙제 및 교사 초빙제 실시 등

---

7) 한국전문대학교육협의회, 《전문대학10년사》, 1994.

④ 인성 및 창의성을 함양하는 교육과정	실천 위주의 인성 교육 강화, 청소년 수련 활동과 봉사 활동의 <종합 생활 기록부>에의 반영 강화, 교육과정 운영의 다양화, 교과서 정책 개선, 개인의 다양성을 중시하는 교육 방법 확립, 세계화 교육 및 외국어 교육 강화 등
⑤ 국민의 고통을 덜어 주는 대학 입학제도	대학의 학생선발제도 개선, 진학 정보 센터 운영, 종합 생활 기록부제 도입
⑥ 학습자의 다양한 개성을 존중하는 초중등교육 운영	중등교육의 다양화와 특성화, 초중등교육의 질 향상, 교육여건의 개선 및 상향 균질화, 평가와 행·재정 지원 연계로 교육의 질 향상, 초등학교 입학 연령 탄력적 운영, 중학교 선택권 부여, 일반계 고등학교 선택권 부여, 특수 목적 학생선발방식 개선 등
⑦ 교육 공급자에 대한 평가 및 지원 체제 구축	규제 완화 위원회 설치, 교육과정평가원 설치 운영
⑧ 품위 있고 유능한 교원육성	교원 양상 기관 교육과정 개편, 교원 임용 제도 개선, 교원 연수 강화 및 교원의 연수 기관 선택권 부여, 능력 중심 승진·보수 체계로의 개선, 특별 연구 교사제 도입, 자율 출·퇴근제 도입, 교장 명예 퇴직제의 실시
⑨ 교육재정 GNP 5% 확보	

신교육체제 구축을 표방한 5·31 교육개혁은 수요자 중심의 열린 평생학습사회를 구현하기 위해 평생 직업교육제제를 마련하는 데 목표가 두어졌다. 교육개혁 중 직업교육의 중요성은 1996년 2월 9일 발표된 '세계화·정보화시대를 주도하는 신교육체제 수립을 위한 교육개혁방안(II)', 소위'2.9 교육개혁안'에 제시되었다. 이 교육개혁안은 세계화·정보화 시대에 질 높은 인력의 양성을 통해 국가경쟁력을 제고하며, 국민 개개인의 질 높은 생활을 영위하는 데 필요한 학습의 기회를 전 생애에 걸쳐 보장하는 직업기술교육 체제를 구축하는 것을 주요 내용으로 하고 있다.

한편 1997년엔 노동부에서 주관하여 운영하는 기능대학이 설립된다. 기능대학은 1980년 생산 현장의 중간관리자인 기능장 양성을 목적으로 설립된 직업훈련기관이었다. 1994년 한국산업인력공단 산하

훈련기관 중 지역 여건과 설비가 우수한 곳부터 기능대학으로 개편, 다기능 기술자를 양성하기 시작했다. 그리고 2006년 3월, 24개 기능대학과 19개 직업전문학교를 11개의 한국폴리텍대학으로 통합하였다.

한편 1997년 교육개혁위원회의 제2차 교육개혁방안에서 사내대학과 기술대학이 제안되었다. 이 대학은 근로자의 계속교육과 평생교육 노력을 제도적으로 지원하여 기업체에서 현장을 떠나지 않고 교육훈련을 받아 그 성과를 학력과 학위로 인정해 주기 위한 취지에서 필요성이 제기되었다. 1997년 12월 13일 고등교육법에 설치 근거가 도입되어 기술대학이 설립되었으며, 1998년에는 평생교육법에 근거하여 사내대학이 설립되기에 이른다.

전문대학이 '학교에서 직장으로의 전환을 위한 직업교육'(school to work transition)에 초점을 두고 있다면, 기술대학은 '직장에서의 직업교육'(schooling at work)에 초점을 두고 있다. 이는 기업체 내부에서 직업교육을 위한 노력을 자극한다는 의미를 지닌다.

고등직업 교육기관의 특징을 단선적으로 비교하기란 쉽지 않다. 분명한 것은 직업교육과 관련하여 전문대학, 기술대학, 산업대학, 기능대학은 유사한 특성을 보인다. 먼저 교육목적을 살펴보면 '산업인력 양성(산업대학)', '기술인력 양성(기술대학)', '전문 직업인 양성(전문대학)', '고급기능인력 양성(기능대학)' 등으로 정의되고 있다. 이상에서 살펴본 고등직업 교육기관의 특징을 종합하면 다음과 같다.

표 1-4. 고등교육 단계 교육기관의 특징[8]

구분 항목	교육목적	교육대상	교육특성	수업 연한	설립 유형	학위
대 학	인격도야,	고등학교 졸업 이상	학문 중심	4년	국공립	학사학위

---

8) 한국전문대학교육협의회, ≪전문대학10년사≫, 1994.

	학문연구	의 일반인	교육		사립	
산업대학	산업인력 양성	고등학교 졸업 이상의 계속교육을 원하는 사람이나 산업체 근로자	재교육, 계속교육	제한없음	국공립 사립	학사학위
기술대학	이론과 실무능력을 갖춘 기술인력 양성	고등학교 졸업 이상의 산업체 근로자	재교육, 계속교육	2년	사립	전문학사학위 학사학위
전문대학	전문 직업인 양성	고등학교 졸업 이상의 일반인 및 산업체 근로자	일반교육 재교육	2~3년	국공립 사립	전문학사학위
기능대학	고급기능인력 양성	고등학교 졸업 이상의 일반인 및 산업체 근로자	직업교육, 재교육	2년	국공립 사립	전문학사학위 (다기능 기술자 과정)

한편 일반대학은 법령상 산업대학, 전문대학, 기능대학 등 고등직업 교육기관과 다른 차별적 설립 목적을 가지고 있으나, 실제 운영이나 교육목표, 내용에서 차별성을 갖지 못하고 있다. 졸업생취업률 제고를 위해 산학협력뿐만 아니라 재학생의 직업 및 진로지도 강화 및 현장지향적 교육과정을 운영하는 데 집중하고 있다. 즉 일반대학이 법적 규정의 차별성과 달리 재학생의 직업교육을 강화하는 추세로 나가고 있어 고등직업 교육기관의 교육목적과 차별성을 발견하기 어려운 실정이다. 이는 전문대학의 입학자원 감소와 직결된다.

Ⅳ. 전문대학의 혁신과 도약기의 주요 정책(1997년 이후)

21세기는 한 밀레니엄을 넘어서는 시기로 인터넷·디지털 시대, 다매체·다문화 시대, 지식정보화 시대로 규정되는 시기다.

전문대학을 이에 대입하자면 성장과 성숙을 도모해야 할 청년기에 해당한다. 하지만 전문대학은 학생자원의 급감 등 내외적 환경 변화로 인해 존립과 정체성 위기 등 다양한 어려움에 직면한다. 외적 요인으로 과학기술 발달과 직업세계 변화 등 사회환경 변화에도 크게 영향받게 되었다. 이 같은 전문대학의 어려움을 타개하기 위한 다각적인 노력과 논의가 1990년대 중반 이후 지속되었다.[9]

전문가들은 지식정보사회에서는 전문화한 직능집단이 분화되며, 직업의 종류와 내용도 급속히 변화하여 다양화와 전문화가 가속화하는 것으로 전망한다. 즉 다기능·전문 기술 보유자에 대한 수요가 증가하고, 특히 기능인력 또는 숙련인력의 필요성보다는 중간기술자(technician), 기술자(technologist), 과학자(scientist), 엔지니어 등이 요구된다.

대학의 운영체제에도 변화가 촉발되고 있다. 즉 대학의 상황에 맞는 장기발전 모형을 수립하고 특성화 지향 미래상을 추구하여 대학의 경쟁력을 확보하려는 노력이 전개됐다. 이는 고등교육 경쟁체제 심화로 직결돼 경쟁력 없는 대학들이 위기에 봉착하게 됐음을 의미한다.

전문대학의 위기를 초래한 한 가지 요인은 대학의 양적 팽창에서도 찾아볼 수 있다. 즉 대학을 '대학 설립 인가'에서 '준칙주의'로 전환함에 따라 대학 수의 증가가 일반화했고, 정원 자율화에 따른 대학 모집 정원 증가도 원인이 됐다.[10] 준칙주의에 입각하여 제정된

---

9) 한국전문대학교육협의회가 펴낸 "전문대학 교육발전 중장기 전망"(2001, 연구보고 제2001-10)은 사회 변화와 미래 전망을 중심으로 한 주요 특징들을 잘 기술하고 있다.

10) 전문대학 설립은 1995년까지 '인가제'였다. 이듬해 채택된 '준칙주의'는 1995년 '5·31 교육개혁안'의 9개 방안의 하나로 채택되어 이듬해인 7월 26일 대통령령으로 '대학 설립·운영 규정'이 공포돼 구체화됐다. 이 준칙주의는 대학의 다양화와 특성화를 도모한다는 목표 아래 종전의 획일적인 학교 설립 기준을 지양하고, 학교의 설립 목적과 특성에 따라 학교 설립 기준(시설, 설비, 교원 및 적정 재정 규모 등)을 다양하게 정하여, 일정 기준을 충족하면 자유롭게 설립할 수 있게 하는 게 골자였다.

'대학 설립·운영 규정'은 그간 여섯 차례 개정됐다. 최근엔 무분별한 대학 설립을 방지하기 위해 설립 기준을 강화하는 방향으로 회귀하고 있다.

이 같은 팽창은 입학정원 미달을 초래했다. 2005년 전문대학 학생 정원은 전체 192만 3,439명으로 96년에 비해 47만 9,444명의 정원이 증가했다. 이 가운데 15.3%에 달하는 7만 3,291명은 준칙주의에 의한 대학 및 전문대학 설립과 관련이 깊다. 전문대학은 전체 정원 증가 13만 4,760명의 9.1%에 달하는 1만 2,258명(8개교)이 준칙주의에 의한 대학 설립에 따른 정원 증가분이었다.

1995년 '5·31 교육개혁' 이후 정원 자율화 정책은 지금까지 유효하게 시행돼 오고 있다. 1996년부터는 '포괄 승인제', '교육여건 연동제' 등 자율화 조치가 취해졌고, 이후 '국민의 정부'는 2000년 12월 12일 발표한 '교육부문 자율화 추진 계획'을, '참여정부'는 2004년 12월 '대학구조 개혁방안'과 '대학 자율화 추진 계획'을 시행했다.

정원 자율화 정책은 대학 경영의 자율성 확대라는 긍정적인 측면이 있으나, 전문대학과 4년제 대학의 경쟁체제라는 점을 고려한다면 이 점 역시 전문대학의 위기 요인이 되는 것으로 분석할 수 있다.

전문대학의 설립 의의와 성격 면에서 유사한 고등직업 교육기관이 난립하게 된 것도 전문대학을 위기로 몰아넣은 한 요인이 됐다. 전문대학보다 수업연한이 우월한 산업대학, 재정 면에서 우월한 기능대학, 설립 조건 면에서 유리한 기술대학, 저렴한 학비로 학생 모집이 용이한 원격대학, 그리고 4년제 대학의 평생교육원을 통한 직업교육 등이 유사 고등직업 교육기관으로 설립되어 전문대학의 존립을 위태롭게 했다.

유사 고등교육기관 설립은 1996년 '문민정부'에 의해 '제2차 교육개혁방안'의 주요 내용으로서 '신 직업교육체제 구축 방안'으로 제시되었고, 계속교육체제의 구축과 평생교육 활성화를 도모한다는 목적의 일환으로 시작되었다. 고등교육법에 의한 기술대학(1997), 노동부가 지원하여 설립·운영된 기능대학(1997, 기능대학 특별법에 근거)의 개편 확대, 평생교육법에 설치 근거를 둔 사내대학(1999), 원격대학 및 학점은행제(1999), 독학사 학위제가 속속 도입되어 전문대학의 고등교육기관으로서의 위상과 성격을 퇴조시키고 전문학사학위의 보편화를 촉진시켰다.

이어 직업교육체제 개편에 중점을 둔 '2차 교육개혁과제'(1996. 2. 9)가 발표됐다. 그 골자는 직업교육의 중심축을 실업계 고교에서 전문대학으로 이동하는 것으로, 전문대학 발전사에 일대 전환점을 제공했다. 특히 기본 방향으로 신직업 교육체제 구축에 입각한 특성화 고교 확대, 전문대학과 개방대학 입학전형 방법 개선, 실업계 고교 시설 현대화와 재정지원 강화, 전문대학과 개방대학의 직업교육 기능 강화, 기능대학의 역할 강화, 신대학 및 신대학원 설립 운영 지원, 전문 직업 분야 석박사 제도 도입, 진로 지도 및 정보 제공, 국가기술자격제도 개편, '직업능력개발원' 설립 및 직업인증 도입 등으로 이루어져 있다.

1999년 교육부는 '제2의 교육입국 '을 표방하면서 '교육발전 5개년계획'을 수립했다. 5개년계획은 8개의 기본 정책과 67개의 구체적인 목표를 담고 있다. 그중 전문대학과 관련한 기본 정책은 '산업수요와 연계된 직업교육 및 삶의 질을 높이는 평생학습사회'에 두어지게 된다.

이후 '국민의 정부'는 2000년 '새교육공동체위원회'(이하 '새교공위')를 출범시켰다. 새교공위는 교원, 학부모, 시민단체 및 지역사회 등 각계각층의 인사들이 참여해 현장 중심의 교육개혁을 지속적으로 추진하며, 대통령 자문에 응하기 위해 구성되었다. 2001년 6월 '전문대학 종합발전방안'을 수립했다. '전문대학 발전방안'은 전문대학 교육 전반의 구조조정을 통하여 특성화를 촉진함으로써 전문대학을 '전문 직업 기술인력 양성의 중심 교육기관으로 육성'하는 목적으로 계획됐다. 이는 1979년 전문대학 출범 이후 전문대학을 위한 정책으로는 초유라는 역사적 의의를 갖고 있다. 같은 해 '교육인적자원정책위원회'가 발족됐다. 이 위원회는 지식정보화 사회에 부응하는 인재 육성을 위한 교육인적자원 개발의 추진 전략 및 관련 정책 개발 등에 관한 대통령의 자문 역할을 담당, 고등교육 부문에 대한 다각적인 정책을 제안했다.

그 대표적인 내용을 보면 교수 확보율 강화 등을 통한 대학교육 및 연구의 국제 경쟁력 강화, 사회의 인력수요(IT, BT 등)에 대응하는 유연한 교육체제 구축, 경쟁력 있는 인적자원 개발을 위한 재정지원 강화 등이다. 전문대학과 관련된 구체적인 내용이 포함되지 않은 점이 아쉬운 대목으로 지적된다. 한편 2004년 '대학구조 개혁방안'이 입안되었다. 이는 구체적으로 고등교육법에 법적 근거를 마련하여 대학의 교육여건 및 학교 운영 상태(대학 평가 결과 포함)를 알릴 수 있는 '정보공시제'를 도입하고, 교육여건 개선 및 특성화를 촉진하는 데 있었다. 기준치의 연차적 확보 목표를 제시하고 있다. 기준 미달 시 정원감축, 재정지원 중단 등 행·재정 제재를 강화한다는 것이다. 대학 특성화 지원은 대학 설립 목적과 인력 양성 목표 수준에 따라 조건 차등화(평가 및 재정지원방식도 차등화) 및 대학이 자체적으로 설립 및 교육목적 등 자체 여건에 맞는 발전지표를 설정하여 자율적인 구조개혁을 추진하도록 유도하고, 이에 따라 재정지원을 한다는 구상이었다.

대학 통폐합을 통한 구조개혁 추진도 검토됐다. 국립대학 통폐합은 물론 사립대학의 경우도 해당됐다. 즉 대학 간, 전문대학 간, 대학과 전문대학 간 통합 후 4년제 대학으로 개편, 동일 법인이 운영하는 4년제 대학과 전문대학 통합 등이 제시되기도 했다. 이 밖에도 구조개혁 특별법(가칭)의 재정을 통한 퇴출제도의 활성화와 대학 신설 요건의 강화, 재정지원사업을 통한 구조개혁, '고등교육평가원' 설립도 검토됐다.

'참여정부'에서는 '대통령자문 교육혁신위원회'가 구성되고 '21세기 지식기반사회를 위한 '직업교육체제 혁신방안'(2005. 5. 12)이 발표됐다. 이 방안에 대한 세부 시행계획은 동년 12월에 마련됐다. 이 방안은 '일-학습-삶'이 하나가 되는 '모두를 위한 직업교육', '직능지향의 열린 직업교육체제', '학교에서 일터로, 일터에서 학교로의 원활한 이행'이라는 추진 방향을 제시하고 있다. 아쉬운 점은 주로 실업계 고등학교에 초점을 맞춘 직업교육 개혁방안이 제시되었다는 점이다.

이 중 전문대학 정책 관련 내용은 직업교육체제의 개선, 전문대학의 직업교육 혁신으로 압축할 수 있다. 전자는 수요자 중심 체제 전환 및 미비한 평생직업 교육체제의 구축으로 학교급 간(실업계고-전문대), 교육-훈련기관 간 연계의 강화 및 '일터에서 학교로'(work-to-school)의 원활한 이행을 촉진하겠다는 것이다. 후자는 '실업계고-전문대-산업체 협약학과 제도' 도입, 지방자치단체의 전문대 지원체제 구축(산업기술교육 클러스터), 전문대학의 '지역사회 계속교육센터'로서의 역할 강화, 정부 부처의 참여에 의한 전문대학·대학 특성화 등을 골자로 하고 있다. 이밖에 전문대 학생 근로장학제 도입, 전문대학생 해외인턴십 프로그램 운영 등이 제시됐다.

고등교육법은 고등교육 부문에서 많은 개혁적 조치를 담아내고 있다. 특히 학사의 전면 개혁, 대학 설립 준칙주의, 단설대학원 설립, 대학 정원 자율화, 대외 개방, 기술대학 신설, 전문대학 학위 수여 등이 주요 골자를 이루고 있다. 이에 따라 전문대학 관련 사항으로 전문대학의 목적 변경(제47조), 수업연한(제48조, 시행령 제57조), 전공심화 과정(제49조, 시행령 제58조), 교육과정의 연계운영(제59조), 학위 수여(제50조, 시행령 제60조, 61조), 학생선발방법(시행령 제40조), 시간제 등록(제36조, 시행령 제53조), 외국대학과의 교육과정 공동운영(시행령 제13조), 학교의 명칭(시행령 제8조), 입학전형제도(제34조, 시행령 제31-39조), 전문대학의 학생선발방법(제40-42조) 등이 있으며, 고등교육 전반에 걸쳐 광범위한 변화를 초래하였다.

이 같은 고등교육법 시행으로 전문대학은 일련의 변화가 점진적으로 일어나게 됐다. 즉 전문대학 교육목적의 변경, 전공심화과정의 설치, 시간제 등록, 교육과정 연계운영, 입시전형제도 등 제도적 실천 등이 뒤따르게 됐다.

1. 학사제도의 탄력적 운영과 전공심화과정 도입

21세기 지식기반사회의 도래에 따른 신직업 교육체제 구축을 위해 새로운 교육과정 운영이 모색되었다. 이에 따라 1996년 영진전문대학과 대천대학(현 아주자동차대학)을 '계열별 모집·전공 코스제 운영' 시범대학으로 지정하여 운영하였다. 즉, 전문대학 주문식교육 사업을 연계시켜 계열화를 통한 '전공 코스제' 교육프로그램이 가동된 것이다. 이에 따라 취업 기회가 확대되고 학습효과가 증대되는 결과를 낳았다. 한편 다학기제와 실습학기제도 도입되었다.

전문대학에서 실시하고 있는 '다학기제'란 2년이라는 짧은 기간을 보다 집중적이고 효율적으로 운영하여 산업체의 다양한 수요에 탄력적으로 대응할 수 있는 교육시스템을 갖추어 내실 있는 직업교육을 실시하는 데 그 목적이 있다. 실습학기제는 현장 접근성을 용이하게 하고, 실습을 효율적으로 할 수 있으며, 취업 기회를 확대한다는 점에서 지지를 받았다. 실습학기제를 활성화하기 위해서는 다학기제의 도입이 선행되어야 하며, 다학기제가 활성화한다면 실습학기제가 연착륙할 수 있는 터전이 될 것으로 예상했다. 그러나 실습학기제를 실시하더라도 실습 장소의 부족과 현재와 같은 전통적인 학기제(1년 2학기제)에서의 실습학기제 도입은 실습 기간을 어떻게 가지느냐 하는 것이 위협요인으로 작용하였다. 한편 전문대학의 수업연한 다양화 요구를 교육인적자원부가 받아들여 2002년부터 127개 대학 474개 학과에서 3년제를 운영하게 됐다. 3년제 학과 학생 수는 첫해에 전체 모집인원의 18.1%로 나타났다. 2003년에는 26개 대학에 31개 학과가 추가돼 전체 모집인원의 19.4%로 늘어났다.

전문대학의 3년제 학과 개설은 교육 연한을 1년 연장함으로써 전문 직업교육의 심화학습을 진행하는 데 있었다. 3년제 학과로는 국내외 자격기준이나 직업능력이 상향조정된 건축과·건축설비과, 4년제 대학과 국가자격기준이 동일한 유아교육과·안경광학과, 교육과정상 필요성이 제기된 공장자동화과, 인력수요가 많은 정보통신 관련 전산과·컴퓨터과·전자과·제어계측과, 환경·생명공학분야, 보건의료분야, 종합예술 분야 등 학과가 주축이 됐다.

교육인적자원부는 2003년 이후 2002년 당시 3년제 학과 졸업생이 배출된 후 운영성과와 제도 개선사항 등을 분석하여 학과를 증설하는 것으로 잠정 결정했다. 그러나 2005년 2월 3년제가 시행된 이후 첫 졸업생이 배출되었고 산업현장의 전공능력 요구로 3년제 학과 설치 자율화 기준을 고시했다. 또한 전공심화과정을 이수한 사람에 대하여 학사학위를 수여할 수 있도록 고등교육법 개정 작업에 착수했다.

이 자율화 기준은 각 대학의 학과별 교육과정의 자율성을 높이고 산업계에서 필요로 하는 전문인력을 탄력적으로 양성할 수 있도록 3년제 학과 신설 등을 '대학의 장'에게 위임하는 것이었다. 이 개선안에 따르면, 교육여건 확보를 위한 전임교원확보율을 충족하는 대학은 학칙으로 정하여 3년제 학과를 자율적으로 설치·운영할 수 있었다.

대학의 본령이 가르치고 배우는 데 있는 만큼 교수-학습이라는 두 가지 핵심 기제를 좀 더 과학적이고 합리적으로 지원하는 시스템을 마련하고자 한 것은 시대적 흐름이었다. '교수-학습지원 센터'는 1993년 인하대학교가 처음으로 설립하면서 이후 큰 흐름을 형성하게 됐다.

전문대학은 2000년 한국전문대학교육협의회 주관의 "전문대학 교수학습지원센터 설립·운영 방안 연구"(신봉섭 외)로 필요성이 제기 되었지만, 본격 수립으로는 연결되지 못하다가 중도탈락률 증가, 디지털 사회 도래 등 여러 요인 등이 복합적으로 작용하면서 설립 필요성이 부각됐다. 정명화 외(2008)의 "전문대학 교수-학습지원센터 구축 현황분석 및 활성화 방안 연구"에 따르면, 센터 설립의 필요성은 ① 수업 전문성 개발, ② 학생들의 학습 질 관리, ③ e-러닝 학습체제 구축으로 요약할 수 있다. 이 센터의 목적은 전문대학이 직면한 문제들을 효율적으로 대처할 수 있도록 새로운 교수법과 학습지도를 체계적으로 지원하고, 기초학습능력 향상 및 효과적인 취업교육을 위한 학생 서비스를 제공하는 데 있었다.

2. 다양한 국제화 프로그램 개발

전문대학이 처한 어려운 현실을 극복하기 위한 적극적인 방법 가운데 하나가 국제화 전략이다. 이에 전문대학은 내부혁신을 통하여 세계 수준에 부합하는 프로그램의 개발과 평가인증제도를 확립하여 공신력을 얻고, 국제경쟁력을 갖추는 동시에 다양한 교육과정을 개발하는 데 역량을 집중해 가고 있다. 외국의 직업교육 중심대학(Non-University)은 우리나라 전문대학의 취약점을 이용하여 학사학위 취득을 위한 3~4학년 과정으로 편입생 유치만을 일방적으로 요구하고 있다. 외국대학과의 학점이 상호 인정되도록 함으로써 복수학위(Dual degree)뿐 아니라 공동명의학위(Joint degree) 취득도 가능하도록 개선되었음에도 불구하고, 전문대학에서는 모든 국제화 프로그램이 원활히 수행되고 있지 못한 형편이다.

여기서는 전문대학 69개 대학을 대상으로 설문 조사를 한 결과(윤여송 외, "전문대학 국제화 현황 연구", 2006)를 중심으로 현 단계 전문대학의 국제화 현황을 살펴보기로 한다. 국제교육 프로그램은 크게 한국어 과정, 유학생 대상 정규 전문학사 학위과정, 공동학위 및 복수학위, 학점교류, 교환학생, 해외인턴십, 교환교수 프로그램 등으로 구분되어 추진되고 있다. 한국어 과정은 조사 대상 69개 대학 가운데 31%인 22개 대학에서 실시되고 있다. 정규과정 외국인 유학생이 재학하고 있는 대학은 약 62%인 42개교였다. 이는 유학생이 재학하고 있는 대학 중 약 52% 정도(22/42)에서 한국어 교육이 실시되고 있음을 의미한다. 공동교육과정 운영이나 복수학위제의 운영 등 국제 공동 학제는 전문대학에서도 최근 들어 빠르게 증가하고 있는 데 반해, 학점교류나 교환학생제도는 국제 공동 학제에 비해 낮은 비율로 나타났다. 해외인턴십은 단기간임에도 불구하고 정부의 지원에 의해 조사 대상 대학의 42%에서 참가할 만큼 확산 되어 있음을 알 수 있다.

전문대학 국제화 프로그램은 유학생 유치 중심의 단조로운 국제교류 프로그램이 해외인턴십, 복수학위제, 공동학위제, 현지학기제, 교환학생 등으로 다양해지면서 프로그램별 참여 대학도 빠르게 증가하는 추세에 있다. 한편 국제화 프로그램들은 대학의 구조조정에도 영향을 미치는 인자로 인식되기 시작하였다. 전문대학은 해외인턴십 프로그램 우선 파견 대상 국가로 일본(60%), 중국(58%), 미국/캐나다

(52%) 호주(40%), 유럽(17%)을 선정하고 있다. 이는 여느 국제교류 프로그램보다 폭넓은 프로그램임을 입증한 것이다. 이는 자비 부담을 수반하는 유학 프로그램보다 상대적으로 부담이 적고, 인턴십에 따른 급여 수입이 있어 선진국을 선호한 것으로 보인다. 참여자의 만족도도 다른 프로그램보다 훨씬 높게 나타났다. 불만족 사례는 인턴십에 부여된 직무가 너무 단순하거나 제한적인 경우, 언어능력 부족으로 직무에 적응하지 못하는 경우였다.

3. 대학 특성화와 구조조정 노력

정부가 대학에 재정지원정책을 적극 수행해야 하는 법적, 제도적 근거는 교육기본법·고등교육법·사립학교법에 근거를 두고 있다. 교육기본법 제7조 제1항은 "국가 및 지방자치단체는 교육재정을 안정적으로 확보하기 위하여 필요한 시책을 수립, 실시하여야 한다"라고 교육재정의 책임 주체를 정의하고 있다. 한편 사립학교법 제43조 제1항은 국가 또는 지방자치단체는 학교법인 또는 사학지원단체에 대하여 보조금을 교부하거나 기타 지원을 할 수 있는 제도적 장치를 마련하고 있다.

우리나라 고등교육기관의 발전을 위한 재정지원은 정부의 관련부처 주관에 의해 이루어지고 있다. 그 주된 목표는 국제수준의 대학교육의 질 제고를 통한 인력 양성, 교육 및 연구 환경 개선, 다양화와 특성화 유도, 평생교육을 통한 전인교육 확대, 대학의 국제화를 통한 교육경쟁력 강화 등으로 요약할 수 있다.

일반적으로 고등교육 재정지원 목표를 달성하기 위한 지원체계는 재원확보, 재정배분, 재정지출, 재정평가의 측면에서 기본 방향과 원칙이 설정되어야 한다. 이와 관련해 윤정일(2004)은 교육재정 확보단계에서는 충족성과 자구성, 배분단계에서는 효율성과 공정성, 지출단계에서는 자율성·민주성·투명성, 평가단계에서는 책무성·효과성·연계성 등의 원칙을 강조하고 있다.

고등교육기관으로서 직업교육 발전을 위한 중추적인 역할을 담당하고 있는 전문대학의 재정지원은 인구·산업·고용구조 등 지역 및 산업사회의 변화에 대응하는 자체 구조조정 및 특성화·전문화·다양화를 촉진하고, 전문대학과 지역경제·산업·문화 등 지역발전 주체 간 연계 강화와 교육여건 확충을 통한 직업교육의 실 제고 및 실질적인 산학협력 활성화를 통한 취업 연계 등을 주요 목적으로 하고 있다. 이와 같은 재정지원 목적을 달성하기 위한 기본 방향은 선택과 집중의 원리를 적용하여 평가 결과에 따라 차등 지원하는 것을 원칙으로 다년간 추진했다.

1997년도 이후 재정지원이 이뤄진 전문대학 특성화사업은 비록 4년제 대학에 비해 20% 수준에도 미치지 못했지만, 그 성과는 창의적인 특성화교육 프로그램을 개발하여 비교우위를 갖춘 질 높은 직업교육의 내실화·전문화·다양화를 유도하는 데 크게 기여했다. 특히 지역산업과 유기적인 연계로 주문형·맞춤형 등 다양한 산업현장 인력을 양성하여 적재적소에 공급하는 등 취업률 제고에 실질적으로 기여했다.

전문대학 재정지원방식은 '특성화 프로그램' 이전에는 국립대는 구성원 수와 프로그램별로, 사립대는 교원확보율, 등록률 등과 같은 지원 요건의 충족 여부를 근간으로 했다. 그러나 참여정부 들어 국가균형발전특별회계 사업으로 이관하면서 지역별 특화전략사업과 연계하고 지방발전을 도모하는 정책을 유도하게 됐다. 따라서 전문대학은 지역 균형발전을 주된 목적으로 하면서 단기적으로는 지역발전에, 중·장기적으로는 지역 특화 전략산업 관련 학과에 대한 인력 양성에 주목했다.

즉 교육역량 강화보다는 사업 실적 위주의 프로그램 기반 교육형태로 변모했으며, 대학 간 공조체제보다는 소모적이고 개별적인 현상이 나타나게 됐다. 이 지원방식은 대학 특성을 동등한 조건으로 정해 일정 수준까지 향상시킬 수 있었던 반면, 교육운영의 획일화 및 대학 간 과열 경쟁이라는 소모적인 문제점이 부각됐다.

1997년 이후 수행된 특성화 프로그램에 대한 재정지원사업의 실적과 성과는 우리 산업사회 및 지역사회가 바라는 전문대학의 직업교육이 산학협동을 기본으로 현장실무교육을 성공적으로 수행하게 하는 데 커다란 역할을 한 것으로 평가되고 있다.

즉 전문대학 특성화 지원사업은 전문대학의 교육목표 실현을 위한 직업고등교육 중추기관으로서 위상을 정립하였고, 산업기술교육의 내실화·전문화·다양화·현장화를 유도하였으며, 지역발전을 위한 특화전략과 연계하여 지역혁신에 기여하였다. 또한 다양한 산업현장인력의 육성은 물론 적재적소에 현장인력을 공급함으로써 높은 취업률을 유지하는 역할을 했다.

2008년부터 교육과학기술부는 '교육역량 강화사업'이라는 사업 명칭에 걸맞게 지원배분공식인 수식형(formula)에 따른 재정지원방식을 시범적으로 도입했다. 전문대학의 교육역량 강화를 위한 구성요소는 직업교육역량, 조직운영역량, 성과창출역량으로 구분했다. 직업교육역량 지표로서 학생 1인당 교육비와 중도탈락률, 조직운영역량 지표로서는 전임교원확보율과 장학금수혜율, 성과창출역량 지표로는 신입생 충원율과 취업률 등을 구성했다. 수식형 지원배분공식은 대학의 교육역량 및 성과지표 중심으로 설정하여 성과 중심 재정지원시스템을 구축하려고 노력하였지만, 해외 유명 직업교육 중심대학 사례나 지표설정의 타당성 여부 조사가 미흡한 상태로 시행되어 어려움이 있었다.

이에 대한 과학적이고 합리적인 수준의 심도 있는 연구가 요청된다.

이 방식은 외국대학의 일괄보조금(block grant) 형태와는 달리 세분화되고 획일적인 평가지표에 의해 선정되고 있다. 특히 선정된 대학은 재정을 교과부에서 제시하는 재정집행계획 및 회계처리기준에 의해 제한적으로 사용할 수밖에 없고, 당연히 대학의 자율성을 보장하기가 어렵다는 한계점이 있다. 그동안 각종 대학 평가를 통해 선별적이고 차등적인 재정지원이 확충되면서 재정지원방식에 대해 논란이 되어 왔다. 정부의 재정지원사업은 대학의 특성화와 구조조징을 유도하였지만, 자율성과 다양성과는 일정한 거리가 있다는 비판을 받아왔다. 이를 개선하기 위한 다양한 방안이 연구되었는데, 대체로 대학에 대한 재정지원금의 규모를 확충하고 재정지원방식을 개선해야 한다는 의견으로 집약됐다. 포뮬러 펀딩(formula funding) 방식의 경우 영국의 대학교육 활동 및 수식형 재정지원제도에 관한 연구를 통해 대학의 자율성 보장과 책무성 확보를 위한 재정지원방안으로 제시된 것이다. 평가지표로 정량화된 취업률, 학생 1인당 교육비, 중도탈락률, 신입생충원율, 장학금수혜율, 전임교원확보율 등을 활용했다.

재정지원을 신청하기 위한 기본요건은 산학협력단 설치 유무, 교원확보율 및 학생충원율, 누적적립금의 4대 요건으로 구분된다. 산학협력단의 설치요건은 산업교육진흥 및 산학협력 촉진에 관한 법률 제25조에 의한 "산학협력단"을 법인으로 설립할 수 있고, 교원확보율 및 학생충원율 요건으로서 전임교원확보율은 당해 연도 4월 1일 기준 교육과학기술부 지침에서 제시된 확보율 이상이어야 하며, 겸임 및 초빙교원을 포함한 교원확보도 교육과학기술부 지침에서 제시된 확보율 이상이 되어야 하지만, 경과조치로서 교원확보율 요건을 충족하지 못한 대학은 다음연도 4월 1일까지 교원 충원 또는 다음 학년도 입학정원 감축을 통하여 요건을 충족할 수 있는 경우에 한하여 참여할 수 있다. 산정기준은 편제정원과 재학생수 중 큰 수를 적용한다.

재정지원에 대한 사후관리 방안은 중간평가와 성과평가 및 현장점검으로 이루어졌다. 특성화사업에 대한 성과평가는 2001년도 이후 지속적으로 수행되어 왔으며, 사업수행 결과에 대한 연차평가 또는 중간평가 형태로 이루어졌다.

다년간 지원대학에 대한 중간평가를 통하여 평가 결과를 재정지원과 연계하고 대학에 환류함으로써 사업추진의 효율성을 도모하고자 했으며, 사업추진 실적을 토대로 성과부분과 성과지표 달성도 등을 1차 서면평가 및 2차 설명회 평가를 실시하고 평가점수를 합산하는 평가 절차를 가졌다.

성과평가는 재정지원이 끝난 시점에서 그동안 지원받아 추진해온 사업실적과 성과에 대해 실시하고, 국고보조금 집행실태에 대해 현장점검을 실시해 목적 외 사용액은 100% 국고로 환수 조치하는 등 사후관리를 위한 재정 제재방안을 강화했다. 전문대학 특성화사업의 재정지원금 등 모든 국고지원금은 대학 내의 독립 법인으로 설치되어 있는 산학협력단에서 집행하도록 했고, 그에 대한 사후관리 주체는 산학협력단으로 일원화했다.

전문대학 특성화사업의 내용은 그 대학이 추구하는 전략적 발전방향과 산업사회가 요구하는 직업교육의 전문화·다양화·융합화·현장화 전략을 폭넓게 수용하고 있는 것으로 평가받고 있다. 1997년 이후 2008년까지 교육인적자원부의 재정지원을 통해 활성화되고 있는 다양한 특성화 지원사업은 신지식기반 산업사회의 급속한 변화에 능동적으로 자생력 있게 대처할 수 있는 프로그램이었다. 각 수혜 대학은 특성화사업의 경과에 따라 추진기구 및 조직, 관련 제도 등을 구조조정을 통해 합리적으로 변화를 모색하면서 수행하여 왔고, 구성원의 합의를 거쳐 열과 성을 다하여 현장감 있게 성과를 도출하려고 했다. 요컨대 과학적 직무분석을 통한 교육과정과 교재 개발 및 운영, 교육과정의 일반 4년제 대학과의 차별화 추진전략 개발 등은 전문대학의 경쟁력 향상과 직업교육의 질 제고를 위한 초석이 됐다.

하지만 한계도 안고 있었던 것으로 평가된다. 사업 내용의 특성상 3~5년 지속되어야 시너지효과가 발생함에도 불구하고, 2004년 전까지는 당해 연도 지원이 대부분이었다. 내용 평가에서도 프로그램의 규모나 사업 내용의 규모에서 평균적인 재정지원이 이루어졌다. 선정된 사업에 대한 실질적인 사업성을 고려하지 못한 상태에서 지원 규모가 결정된 것이다. 작게는 수억 원만 있어도 수행될 수 있는 프로그램이나 사업에 이보다 훨씬 큰 평균 지원액을 중심으로 차등 지원되는 방안은 비효율적이었다.

평가체계 및 재정지원 시기에도 개선되어야 할 부분이 있었다. 담당 부서의 평가에 대한 전반적인 인식과 업무의 연속성 및 인수인계, 사후관리 측면이 보완되어야 할 것으로 판단된다. 재정지원 시기도 1학기가 지난 후에 지원될 경우 대학에서의 합리적이고 효율적인 예산편성에 문제가 있을 수 있고, 실질적인 사업수행 및 결과물 생성에도 촉박한 일정을 갖게 된다. 최근 들어 당해 연도 재정지원은 전년도 사업수행 평가 결과를 활용하여 지원하고 있지만, 매년 계획 대비 실적 및 중간평가를 통하여 차등지원과 탈락을 유도함으로써 재정지원의 효율성을 더욱 강조할 필요가 있었다.

국고지원 대비 대학 자체 대응투자비율이 적은 것도 문제점으로 지적됐었다. 특성화사업에 대한 재정지원은 보조금 형태인데, 많은 대학의 실질적인 대응투자비율이 20%도 되지 않아 주객이 전도된 느낌이 없지 않았다. 특성화 프로그램을 선정·평가할 때 많은 구성원이 참여하고 관련 시설과 인프라를 갖춰야 우수한 평가를 받을 수 있는 것은 자명한 일이기 때문에 대학 당국과 관련 산업체로부터 이에 걸맞은 수준의 대응투자와 참여가 요청된다는 지적이 많았다.

전문대학은 출범 이후 다양한 대내외 평가 속에서 내실을 다지며 발전해 왔다고 볼 수 있다. 지금까지 전문대학이 자체적으로 실시하거나 외부로부터 받아온 평가는 크게 두 가지로 대별된다. 첫 번째는 한국전문대학협의회를 중심으로 한 자체평가(이하 '자체평가')이고, 다른 하나는 대학에 대한 정부의 재정지원 목적을 두고 실시한 특수목적 재정지원평가(이하 '재정지원평가')이다. 이 두 가지를 통해 전문대학은 직업교육 내실화를 위한 튼튼한 기초를 쌓았다고 평가되고 있다. 물론 이 두 가지 평가제도는 그 시행과정에서 평가방식이나 내용 그리고 성격에 있어서 변화를 모색하여 방향 전환이 이루어졌으나, 큰 틀에서는 크게 다르지 않았다.

전문대학의 자체평가는 1995년부터 시작하였다. 1995년 12월 '한국전문대학교육협의회법'이 제정되어 한국전문대학교육협의회의 대학평가에 대한 법적 기반이 마련되었고 이를 통해 협의회 주도로 평가가 시작된 것이다. 이에 따라 전문대학은 1995부터 1997년까지는 국고지원을 통해 기관종합평가를 시행하였고, 1998년에는 평가의 방향을 수정, 특성화 학과 및 우수사례에 주안점을 둔 평가를 실시하였다. 그리고 이를 기초로 1999년부터는 학과평가체제로 전환하여 1999년부터 2003년까지 1주기, 2004년부터 2008년까지를 2주기로 평가하여 학과의 조직정비와 교육역량 등의 강화를 통해 직업교육의 내실화에 크게 기여하였다.

4. 산학협력체제 활성화와 취업률 제고

전문대학은 1997년부터 산학협력부서를 선임조직으로 격상해야 한다는 정부 정책에 힘입어 산업협력활동을 더욱 활성화하고, 제도적인 틀을 잡아가기 시작하였다.

산학협력활동은 초창기에는 주로 교육과 관련되어 운영되었으나 최근 들어서는 연구개발과 기술혁신 및 이의 활용 등에 걸쳐 광범위하게 이루어졌다. 산학협력 참여 단위는 대학, 산업체, 연구소, 정부 등으로 분류할 수 있으며, 상호 간 공동목표를 위한 거래 형태로 이루어지고 있다. 그간의 전문대학 산학협동활동은 매우 다양하게 전개되었다. 우선 교육인적자원부의 특수목적 재정지원사업의 일환으로 전개된 대학특성화사업 등 모두가 이에 포함된다. 즉, 지금까지 정부 재정지원으로 이루어진 사업은 특성화 프로그램사업, 우수 산업연구소 지원, 우수공업전문대학 지원, 산학협력 중심대학 육성지원, 전문대학 해외인터십, 전문대학 Workstudy프로그램, 주문식교육 사업, 학교기업 지원사업, 창업보육센터 설립 및 운영 지원사업, 향토기반 거점전문대학 육성사업이다.

이 사업들에 대해 1999년부터 2003년까지 영역별로 재정지원이 이루어졌고, 이를 통해 대학은 산학협력활동에 더욱 박차를 기울이는 한편 실무형 인재 양성을 통한 직업교육의 내실화를 촉진하였다. 특히 활발한 산학협동은 전문대학 졸업생들의 취업률 제고로 직결되는 등 실질적으로 직업교육 발전에 기여해 왔다. 정부의 재정지원사업은 2008년부터 전문대학 교육역량 강화사업으로 지원방식을 변경하여 지원되고 있는데, 산학협력과 관련하여서는 2004년부터 산학협력 중심대학 육성사업 방식으로 진행되어 현재 1단계(2004~2008년) 사업이 마무리되고, 2009년부터 20013년까지 2단계가 추진되고 있다. 1단계 사업 동안 5년간 22개 대학(전문대학 10개)에 총 2,480억 원이 지원되었다.

V. 맺는말

지금까지 전문대학체제가 태동한 1979년부터 1996년까지 전문대학의 성장과 발전과정을 고등교육정책의 변화와 사회 및 산업의 변화와 연계하여 살펴보았다. 전문대학은 '경제개발 5개년계획'이 수립되고 중간기술인력 수요가 증가하면서 새로운 교육체제가 필요하다는 문제 인식과 함께 성장, 발전해 왔다.

전문대학은 양적 성장과 더불어 학과 및 전공 분화를 통해 변화하는 산업구조 발전에 필요한 다양한 영역의 중견 직업인을 양성해 왔으며, 취업률도 상승하여 전문대학 설치 목적에 부합하는 효과를 얻을 수 있었다. 즉 이 기간 동안 전문대학은 고등직업 교육기관으로서 기반을 구축하고 양적으로 성장했다고 평가할 수 있다.

그러나 전문대학이 중견 직업인을 양성하는데 목적을 두고 있음에도 불구하고 4년제 대학을 모방하는 방향으로 운영되는 경향이 강하고, 실기보다는 이론 위주 교육을 실시하고 있어 산업현장에서의 적응도가 높은 중견 직업인을 효율적으로 양성하고 있지 못하다는 한계도 지적되었다.

전문대학의 최초 형태는 1964년 9개교, 23개 학과, 953명으로 출발한 '실업고등전문학교'였다. 이 시기는 1979년 이전으로 '전문대학의 태동과 형성기', '조정과 정착기'라 명명할 수 있다. '실업고등전문학교'는 제1차 경제개발 5개년계획에 의한 인력의 장기 수요에 대처하기 위하여 중학교 졸업자를 대상으로 한 5년제 형태였다. 1970년에는 26개교, 40개 학과, 5,887명 정원으로 '전문학교'가 설립되었다. '전문학교'는 고등학교 졸업자를 대상으로 한 2~3년제로 단기 고등교육에 대한 국제적인 추세를 반영하고, 실업계 고교 졸업자에게 고등교육에 대한 진학 기회를 부여하기 위함이었다. 전문대학 역시 어엿한 고등교육기관임에도 불구하고, 이때까지는 학사 자격이 주어지지 않았다.

두 번째 단계는 1979년 체제 개편 이후 1996년까지로 '전문대학의 성장과 발전기'로 명명했다. 이때 전문대학은 127개 대학, 91개 학과, 입학정원 78,455명 규모였다. 체세 개편 배경은 기존의 난기 고등교육기관인 초급대학과 전문학교를 일원화하여 고등교육 인력을 합리적으로 배분하고, 직업교육의 전문성을 향상시켜 산업기술 발전을 도모하고자 함이었다. 수업연한은 종전과 같이 2~3년의 틀을 유지했으며, 입학자격은 고등학교 졸업자를 대상으로 했다. 특히 1980년 7월에는 '7 · 30 교육개혁안'을 통해 '전인교육, 정신교육, 과학교육, 평생교육'이라는 4대 원칙하에 각종 교육개혁방안이 신군부에 의해 추진되었다.

이 시기에 비춰 21세기 직업교육에서 시대 정서가 요구하는 전문대학의 핵심 과제는 '수업연한 자율화'다. 수업연한 자율화란 우리 고등교육의 큰 틀을 학문 중심 트랙과 산업인력양성 중심 트랙으로 구분하고, 기존의 일반대학 4년, 전문대학 2년이라는 통념화한 이분법적 공식을 해체하여 2, 3, 4년제, 심지어 직업교육 석 · 박사과정까지 탄력적으로 개설해 직업교육을 확대하고 심화하는 제도다. 이 제도는 학습 주체인 학생 수준과 시대가 요구하는 직업수요 패턴에 맞춰, 지역 산업 클러스터에 부응해, 직능별 수준에 대비되는 프로그램을 실질적으로 구현하는 데 그 취지가 있다.[11]

---

11) 김호동 외, "전문대학 2020 비전 마스터플랜", 2009. 8. 이 프로젝트 보고서에는 2020년까지 전문대학이 가야할 비전을 6개 항목으로 구체적으로 제시하고 있다. 한편 2007년에는 새로운 정부 공약사항으로 협의회 차원에서 마련한 '2010 비전'이 기획, 설계되었다.

21세기는 전문대학이 새로운 도약을 준비해야 할 시점이다. 30년 역사에서 얻은 성과에 만족하지 않고 환골탈태하여야 한다. 20세기 산업사회가 요구하는 인재상을 개인의 역량과 가치관에서 찾았다면, 21세기 지식융합시대엔 창의적 사고에 바탕을 둔 전문성과 도전정신에서 찾아야 할 것이다. 즉 실무 중심 인재가 아닌 글로벌 창의 인재상을 지향해야 한다.

대학 내부적으로는 구조조정을 통해 교육의 비효율성, 불합리성을 걷어내고 전문화·특성화라는 대학 나름의 활로를 개척해 교육 만족도를 높이는 등 실질적인 취업률 제고에 만전을 기해야 한다. 이는 개별 선택적 조건이 아니라 필수적 조건에 해당한다.

한편 안팎으로 난립하는 유사교육기관의 도전에 대응하기 위해서는 교육의 질을 높이고 고등직업교육의 기능과 역할, 필요성에 대한 홍보 강화도 지속적으로 요청된다. 전문대학의 내부 동력이 성장 엔진으로 모이려면, 학사 및 재정 운영의 투명성을 확보하는 등 대학의 책무성이 강화되어야 하고, 성인학습 및 평생직업교육 프로그램을 실질적으로 구현하여야 하며, 글로벌 체제에 걸맞은 교육 콘텐츠를 생산할 수 있어야 한다. 우리의 우수 교육프로그램을 현지 근로자 교육에 적용하고, 기업 맞춤형 콘텐츠로 전환하는 등 프로그램 자체를 브랜드화하는 방안도 검토할 수 있다.

요컨대 전문대학이 21세기 패러다임에 부합한 현안들을 떠올리게 하는 것은 전문대학이 걸어온 태동과 형성, 성장과 발전이라는 초창기 고등직업교육의 건전한 실험적 장치들이 원활하게 작동한 산물이라 할 수 있겠다.

한편 1997년 이후부터 2009년 현재까지는 3번째 단계이자 마지막 단계로서 '전문대학의 위기와 도약기'에 해당한다. 특히 이 시기 전문대학 내부의 각성이 2005년 5월 전문대학 혁신운동이라는 생산적인 에너지를 창출하며 '그랜드 비전'을 기획했던 것은 전문대학 30년 역사에서 큰 의미를 부여할 만한 사건이었다.

이때 건의한 혁신 내용은 연구중심대학을 제외한 여타 대학 형태를 산업인력 양성교육 중심대학으로 단순화하는 것, 학과별로 수업연한을 자율화하는 것, 전공심화과정의 정규 학사학위과정을 마련하는 것 등이었다. 요컨대 교육혁신결의대회는 전문대학이 안고 있는 취약점을 정면으로 돌파하여 새로운 개혁 및 발전 의지를 다지는 계기가 되었다. 위기의식이란 어느 시대를 막론하고 당대인이 느끼는 현재적 산물이다. 그런 의미에서 '위기와 도약'은 시간적 선후 개념이 아니라 전문대학이라는 거시구조가 지향할 가치 개념에 해당한다.

사실 1995년에 정부의 '5·31 교육개혁'이 있었지만, 이는 교육계 일반에 대한 정책기조 표방으로 전문대학과 관련한 구체적인 시책이나 비전 수립이 있었던 것은 아니다. 즉 '5·31 교육개혁'은 교육복지국가 수립을 핵심 과제로 열린교육사회, 평생학습사회 건설을 캐치프레이즈로 하여 교육 소비자가 중심이 되는 다양한 교육 방안을 만들자는 데 초점이 두어졌었다.

이러한 기조가 제도적인 차원에서 구체적으로 접목된 때가 1997년이다. 이 해 처음으로 전문대학 졸업생에게 '전문학사학위'가 수여되었고, 11월엔 '고등교육법'이 제정되면서 전문대학의 교육목적이 '중견기술인 양성'에서 '전문 직업인 양성'으로 상향 조정되었다.

전문대학의 제도적인 성장은 개별 대학의 발전적 의지가 결실을 본 것에 다름 아니다. 2002년에는 교원자격기준이 2006년에는 보수 규정이 4년제 일반대학과 보조를 맞춰 단일화되었고, 2009년엔 기존의 기관장 명칭인 학장이 총장으로 조정, 격상되었다. 이러한 성과들은 전문대학의 위상을 제고하는 데 크게 기여한 것으로 평가되고 있다.

전문대학이 30여 년을 거쳐 오면서 5백만 명에 달하는 산업역군을 양성해온 것은 전문대학의 큰 위업으로 기록된다. 전문대학은 금세기 들어 지식정보화 사회가 요구하는 양질의 교육경쟁력을 확보하면서, 합리적이고 과학적인 취업체제를 구축해 글로벌 인재 양성에 각별한 관심을 가져야 할 시점이다. 적령기 학생은 물론 지역 성인들의 교육 욕구도 수용하면서 졸업과 동시에 일할 수 있는 산업체와 밀착된 현장적합형 교육으로서 일터와 대학을 자유롭게 오가는, '일터에서 대학으로, 대학에서 일터로'(Work to School, School to Work)를 실질적으로 구현해야 하는 책무를 안고 있다.

이와 더불어 전문대학이 30여 년의 역사를 통해 맞닥뜨린 현안은 시대 정서와 국제 흐름에 맞는 선진국형 직업교육제제를 도입해 효율성을 극대화하는 기획과 전략을 수립하는 일이다. 최근 한국전문대학교육협의회를 중심으로 선진국형 직업교육체제를 지향하며 제도적으로 탈바꿈을 시도하고, 이러한 기조하에 산업체 요구에 걸맞은 직업교육 콘텐츠를 생산하는 데 전략적인 접근을 시도하는 일은 시의적절하다 하겠다.

다음은 수업연한 다양화에 대한 실질적 구현이다. 우리 전문대학은 세계화, 지식기반사회의 도래라는 환경 변화에 대응하여 '국제 지역공동체'로서 유럽 고등교육체제 통합 사례인 '볼로냐 프로세스'(Bologna Process)를 눈여겨볼 필요가 있다.

유럽의 '볼로냐 프로세스' 사례는 세계화, 무한경쟁시대의 교육의 '국제적 통용성'을 제고하기 위해 어떠한 노력이 필요한지를 보여주는 좋은 사례다. 이 프로세스는 전대미문의 실험이라는 전략의 과정과 내용적 측면에서 전문대학 교육혁신을 추진하는 데 의미 있는 시사점을 제공할 수 있다.

이런 점에 비춰 국제적 수준에 부합하고, 미래 직업사회의 수요에 대응하는 '학습성과'(learning outcome)와 '기술역량'(technical compe tencies) 제고에 목표한 직업교육 솔루션을 구축하고, 직업교육 평가·인증·학위 등이 연계한 심화된 직업교육체제로 나가야 할 것이다. 세계 수준의 명품 전문대학(World Class College) 육성과 직업교육의 해외거점(Global hub) 구축은 이러한 전제에서만 가능하다.

특히 이러한 기획과 전략이 연착륙·선순환하기 위해서는 대학역량 강화사업 등 국가 재정지원 확충, 직업교육훈련을 위한 고용보험기금 유입 활용, 고등교육재정교부금법 입법화 등 교육재정의 안정적 확보, 정책적 시원과 혁신, 개별 대학의 미래 비션 설정이 요청된다.

아울러 전문대학이 미래 비전을 창출하기 위해서는 직업교육에 관련된 다양한 층위의 상호 이해와 협력이 요청된다. 즉 전문대학은 교육과정 및 교수·학습 방법 혁신을 통한 직업교육 효율성 제고, 평가·인증체제 구축을 통한 사회적 위상 제고, 글로벌 리더 양성을 통한 교육산업 경쟁력 제고에 주목해야 하고, 산업체는 산학협동과 우수인력 확보로 산업경쟁력을 확보해야 하며, 국가는 우수 산업인력 양성을 통한 국가적 차원의 인적자원 개발 및 관리에 대한 비전을 제시할 수 있어야 한다.

(2011. 12)

\<자료\> ≪한국전문대학교육 30년사≫ 발행 보도자료

보도자료		한국전문대학교육협의회
		http://www.kcce.or.kr

◆ 문 의 : 한국전문대학교육협의회 "한국전문대학교육 30년사 편찬위원회"

담 당 : 한 강 희 전문위원 ("한국전문대학교육 30년사" 편집집필위원장)

제목 : 전문대협의회 "한국전문대학교육 30년사" 펴내

□ 한국전문대학교육협의회가 "한국전문대학교육 30년사"(이하
"30년사", 다락방출판사)를 발행했다. "30년사" 주요 사항은
변형 국배판(A4, 220㎜×290㎜), 2-4도 인쇄 660쪽, 양장 하드
커버로 제작됐다. 기타 주요 사양은 스노화이트지 100g, 사철
실제본, 케이스 삽입 등으로 최신 출판 컨셉에 맞춰 미려하게
편집디자인j 했다.

* 초판인쇄일 : 2009년 12월 15일

* 초판발행일 : 2010년 1월 15일

□ "30년사"는 '1편 교육사, 2편 교육내용, 3편 미래상', 부록 등으
로 구성되었다. 1편 교육사는 법적, 제도적 측면을 고려해 시대
를 구획했고, 2편 교육내용은 대학 학사운영과 연관된 10개 주

요 부문을 망라했다. 특히 화보엔 개별 대학에서 입수한 전문대학의 특색 있는 사진과 함께 전문대학 관련 소사(小史)를 집약했다. 부록엔 전문대학 교육의 가교역(架橋役)이자, 구심체라 할 수 있는 한국전문대학교육협의회를 개괄하고 있다.

☐ 특히 이 책은 일반 독자에 쉽게 다가갈 수 있도록 기존의 논문 행태가 아닌 쉽고 간결한 저널(journal) 체제와 시각적(visual) 컨셉을 최대한 살려내고 있다. 본문 내용은 신문 문체를 지향한 스토리텔링을 도입해 전문대학 역사를 개괄하고 있으며 비주얼은 300여 개의 각종 지표를 담은 도표와 함께 1천여 컷에 이르는 개별 대학 사진을 직접 취재해 싣고 있어 유사한 형태의 기존 사료(史料)와는 차별성을 보여주고 있다.

■ 별첨 자료
1. "30년사" 편찬위원회 명단 및 주요 관계자 멘트
2. "30년사" 주요 목차
3. "30년사" 총론 내용
4. "30년사" 표지(별도 첨부)

한국전문대학교육협의회(회장 김정길, 배화여자전문대학 총장)는 1979년 전국사립전문대학장연합회로 출발하여 1988년 사단법인 한국전문대학교육협의회로 설립 인가를 받은 후, 1995년 '한국전문대학교육협의회법'에 의해 특별법인으로 재출발하였다. 현재 전국 146개 전문대학을 회원으로 두고 있다.

1. "30년사" 편찬위원회 명단 및 주요 관계자 멘트

◎ "한국전문대학교육 30년사" 편찬위원회 명단

▲ 편찬위원장   김정길(한국전문대학교육협의회장, 배화 여자대학 총장)

▲ 집필편집위원장   한강희(한국전문대학교육협의회 기획홍 보전문위원, 전남도립대학 교수)

▲ 집필편집위원   변호걸(안양과학대학 교수), 유대근(청강 문화산업대학 교수), 이길순(신구대학 교 수), 이광용(수원여자대학 교수), 이교종 (영진전문대학 교수)

▲ 자문검토위원장   양한주(한국전문대학교육연구학회장, 동 양공업전문대학 교수)

▲ 자문검토위원   차갑부(명지전문대학 교수), 윤여송(인덕 대학 교수), 최용섭(광주보건대학 교수), 오병진(한국전문대학교육협의회 평가연 수부장)

▲ 행정위원장   이승근(한국전문대학교육협의회 기획조 정실장)

◎ "한국전문대학교육 30년사" 주요 관계자 멘트

▲ **발간사 발췌: 김정길 (한국전문대학교육협의회 회장) / 30년의 인고(忍苦)로 빚어낸 고등직업교육의 산실, 전문 대학**

"한국 전문대학교육 30년사"는 우리나라 고등직업교육 주체로서 전문대학이 밟아온 기록을 담아낸 총합(總合)입니다. 이 책은 전문대 학의 번영과 시련을 고스란히 대변하면서, 전문대학이 '창업'(創業)과

'수성'(守成)의 시기를 거쳐, 새로운 도약을 꿈꿔야 하는 '경장'(更張)의 단계에 진입하고 있음을 잘 보여주고 있습니다. (…) 이제 전문대학은 지식정보화 사회가 요구하는 교육의 질적 경쟁력을 확보해야 할 시점입니다. 이를 위한 구체적인 실천 방안으로 수업연한 다양화 방안이 실질적으로 구현돼야 하고, 합리적이고 과학적인 수준의 취업 체제를 구축해야 하며, 글로벌 인재 양성에 주력해야 합니다. 이러한 현안이 연착륙·선순환하기 위해서는 국가재정지원 확충, 고용보험기금 유입, 교부금 신설 등 제도적 시원이 절실히 요청됩니다.

▲ 축사 발췌: 안병만(과학기술부장관) / 다양한 층위의 학습자가 공유하는 열린 공간으로 거듭나길

'인생 2모작 시대 '를 맞아 전문대학은 미래를 내다보며 평생 직업 교육기관으로 자리 잡을 수 있는 비전을 모색하는 것이 필요하다고 봅니다. 이에 고교 졸업생 외에 성인교육으로 수요자를 확대하고, 학위과정과 병행하여 단기직업훈련 등 다양한 방안을 강구해야 합니다. 재직자 대상의 계속교육 프로그램을 내실화하여, 직장과 대학을 오가며 공부할 수 있는 장으로 변모해야 합니다. 특화된 브랜드를 확보하는 것도 경쟁력을 갖는 방법이 될 것입니다.

▲ 편찬 후기 발췌(집필위원, 자문위원)

= 우리 전문대학 30년, 한마디로 어렵고 고단하였던 인고의 시간이었다. 그렇지만 불퇴전의 정신들이 있었기에 오늘의 우리가 존재할 수 있었다. 아마 이 같은 역사의 힘이 우리 앞에 희망의 등불이 되어 줄 것으로 믿는다. <변호걸, 안양과학대학 교수>

= 30년 역사 속에 500만 산업역군을 양성한 전문대학은 우리나라

근현대 산업화를 이끈 주역이었습니다. '30년사' 탄생의 주역은 뭐니 뭐니 해도 우리 전문대학 구성원이라고 생각합니다. <이승근, 한국전문대학교육협의회 기획조정실장>

= "거칠고 좁은 석경(石俓), 멀고 긴 터널 길 / 넘어지고 일어나며 달려온 삼십 성상(星霜) / 흩어진 지혜 모아 멋진 모습 드러냈네 / 이립(而立)으로 우뚝 선 거목 양분 주고 가꾸어 / 비바람 삭풍에도 영원 무궁 청솔돼라!" <차갑부, 명지전문대학 교수>

= '졸업'이 '시작'을 의미하는 것처럼, "30년사" 발간은 전문대학이 한 세대를 마감하는 매듭이 아니라, '새로운 초입'에 들어서게 되는 벅찬 설렘에 해당한다. <한강희, 30년사 집필위원장, 전남도립대학 교수>

2. "30년사" 주요 목차

▲ **총 론:** 우리 직업교육의 넓이와 깊이를 확보한 전문대학 30년
▲ **제1편 전문대학 역사 30년**
제1장 전문대학의 태동과 형성 1948~1978
제2장 전문대학의 성장과 발전 1979~1996
제3장 전문대학의 개혁과 도약 1997년 이후
▲ **제2편 전문대학 교육 30년**
제1장 교육이념과 목적 / 제2장 학사 및 교육과정 / 제3장 정원정책 및 입학전형
제4장 교수 / 제5장 학생 / 제6장 교육재정 / 제7장 산학협력 / 제8장 평생교육

3. "30년사" 총론 내용 – 우리 직업교육의 넓이와 깊이를 확보한 전문대학 30년

우리나라 전문대학은 근대 대학 학제와 함께 시작하여 21세기 교육시장 개방 및 무한경쟁체제에 이르기까지 고등직업 교육기관으로서 중심축을 담당해 왔다. 특히 해방 이후 비약적 경제성장에 힘입어 괄목할 발전을 이룩하였다. 최근 다매체다문화 시대, 지식정보화 사회라는 내·외적 교육환경 변화(paradigm shift)에 긴밀하게 부응하며 전문 직업인을 양성하는 산파역으로서 그 소임을 다해 온 것이다. 즉 전문대학은 산업발전에 대응하는 노동시장의 수요 탄력성에 발맞춰 다양한 종류의 직업교육을 수행하였다고 할 수 있다.

전문대학의 설립을 시기별로 살펴보면 전문대학 교육사의 과정을 소상히 짚어볼 수 있다. 전문대학은 가장 먼저 설립된 배화학교, 숭의여학교를 비롯한 6개 대학에서 출발하며 1970년대와 1990년대에 가장 많이 설립되었다. 전문학교로 개편된 1970년대엔 48개교, 1995년 '5·31 교육개혁' 후속 조치로 고등교육법이 개정된 1990년대엔 대학 설립 준칙주의 영향으로 50개교가 설립되었다. '대학 설립 준칙주의'란 대학 설립 요건을 단순화하여 교지, 교사, 교원, 수익용 기본재산의 기준만 확보되면 원칙적으로 인가를 해주는 정책이다.

우리나라 전문대학은 국립 2개교, 공립 8개교, 사립 136개교 총 146개 대학으로 사립이 절대적인 숫자를 점유하고 있다. 국립 2개교는 한국철도대학과 한국재활복지대학으로 모두 경기도에 소재하고 있다. 공립대학은 지방자치제도가 정착하면서 1969년 설립된 인천전문대학을 제외한 8개교 모두 1990년대 후반에 개교했다.

그간 전문대학이 직업교육을 수행하는 과정을 시간적 추이에 따라 구획하자면 태동과 형성, 조정과 정착, 성장과 발전, 혁신과 도약의 단계로 나눠볼 수 있다.

전문대학체제 개편 분수령은 1979년, 이를 기점으로 세 단계로 시기 구획

전문대학이 직업교육을 내실화하며 성장하는 과정을 들여다보면 크게 보아 '직업교육의 양적 확대와 질적 심화과정'이라 해도 무리가 없을 것이다. '양적 확대와 질적 심화'는 좁은 의미에서 볼 때, 이전의 '전문대학 형태'가 '전문대학'으로 통합 명칭을 달게 된 1979년 이후부터 급속히 내적 진전을 가져온 현상을 가리킨다. 1979년 3월은 초급대학을 일반대학 혹은 전문대학으로, 실업고등전문학교 · 전문학교를 전문대학으로 개편하고 각종 5년제 대학을 폐지하는 등 교육사적으로 중요한 의의를 갖고 있다.

"한국 전문대학 교육 30년사"는 '전문대학' 명칭 사용 및 체제 개편의 기점이 된 1979년을 전문대학 역사의 분수령으로 파악하고, 이를 기점으로 크게 세 시기로 구획했다.

그 첫 단계는 1979년 이전으로 '전문대학의 태동과 형성기', 혹은 '조정과 정착기'라 할 수 있다. 전문대학 최초 형태는 1964년 9개교, 23개 학과, 953명으로 출발한 '실업고등전문학교'였다. '실업고등전문학교'는 제1차 경제개발 5개년계획에 의한 인력의 장기 수요에 대처하기 위하여 중학교 졸업자를 대상으로 한 5년제 형태였다. 요즘 식으로 말하자면 '3+2' 체제였던 셈이다.

1970년에는 26개교, 40개 학과, 5,887명 정원으로 '전문학교'가 설립되었다. '전문학교'는 고등학교 졸업자를 대상으로 한 2~3년제로, 단기 고등교육에 대한 국제적인 추세를 반영하고, 실업계 고교 졸업자에게 고등교육에 대한 진학 기회를 부여하기 위함이었다. 전문대학 역시 어엿한 고등교육기관임에도 불구하고 이때까지는 학사 자격이 주어지지 않았다.

두 번째 단계는 1979년 체제 개편 이후 1996년까지로 '전문대학의 성장과 발전기'로 명명했다. 이때 전문대학은 127개 대학, 91개 학과, 입학정원 78,455명 규모였다. 체제 개편 배경은 기존의 단기 고등교육기관인 초급대학과 전문학교를 일원화하여 고등교육 인력을 합리적으로 배분하고, 직업교육의 전문성을 향상시켜 산업기술 발전을 도모하고자 함이었다. 수업연한은 종전과 같이 2~3년의 틀을 유지했으며, 입학자격은 고등학교 졸업자를 대상으로 했다. 특히 1980년 7월에는 '7·30 교육개혁안'을 통해 '전인교육, 정신교육, 과학교육, 평생교육'이라는 4대 원칙하에 각종 교육개혁방안이 신군부에 의해 추진되었다.

세 번째 단계는 1997년부터 2009년 현재에 이르는 '혁신과 도약'의 시기

마지막 세 번째 단계는 1997년 이후부터 2009년 현재까지로 '전문대학의 혁신과 도약기'에 해당한다. 특히 이 시기 전문대학 내부의 각성이 2005년 5월 전문대학 혁신운동이라는 생산적인 에너지를 창출하며 '그랜드 비전'을 기획했던 것은 전문대학 30년 역사에서 큰 의미를 부여할 만한 사건이었다.

이때 건의한 혁신 내용은 연구중심대학을 제외한 여타 대학 형태를 산업인력 양성교육 중심대학으로 단순화하는 것, 학과별로 수업연한을 자율화하는 것, 전공심화과정의 정규 학사학위과정을 마련하는 것 등이었다. 요컨대 교육혁신결의대회는 전문대학이 안고 있는 취약점을 정면으로 돌파하여 새로운 개혁 및 발전 의지를 다지는 계기가 되었다. 위기의식이란 어느 시대를 막론하고 당대인이 느끼는 현재적 산물이다. 그런 의미에서 '위기와 도약'은 시간적 선후 개념이 아니라 전문대학이라는 거시구조가 지향할 순차적 가치 개념에 해당한다.

사실 1995년에 정부의 '5·31 교육개혁'이 있었지만, 이는 교육계 일반에 대한 정책기조 표방으로 전문대학과 관련한 구체적인 시책이나 비전 수립이 있었던 것은 아니다. 즉 '5·31 교육개혁'은 교육복지국가 수립을 핵심 과제로 열린교육사회, 평생학습사회 건설을 캐치프레이즈로 하여 교육 소비자가 중심이 되는 다양한 교육 방안을 만들자는 데 초점이 두어졌었다. 이러한 기조가 제도적인 차원에서 구체적으로 접목된 때가 1997년이다. 이 해 처음으로 전문대학 졸업생에게 '전문학사학위'가 수여되었고, 11월엔 '고등교육법'이 제정되면서 전문대학의 교육목적이 '중견 기술인 양성'에서 '전문 직업인 양성'으로 상향 조정되었다.

현재 전문대학의 규모는 146개 대학, 1,380개 과정에 입학정원 23만 3,730명

2009년 현재 전문대학 규모는 146개 대학, 1,380개 과정에 입학정원 23만 3,730명이다. 전문대학은 우리 고등교육 전체(347개 대학)에서 4년제 대학(201개 대학, 57.5%)에 비해 42.4%로 비교적 높은 비율을 차지하고 있다. 입학정원은 4년제 대학이 40만 6,450명(63.4%)인데 비해 23만 3,729명(36.5%) 규모다.

전문대학이 1990년대 후반부터 맞닥뜨린 위기는 1차적으로 출산율 저하 및 학령인구 감소로 인한 입학자원의 절대 부족 현상에서 그 원인을 찾을 수 있다.

입학인구 감소와 함께 고등교육의 양적 팽창에 따른 대학 무한경쟁체제, 이를테면 원격대학, 학점은행제, 외국대학 국내 진출 등도 전문대학의 위기적 요소로 지적할 수 있다. 이 외에도 지식기반사회와 평생학습사회의 도래, 산업구조 및 직업세계의 급격한 변화 등과 같은 외부적 요인도 기론할 수 있다. 전문대학은 이러한 위기 상황을 극복하기 위해서 백화점식 학과를 구조조정하고 차별화된 경쟁력을 추구하여야 한다. 이러한 위기를 극복하기 위해 정부는 정책적으로 개별 대학 특성화 추구 등 다양한 방안을 강구하고 있으며, 이러한 노력은 구체적인 정책 입안과 제도 시행으로 나타났다. 1996년 이후부터 '전문학사학위 수여제도'가 실시되었고, 1998년부터는 교명 자율화가 시행되었다. 2002년엔 3년제 학과를 확대하였으며, 2007년부터는 전공심화과정을 도입해 학사학위 졸업생을 배출하기도 했다.

한편 전문대학 자체의 내부적인 노력도 있어왔다. 많은 전문대학이 취업 수요에 초점을 맞춰 다학기제, 학점은행제, 산업체 위탁교육, 주문식교육, 협약학과 및 특약학과 개설, 해외인턴십제, 실습학기제, 국내외 대학 학점교류제뿐만 아니라 민·관·산·연과 연계한 현장지향형 교육을 실시하는 등 다양한 교육 채널을 통해 특성화-전문화를 지향하고 있다.

일반대학과 교원자격기준 및 보수 규정 단일화, 총장 명칭 격상은 성과

전문대학의 제도적인 성장은 개별 대학의 발전적 의지가 결실을 본 것에 다름 아니다. 2002년에는 교원자격기준이 2006년에는 보수 규정이 4년제 일반대학과 보조를 맞춰 단일화되었고, 2009년엔 기존의 기관장 명칭인 학장이 총장으로 주정, 격상되었다. 이러한 성과들은 전문대학의 위상을 제고하는 데 크게 기여한 것으로 평가되고 있다.

전문대학 설립의 본질적 의의는 산업현장에서 요구하는 적재적소의 전문인력을 배출하는 데 있다. 4년제 대학 대비 전문대학 취업률은 65% 대 83.5%(2005), 67.1% 대 84.2%(2006), 68% 대 85.2%(2007), 68.9% 대 85.6%(2008)로 나타났다. 이는 전문대학이 4년제 대학보다 훨씬 높은 취업률을 기록하고 있음을 의미한다. 특히 불황에 강한 대학으로 인식되면서 취업 유망학과에는 4년제 대학 졸업자들의 재입학이 늘어나는 유턴(U-turn) 현상도 벌어지고 있다. 2008년 재입학자는 4,595명으로, 2001년 2,668명에 비해 2배나 늘어났다.

전문대학이 30여 년을 거쳐 오면서 5백만 명에 달하는 산업역군을 양성해온 것은 전문대학의 큰 위업으로 기록된다. 전문대학은 금세기 들어 지식정보화 사회가 요구하는 양질의 교육경쟁력을 확보하면서, 합리적이고 과학적인 취업체제를 구축해 글로벌 인재 양성에 각별한 관심을 가져야 할 시점이다. 적령기 학생은 물론 지역 성인들의 교육욕구도 수용하면서 졸업과 동시에 일할 수 있는 산업체와 밀착된 현장적합형 교육으로서 일터와 대학을 자유롭게 오가는, '일터에서 대학으로, 대학에서 일터로'(Work to School, School to Work)를 실질적으로 구현해야 하는 책무를 안고 있다.

이와 더불어 전문대학이 30여 년의 역사를 통해 맞닥뜨린 현안은 시대 정서와 국제 흐름에 맞는 선진국형 직업교육제제를 도입해 효율성을 극대화하는 기획과 전략을 수립하는 일이다. 최근 한국전문대학교육협의회를 중심으로 선진국형 직업교육체제를 지향하며 제도적으로 탈바꿈을 시도하고, 이러한 기조하에 산업체 요구에 걸맞은 직업교육 콘텐츠를 생산하는 데 전략적인 접근을 시도하는 일은 시의

적절하다 하겠다.

전문대학 최대 현안은 직업교육 수업연한 자율화

21세기 직업교육에서 시대 정서가 요구하는 전문대학의 핵심 과제는 '수업연한 자율화'다. '수업연한 자율화'란 우리 고등교육의 큰 틀을 학문 중심 트랙과 산업인력양성 중심 트랙으로 구분하고, 기존의 일반대학 4년, 전문대학 2년이라는 통념화한 이분법적 공식을 해체하여 2, 3, 4년제, 심지어 직업교육 석·박사과정까지 탄력적으로 개설해 직업교육을 확대하고 심화하는 제도다. 이 제도는 학습 주체인 학생 수준과 시대가 요구하는 직업수요 패턴에 맞춰, 지역 산업 클러스터에 부응해, 직능별 수준에 대비되는 프로그램을 실질적으로 구현하는 데 그 취지가 있다.

특히 이 과제는 전문대학의 구성원뿐만 아니라 직업교육 전문가들도 의견을 같이하는 현안이다. 수업연한의 자율적 조정 시행은 유럽(핀란드, 영국, 프랑스, 이탈리아), 구미(미국, 캐나다), 오세아니아주(오스트레일리아, 뉴질랜드) 등 직업교육 선진국에서는 보편적인 추세로 받아들여지고 있다. 이 대학들은 기술인력 양성만을 위한 직업교육을 표방하는 데 그치지 않고 이론 심화교육과정을 연계하는 이른바 '유니버시티 칼리지'(university & college)라는 형태를 통해 교육의 효율성을 배가하고 있다.

전문대학은 새로운 도약을 준비해야 할 시점에 와 있다. 30년 역사에서 얻은 성과에 만족하지 않고 환골탈태하여야 한다. 20세기 산업사회가 요구하는 인재상을 개인의 역량과 가치관에서 찾았다면, 21세기 지식융합시대엔 창의적 사고에 바탕을 둔 전문성과 도전정신에서 찾아야 할 것이다. 즉 실무 중심 인재가 아닌 글로벌 창의 인재상을 지향해야 한다. 대학 내부적으로는 구조조정을 통해 교육의 비효율성,

불합리성을 걷어내고 전문화·특성화라는 대학 나름의 활로를 개척해 교육 만족도를 높이는 등 실질적이 취업률 제고에 만전을 기해야 한다. 이는 개별 선택적 조건이 아니라 필수적 조건에 해당한다.

한편 안팎으로 난립하는 유사교육기관의 도전에 대응하기 위해서는 교육의 질을 높이고 고등직업교육의 기능과 역할, 필요성에 대한 홍보 강화도 지속적으로 요청된다. 전문대학의 내부 동력이 성장 엔진으로 모이려면, 학사 및 재정 운영의 투명성을 확보하는 등 대학의 책무성이 강화되어야 하고, 성인학습 및 평생직업교육 프로그램을 실질적으로 구현하여야 하며, 글로벌 체제에 걸맞은 교육 콘텐츠를 생산할 수 있어야 한다. 우리의 우수 교육프로그램을 현지 근로자 교육에 적용하고, 기업 맞춤형 콘텐츠로 전환하는 등 프로그램 자체를 브랜드화하는 방안도 검토할 수 있다.

역량 강화와 성과에 목표를 둔 '평가·인증·학위'의 삼위일체 지향해야

우리 전문대학은 세계화, 지식기반사회의 도래라는 환경 변화에 대응하여 '국제 지역공동체'로서 유럽 고등교육체제 통합 사례인 '볼로냐 프로세스'(Bologna Process)를 눈여겨볼 필요가 있다. 이 프로세스의 핵심은 유럽 대학에서 수여하는 학위의 외형적 표준뿐만 아니라, 학위가 의미하는 성취결과와 자질에 대한 표준, 개별 국가를 넘어 유럽 차원의 질 보장을 위한 절차적 표준을 마련하는 데 주안점을 두고 있다. 요컨대 유럽 직업교육에서 공인하는 평가·인증체제를 구축하려는 노력의 일환으로 볼 수 있다.

유럽의 '볼로냐 프로세스' 사례는 세계화, 무한경쟁시대의 교육의 '국제적 통용성'을 제고하기 위해 어떠한 노력이 필요한지를 보여주는 좋은 사례다. 이 프로세스는 전대미문의 실험이라는 차원과 전략의 과정과 내용적 측면에서 전문대학 교육혁신을 추진하는 데 의미 있는 시사점을 제공할 수 있다. 이런 점에 비춰 국제적 수준에 부합하고, 미래 직업사회의 수요에 대응하는 '학습성과'(learning outcome)와 '기술역량'(technical competencies) 제고에 목표한 직업교육 솔루션을 구축하고, 직업교육 평가·인증·학위 등이 연계한 심화된 직업교육 체제로 나가야 할 것이다. 세계 수준의 명품 전문대학(World Class College) 육성과 직업교육의 해외거점(Global hub) 구축은 이러한 전제에서만 가능하다.

특히 이러한 기획과 전략이 연착륙·선순환하기 위해서는 대학역량 강화사업 등 국가 재 정지원 확충, 직업교육훈련을 위한 고용보험기금 유입 활용, 고등교육재정교부금법 입법화 등 교육재정의 안정적 확보, 정책적 지원과 혁신, 개별 대학의 미래 비전 설정이 요청된다.

아울러 전문대학이 미래 비전을 창출하기 위해서는 직업교육에 관련된 다양한 층위의 상호 이해와 협력이 요청된다. 즉 전문대학은 교육과정 및 교수·학습 방법 혁신을 통한 직업교육 효율성 제고, 평가·인증체제 구축을 통한 사회적 위상 제고, 글로벌 리더 양성을 통한 교육산업 경쟁력 제고에 주목해야 하고, 산업체는 산학협동과 우수인력 확보로 산업경쟁력을 확보해야 하며, 국가는 우수 산업인력 양성을 통한 국가적 차원의 인적자원 개발 및 관리에 대한 비전을 제시할 수 있어야 한다.

\<인터뷰\> ≪한국전문대학교육 30년사≫ 집필편집위원장

대담 : 한강희 ≪한국전문대학교육 30년사≫ 집필편집위원장, 전남
도립대학교 교수
김기중, 한국대학신문 기자

1. 전문대학 30년사는 어떤 책인가요?

한마디로 우리나라 고등교육기관으로서 전문대학이 30여 년을 경
과하면서 어떻게 직업교육을 해 왔는지를 일목요연하게 정리한 책이
다. 이 책이 담고 있는 교육사와 교육내용 속에는 우리 근현대 산업
의 성장사가 고스란히 맞물려 있다. 특히 이 책이 기존의 대학사, 기
업사와 다른 차별성이 있다면, 논문적 성격을 걷어내고 쉽고 간결한
문체에다 풍부한 사진자료 및 전문대학 소사를 실어 일반 독자에 흥
미롭게 다가서고 있다는 점이다. 그러면서 전문대학의 태동과 형성,
성장과 발전, 혁신과 도약상을 소상히 짚어내고 있다.

2. 20년사는 나오지 않은 것으로 알고 있는데요, 이번 발간은 어떤 의미가 있다고 볼 수 있나요?

대학사는 보통 10년 단위로 묶이게 마련이다. 하지만 여러 가지 난
항을 겪으면서 20년사, 25년사가 나오지 못했다. 다행스럽게 이 책은
전문대학의 역사를 세 시기로 구분하고 있다. 1979년 이전의 전문대
학 형태, 1979년 전문대학 명칭을 달면서부터 1996년 고등교육법 시
행까지, 그리고 1997년 이후로 구획했다. 즉 합리적으로 해석하자면

30년이라는 큰 구도 하에서 처음-중간-최근이라는 매듭을 지으며 조망할 수 있다. 이번 발간은 전문대학이 30년이라는 한 세대를 매듭짓는 게 아니라 '새로운 시작'으로 환골탈태해야 하는 부담스러우면서도 가슴 벅찬 이중의 과제를 동시에 안겨줬다는 데 의미가 있다.

3. 자료수집 과정에서 어려움이 많으셨을 듯합니다.

이 책은 원고, 도표, 화보 및 소사, 본문, 사진 및 부록 등 크게 4가지 자료로 구성되었다. 웹상에서 '클릭품'으로 만든 게 아니라 그야말로 '손품 발품을 팔아서' 만들었다. 원고와 도표의 경우 교과부, 직능원, 개발원 등 많은 기관에서 나온 사료가 동원됐고, 소사 및 부록은 협의회 전 식구들의 도움이 아니면 엄두를 내지 못했을 것이다. 초교를 여러 필자가 10여 년에 걸쳐 쓰다 보니 논조를 일관되게 유지하는 리라이팅도 힘들었던 부분이다. 이 책의 장점은 뭐니뭐니 해도 개별 대학 방문을 통해 취재, 입수한 1천여 컷에 달하는 사진을 싣고 있다는 점이다. 한여름 비지땀을 흘리지 않았다면 비주얼한 30년사라는 '큰 보람'은 나오기 어려웠을 것이다.

4. 30년사가 전문대학에 어떤 도움이 되길 원하십니까?

지극히 일반적인 진술처럼 '역사란 어제를 살펴 오늘을 반성하고 미래 비전을 설계하는 일'이다. 전문대학이 30년 역사에서 경험한 세부적인 교과운영을 반면교사로 삼아 미래를 모색한다면 살아남는 것은 물론 경쟁력에서 우위를 차지할 수 있으리라 본다. 다만 전문대학 관계자들은 직업교육의 미래를 설계하는 데 있어서 지금까지 전문대학이 걸어온 도정처럼 '넓고 깊게' 보아야 할 것이다. 교육 수요자인 학생들에게 무엇을 진열해 놓기보다는 어떠한 교육으로 다가서야 하는지, 우리끼리의 내부를 탈피해 외부 아웃바운드로 과감히 몸을 던지는 도전정신도 필요하리라 본다. 마치 100년 전 선진 열강이 신학문을 가지고 우리나라에 들어와 신교육의 텃밭을 일궜듯이 말이다.

5. 자료를 모으면서 전문대학에 대해 많은 생각을 하셨을 것 같습니다. 전문대학의 향후 갈 길은 개인적으로 무엇이라고 보시나요? (4년제 대학 비교 시)

전문대학이 갈 길은 적어도 현재적 입장에서는 직업교육 선진국을 좇아가면 되리라 본다. 유럽, 대양주, 구미 등의 전문대학이 무엇을 어떻게 하는지 지켜보고 좋은 점은 배우고, 실패한 경험은 이유를 따져 보완해 나가는 방식이 최선이라고 본다. 이를테면 수업연한을 완전히 대학에 맡기는 방식은 세계적인 추세다. 제발 전문대학이 지역 산업 수요에 맞춰, 학생 수준에 맞춰, 산업체 요구에 부응해 자율적으로 수업연한을 프로듀싱할 수 있도록 길을 터줘야 한다. 원격대학이, 학점은행제가, 외국대학이 상륙하는 마당에, 게다가 4년제 대학이 테크니컬 학과를 개설하는 데 왜 전문대학만 프로크루스테스의 우를 범하고 있는가? 전문대학은 학문 중심 트랙과 차별화하는 직업인증 평가체제를 스스로 마련해 나가야 한다. 특히 교과부 등 제도권에서 주시해야 할 부분은 국가 주도의 직업교육이 일시적으로 너무 크게 쇠락하고 있다는 점이다. 국립 4년제 대학이 법인화하더라도, 직업교육 중심의 전문대학은 지방정부와 국가가 전적으로 지원하는 지역거점 클러스터 국공립대학으로 키워나가야 한다는 생각이다. 종국적으로는 그랜드 프로젝트가 그려져야 한다. 즉 노동부 산하의 폴리텍과

도 연동하는 등 구조조정이 이뤄져야 하리라 본다. 오바마가 전문대학을 손들어주며 15조원을 퍼붓는 야심찬 계획을 세운 이면에는 전문대학이 직업교육을 가장 잘 살릴 수 있다는 점을 시의적절하게 포착한 것이다. 미국의 직업교육이 건전성을 담보할 수 있는 이유는 정부가 직영하는 커뮤니티 칼리지가 있기 때문이다.

6. 책을 만드는 데 도움을 주신 분들은 어떤 분들이신지?

이 책은 전적으로 전국 145개 전문대학 구성원의 피와 땀이 이룬 결실이다. 편찬위원회 차원에서 말한다면, 협의회 기획조정실의 시의적절한 기획력에 집필위원의 노고가 더해졌다. 여느 조직이라면 당연직 정도로 이름을 올리는 자문위원이 원고 검토를 실질적으로 섬세하게 해준 덕분이기도 하다. 편찬위원들은 허접한 일부터 고도의 세련성을 요구하는 일까지 마다하지 않았다. 특히 짧은 시간 내에 완성도를 높일 수 있었던 이유는 위원들이 교육문화회관에서 1주일간이나 밤을 새워가며 독회를 한 덕분이었다고 생각한다. 머리보다는 가슴으로 얘기하는 쿨한 집필위원과 자문위원들을 만난 것은 집필편집위원장으로서 큰 행운이었다. 다시 한번 깊이 감사드린다.

(2010. 1)

제2장

21세기 교육환경
변화에 따른 고등직업
교육기관으로서의
전문대학 활성화 방안

Ⅰ. 머리말 - 고등직업교육 30년과 교육환경의 변화

우리나라 전문대학은 근대 대학 학제와 함께 시작하여 21세기 교육시장 개방 및 무한경쟁체제에 이르기까지 고등직업 교육기관으로서 중심축을 담당해 왔다. 특히 해방 이후 비약적 경제성장에 힘입어 괄목할 발전을 이룩하였다. 최근엔 다매체다문화 시대, 지식정보화사회라는 내·외적 교육환경 변화(paradigm shift)에 긴밀하게 부응하며 전문 직업인을 양성하는 산파역으로서 그 소임을 다해 왔다. 즉 전문대학은 산업발전에 대응하는 노동시장의 수요 탄력성에 발맞춰 다양한 종류의 직업교육을 수행하였다고 할 수 있다.

전문대학의 설립을 시기별로 살펴보면 전문대학 교육사의 과정을 소상히 짚어볼 수 있다. 전문대학은 가장 먼저 설립된 배화학교, 숭의여학교를 비롯한 6개 대학에서 출발하며 1970년대와 1990년대에 가장 많이 설립되었다. 전문학교로 개편된 1970년대엔 48개교, 1995년 '5·31 교육개혁' 후속 조치로 고등교육법이 개정된 1990년대엔 대학 설립 준칙주의 영향으로 50개교가 설립되었다.[12]

우리나라 전문대학은 국립 2개교, 공립 8개교, 사립 136개교 총 146개 대학으로 사립이 절대적인 숫자를 점유하고 있다. 국립 2개교는 한국철도대학과 한국재활복지대학으로 모두 경기도에 소재하고 있다. 공립대학은 지방자치제도가 정착하면서 1969년 설립된 인천전문대학을 제외한 8개교 모두 1990년대 후반에 개교했다.

그간 전문대학이 직업교육을 수행하는 과정을 시간적 추이에 따라 구획하자면 태동과 형성, 조정과 정착, 성장과 발전, 혁신과 도약의 단계로 나눠볼 수 있다. 전문대학이 직업교육을 내실화하며 성장하는

---

12) '대학 설립 준칙주의'란 대학 설립 요건을 단순화하여 교지, 교사, 교원, 수익용 기본재산의 기준만 확보되면 원칙적으로 인가를 해주는 정책이다.

과정을 들여다보면 크게 보아 '직업교육의 양적 확대와 질적 심화과 정'이라 해도 무리가 없을 것이다. '양적 확대와 질적 심화'는 좁은 의미에서 볼 때, 이전의 '전문대학 형태'가 '전문대학'으로 통합 명칭을 달게 된 1979년 이후부터 급속히 내적 진전을 가져온 현상을 가리킨다. 1979년 3월은 초급대학을 일반대학 혹은 전문대학으로, 실업고등전문학교·전문학교를 전문대학으로 개편하고 각종 5년제 대학을 폐지하는 등 교육사적으로 중요한 의의를 갖고 있다.[13]

첫 번째 1979년 이선으로 '선문대학의 태동과 형성기', 혹은 '조정과 정착기'라 할 수 있다. 전문대학 최초 형태는 1964년 9개교, 23개 학과, 953명으로 출발한 '실업고등전문학교'였다. '실업고등전문학교'는 제1차 경제개발 5개년계획에 의한 인력의 장기 수요에 대처하기 위하여 중학교 졸업자를 대상으로 한 5년제 형태였다. 요즘 식으로 말하자면 '3+2' 체제였던 셈이다.

1970년에는 26개교, 40개 학과, 5,887명 정원으로 '전문학교'가 설립되었다. '전문학교'는 고등학교 졸업자를 대상으로 한 2~3년제로 단기 고등교육에 대한 국제적인 추세를 반영하고, 실업계 고교 졸업자에게 고등교육에 대한 진학 기회를 부여하기 위함이었다. 전문대학 역시 어엿한 고등교육기관임에도 불구하고 이때까지는 학사 자격이 주어지지 않았다.

두 번째 단계는 1979년 체제 개편 이후 1996년까지로 '전문대학의 성장과 발전기'로 명명했다. 이때 전문대학은 127개 대학, 91개 학과, 입학정원 78,455명 규모였다. 체제 개편 배경은 기존의 단기 고등교육기관인 초급대학과 전문학교를 일원화하여 고등교육 인력을 합리적으로 배분하고, 직업교육의 전문성을 향상시켜 산업기술 발전을 도

---

13) "한국 전문대학 교육 30년사"는 '전문대학' 명칭 사용 및 체제 개편의 기점이 된 1979년을 전문대학 역사의 분수령으로 파악하고, 이를 기점으로 크게 세 시기로 구획했다.

모하고자 함이었다. 수업연한은 종전과 같이 2~3년의 틀을 유지했으며, 입학자격은 고등학교 졸업자를 대상으로 했다. 특히 1980년 7월에는 '7·30 교육개혁안'을 통해 '전인교육, 정신교육, 과학교육, 평생교육'이라는 4대 원칙하에 각종 교육개혁방안이 신군부에 의해 추진되었다.

세 번째 단계는 1997년 이후부터 2009년 현재까지로 '전문대학의 혁신과 도약기'에 해당한다. 특히 이 시기 전문대학 내부의 각성이 2005년 5월 전문대학 혁신운동이라는 생산적인 에너지를 창출하며 '그랜드 비전'을 기획했던 것은 전문대학 30년 역사에서 큰 의미를 부여할 만한 사건이었다.

이때 건의한 혁신 내용은 연구중심대학을 제외한 여타 대학 형태를 산업인력 양성교육 중심대학으로 단순화하는 것, 학과별로 수업연한을 자율화하는 것, 전공심화과정의 정규 학사학위과정을 마련하는 것 등이었다. 요컨대 교육혁신결의대회는 전문대학이 안고 있는 취약점을 정면으로 돌파하여 새로운 개혁 및 발전 의지를 다지는 계기가 되었다. 위기의식이란 어느 시대를 막론하고 당대인이 느끼는 현재적 산물이다. 그런 의미에서 '위기와 도약'은 시간적 선후 개념이 아니라 전문대학이라는 거시구조가 지향할 순차적 가치 개념에 해당한다.

사실 1995년에 정부의 '5·31 교육개혁'이 있었지만, 이는 교육계 일반에 대한 정책기조 표방으로 전문대학과 관련한 구체적인 시책이나 비전 수립이 있었던 것은 아니다. 즉 '5·31 교육개혁'방안은 교육복지국가 수립을 핵심과제로 '열린교육사회, 평생학습사회' 건설을 캐치프레이즈로 하여 교육 소비자가 중심이 되는 다양한 교육 방안을 만들자는 데 초점이 두어 졌었다. 이러한 기조가 제도적인 차원에서 구체적으로 접목된 때가 1997년이다. 이 해 처음으로 전문대학 졸업생에게 '전문학사학위'가 수여되었고, 11월엔 '고등교육법'이 제정되면서 전문대학의 교육목적이 '중견 기술인 양성'에서 '전문 직업인 양성'으로 상향 조정되었다.

고등직업 교육기관으로서 전문대학은 대학 무한경쟁과 대학시장 개방이라는 파고를 맞은 21세기 패러다임 시프트에 주목할 필요가 있다. 미국의 미래학자 다니엘 벨은 금세기의 특징으로 지식기반사회 (knowledge-based society)로의 이입을 들고 있다.[14]

지식기반사회에서 대학이 추구해야 할 가치 지향과 변화의 축은 과거와는 다른 교육적 인간상(educated person)을 제시할 수 있어야 하며, 질적 고도화에 부응해야 한다. 그런데 문제는 비약적인 정보화 산업의 발달로 사이버 교육체제가 확산됨에 따라 대학의 전통적 지식 권위가 위협받고 있다. 한편으로 세계화의 흐름 속에서, 국제간 경쟁을 가속화하는 개방체제로 진입하고 있다. 교수-학습체제 역시 평생학습사회의 도래로 학습자 유형이 다양화하고 있다.

이에 따라 고등교육의 변화 양상 역시 규제와 통제보다는 콘텐츠 중심의 자율화로 변화하면서 탈제도 현상을 나타내고 있으며, 학위 소지 여부보다는 자격증 중심으로 나가고 있다. 또한 교수(teaching) 중심에서 학습(learning) 중심으로 무전공제, 무학년제, 무필수 전공제도 등이 큰 흐름을 형성하고 있다.

문제는 교육경쟁적 측면에서 전제가 되는 학령인구다. 교육시장의 수급 균형이 깨지고 공급자 중심에서 수요자 중심으로 주도권이 이

---

14) 지식기반사회는 지식의 이해·가공·활용 능력은 물론이고 새로운 지식을 창조해 낼 수 있는 창의성과 고차적 문제해결능력을 요구하는 사회다. 이 사회에서는 기본적으로 지식의 생성과 활용 능력이 생산적 가치의 결정 요인이며, 국제 경쟁에서 비교우위를 보장하는 요건이 된다. 특히 21세기 대다수 직업은 '두뇌를 쓰는' 지식근로자들로 충원될 것으로 전망돼 창조적 지식 생산 능력을 신장할 수 있는 교육혁신에 역점을 둘 것을 요청받고 있다. 지식 집약적 산업은 OECD 주요 국가의 GDP 50%를 넘어서서 현실화되고 있을 뿐만 아니라 지난 10여 년간 첨단기술을 활용한 생산이 OECD 국가에서 2배 이상 증가하여 전체 생산의 약 30%에 달하고 있는 것으로 밝혀졌다. 요컨대 전문대학 역시 자체의 생존과 번영을 위해 다양한 발전 지향적 노력을 단속적으로 경주해야 한다.

동하고 있다.[15] 특히 대학 역시 자유 시장경쟁 논리에서 벗어날 수 없는 현실로 정부 정책은 이에 부응해 세계화, 개방화 속에서 국제적 경쟁력을 갖춘 대학을 육성하겠다고 포부를 밝히고 있다. 대학의 특성인 연구, 봉사, 교육 기능이 지식정보화와 세계화라는 변동 속에서 모든 연령층과 다양한 영역을 대상으로 하는 평생교육으로서 '교육소비자' 개념으로 변화한 것이다.

이에 미래 사회의 변화에 걸맞은 전문대학 나름의 비전 모색이 필수적으로 요청된다. 즉 지식기반사회에 부응하는 전문 지식근로자를 양성하기 위해서는 전문대학의 체제 개편방안이 뒤따라야 한다, 이를테면 정체성 확립, 기능 재정립, 다양한 학제 형태, 현장적응능력, 행·재정 형태의 합리화 등이 모색되어야 한다.

결국 대학의 경쟁력은 교육에서 나오기 때문에 경쟁력 있는 질적 교육이 관건이라 하겠다. 대학 간의 경쟁이 첨예화하면서 대학입학전략 특성화, 졸업인증제, 진로지도 교수제와 같은 프로그램 도입, 인터넷을 통한 원격강의 확대, 교육 시설 및 기자재의 적정화 등이 수반되어야 한다. 직업세계의 트렌드가 급속하게 변화하고 있는 점도 괄목할 만하다. 직업 환경의 급격한 변화는 새로운 패러다임이 기존의 패러다임을 대체하고 있다. 한 번 직장에 입사하면 은퇴할 때까지 그 직장에서 일한다는 평생직장 개념이 붕괴되고 평생직업 개념이 이를 대체하고 있다.

그런가 하면 지식, 문화, 비즈니스 부문의 엘리트들을 일컫는 지식노동자라는 개념이 실질적으로 구현돼 동시대를 이끌 주역으로 나타

---

15) 2003년 이후 대학에 지원할 출생자 수는 지속적으로 감소하게 되는데, 2006년에는 623,617명으로 최저를 기록하면서 2009년까지 65만 명 미만의 숫자를 유지할 것으로 예측되며, 2010년부터 2014년까지 약 71만 명 수준으로 상승곡선을 그린다. 문제는 2015년부터로, 이후 다시 60만 명대의 수준으로 격감하며 15년간에 걸쳐 입시지원자 수는 현격하게 줄어들 것으로 전망되고 있다.

나고 있다. 재택근무가 보편화하는 추세이고, '직업'(job)과 '유목민'(nomad)의 합성어인 '잡 노마드'(job nomad)란 신조어가 등장했다. 금세기 들어 직장과 업종은 물론이고 국경까지도 넘어서서 보다 자유로운 직장생활을 하는 행태로 변모하고 있다.16)

II. 직업교육 선진국의 교육혁신 흐름

미국 버락 오바마(Barack Hussein Obama) 대통령이 미국 경제 활성화를 위해 4년제 일반대학이 아닌 전문대학(Community college)의 손을 들어 주었다. 오바마는 2009년 7월 미시간주에 소재한 매콤(Macomb)전문대학의 한 강연회에서 2020년까지 친환경 에너지 분야에 필요한 산업역군 양성을 위해 전문대학에 120억 달러(한화 15조원 규모)를 쏟아붓겠다는 야심 찬 포부를 밝혔다. 백화점식으로 학과를 보유하고 있는 학문 중심의 4년제 일반대학이 아닌 직업교육에 초점을 둔 전문대학에 '미국 대학 졸업생 취업 우선권'(American Graduation Initiative)을 부여한 것이다.17)

오바마의 이러한 발상은 영국, 프랑스, 독일, 핀란드, 호주, 뉴질랜드, 캐나다 등 직업교육 선진국들이 기술인력 양성교육, 성인직업교육, 평생직업교육을 핵심적으로 추진한 사례들을 시의적절하게 읽어낸 신선한 충격(Supercool)이라 할 만하다. 이미 유럽과 구미의 직업

---

16) 21세기 들어 채용 패턴도 달라졌다. 기업체에서는 별도의 교육훈련을 시키지 않고 곧바로 실무에 활용할 수 있는 전문된 인력을 원하고 있으며, 이에 따라 공채 위주에서 소규모 수시채용, 스카웃, 인턴 채용, 사원 추천제 등 소수의 인력만을 채용하는 낚시형 채용으로 바뀌고 있다. 당연히 신세대 직장인은 과거 세대의 직장인에 비하여 자신의 경력 개발에 적극적으로 대처하고 있다. 직장 준비에서부터 은퇴에 이르는 과정, 즉 미래의 직업세계에서는 전 경력을 체계적으로 계획하고 관리해야 한다.

17) 한국전문대학교육 30년사 편찬위원회(2010), ≪한국전문대학교육 30년사≫, 전문대학교육협의회.

교육 선진국들은 단순히 기술인력 양성만을 위한 직업교육을 표방하는 데 그치지 않고, 학제 및 교과과정 혁신을 통해 2년제와 4년제를 탄력적으로 묶는 이른바 '유니버시티 칼리지'(University College)를 통해 교육의 효율성을 높이고 있다.

이 대학들은 1년제, 2년제, 3년제, 4년제, 심지어 대학원 석사과정까지 신축적으로 개설·운영하고 있다. 즉 전문학사, 준학사, 학사, 전문석사를 배출하고 있는 셈이다. 교육의 초점도 다양하게 맞춰져 있다. 학습 주체인 학생 수준에 맞춰, 시대가 요구하는 직업수요 패턴에 맞춰, 지역 산업 클러스터에 부응해, 직능별 수준에 대비하는 프로그램을 실질적으로 구현하고 있다.

우리의 전문대학도 그 성격과 위상이 새롭게 바뀌고 있다. 각 대학은 사회의 급격한 변화에 발맞춰 대학 나름의 특성화 분야를 성장 엔진으로 만들기 위해 부심하고 있다. 학제의 경우, 보건계열 등 일부 학과를 중심으로 이미 3년제가 도입되었고, 2007년부터는 학사학위 전공심화과정을 도입해, 첫 졸업생을 배출했다. 학사운영에서도 학기제, 학점은행제, 산업체 위탁교육, 주문식교육, 협약학과 및 특약학과, 해외인턴십제, 실습학기제, 국내외 대학 학점교류제 등 다양한 채널을 가동하며 우리 고등교육의 42%를 감당해내고 있다.[18)

한편 산업체 근로자의 위탁교육 등을 통해 일터와 대학을 자유롭게 오가는 이른바 '일터에서 대학으로(Work to School), 대학에서 일터로(School to Work)'를 활성화하는 데 주력하고 있다. 나아가 적령기 학생들만을 대상으로 한 교육에서 벗어나 성인교육도 수용할 수 있는 대학으로 거듭나고 있다. 그러다 보니 교육만족도와 취업률 등 여러 부문에서 뛰어난 실적을 보이는 전문대학이 속속 등장하고 있

---

18) 산업정책연구원(2009), "선진직업교육체제강화방안 - 전문대학 수업 연한의 유연성 제고를 중심으로", 한국전문대학교육협의회.

다. 아울러 우리의 직업교육 노하우를 해외로도 확산시키는 데 관심을 기울이고 있다. 우리의 우수 교육프로그램을 현지 근로자의 교육에 적용하고, 기업 맞춤형 콘텐츠로 전환하는 등 프로그램 자체를 브랜드화하는 방안도 검토하고 있다.

여기서는 전문대학 30년을 경과하며 현안 과제로 부상한 수업연한 다양화를 모범적으로 운영하고 있는 고등직업교육 주요 선진국의 핵심적인 주요 사례를 개괄, 일별하기로 한다.[19]

핀란드는 국제 사회에서 21세기를 이끄는 선진국으로 인정받고 있으며, 나라마다 국가경영의 모델로 많은 연구의 대상이 되고 있다. 이는 2000년, 2003년 OECD 회원국 중학교 학생(15세)을 대상으로 한 학습능력평가 결과 핀란드 학생들이 독해력과 수학능력, 문제해결 능력 등 부문에서 최상위(2000년 2위, 2003년 1위)를 기록하며 수월성 교육에 성공했기 때문이다. 직업교육의 경우, 1990년대 고등교육 제도 개혁으로 직업과 관련된 특수교육기관들을 통합하여 1996년 폴리테크닉(Polytechnic)을 설립(31개교)하였고, 직업전문 지식 분야에 대한 집중적인 교육을 실시하고 있다. 수업연한은 통상 3.5~4년으로, 현재 29개의 전문대학에 약 75,000명이 재학 중이다. 모든 대학은 국립으로 교육부가 관장하며, 운영은 자체적으로 이루어지고 있다. 특히 1980~1990년대 이후 직업환경과 노동시장이 급격한 변화를 겪으며 성인교육과정이 활성화되고 평생교육의 중요성이 강조되자, 현재 1,000여 개의 성인교육 관련 기관을 운영 중이다.

유럽공동체의 고등교육 혁신체제로 이탈리아의 볼로냐 프로세스를 손꼽을 수 있다. 볼로냐 프로세스(Bologna Process)는 EU와 다른 유럽 국가들이 대학교육 통합(또는 수렴)을 목표로 실행 중인 계획이다.

19) 한강희(2010. 5~2011. 4), "쉽게 풀어 쓴 전문대학 교육 30년사", 전문대학 소식지(12회 연재분). 여기서 기술한 직업교육 선진국의 사례는 필자가 정리한 이 자료에서 요약, 발췌한 내용이다.

1999년 이탈리아의 볼로냐대학교에서 당시 EU 회원국 교육장관들은 모임을 갖고 대학교육의 비교와 평가, 상호인정 등을 통해 교육의 유럽화를 달성하고자 했다. 이에 학사, 석박사 등의 학위 프로그램을 표준화하고, 대학 간 학점호환제도(이하 ECTS; European Credit Transfer System)를 마련하게 되었다. 2008년 현재 EU 27개 회원국과 비회원국인 아이슬란드, 노르웨이, 스위스 등 47개국이 볼로냐 프로세스에 참여하고 있으며 2010년을 목표 연도로 기획하고 있다. 볼로냐 프로세스는 대학교육과 연구에 대한 공적 책임, 대학교육의 거버넌스, 대학교육과 연구의 사회적 차원, 현대사회에서 대학교육의 가치와 역할 등과 같은 문제에 대한 대응책을 마련하기 위한 혁신적 표준화 과정이라 할 수 있다. 볼로냐 프로세스는 세계화, 무한경쟁시대의 교육의 '국제적 통용성'을 제고하기 위해 학위의 외형적 통일뿐만 아니라, 학위가 의미하는 성취 결과와 자질에 대한 표준, 즉 내용적 통일을 도모하고 있다. 아울러 개별 국가를 넘어 유럽 차원의 질 보장을 위한 절차적 표준을 마련한 것으로, 국가 간 인력 이동이 보편화되고 있는 시대에 한 국가만을 대상으로 하는 질 보장 장치, 학위 체계 등이 더 이상 효율적으로 기능하기 어렵다는 점을 시사하고 있다.

캐나다의 새로운 고등교육기관인 유니버시티 칼리지(University College)는 일반대학의 기능 일부와 전문대학(단과대학)의 기능을 공유하는 캐나다 브리티시 콜롬비아주의 독특한 고등교육기관이다. 이 제도는 10년이 경과되어 평가 단계에 있지만 학술연구에 중점을 둔 전통적인 대학과는 다른 교육을 전개하고 있다. 이 제도 시행으로 학생의 학습기회는 더욱 증대되고 대도시권 이외의 학생이 자택에서 통학하면서 학사를 취득할 수 있는 범위가 넓어져 경제적 부담 없이 고학력자의 대량 양성이 가능하게 되었다. 하지만 현 단계에서 검토해 볼 때 장점과 약점을 동시에 가지고 있고, 문제점도 제기되고 있다. 기본적으로 학사과정 운영의 경우 캐나다의 기준을 만족하며 교원의 수준과 학생 만족도, 지역성과 커뮤니티 서비스는 높으나 재정난이 난점인 것으로 보고되고 있다.

이상에서 살펴본 것처럼, 단기 형태의 전문대학은 영미권 국가를 중심으로 나타나는 직업교육에 대한 낮은 사회적 인식 속에서 대학과는 차별화된 교육경로로 인식되어 왔다. 그런데 단기교육체제는 지식기반사회 산업현장의 변화나 수요에 탄력적으로 대응하기 어렵다는 한계가 있다.

이러한 배경에서 직업교육 선진국들은 기존 대학을 실무 중심 대학으로 전환하거나, 종전 단기직업 교육기관의 특성을 강화하고 동시에 학사학위과정을 개설하도록 하여 직업교육 프로그램의 질적 수준을 제고하는 방식으로 개편하는 추세이다. 여기에다 개편 과정에서 고등교육의 국제화에 목표를 두고 자격 및 인증의 호환성은 물론 질 관리에 초점을 두고 있다.

여기서 우리 전문대학이 시각을 조정해야 할 부분은, 사회적 필요성과 동떨어진 질 낮은 고학력자가 양산되는 상황에서 직업교육 전문성 강화를 통한 국제 통용성을 높이는 조치가 시급히 개선되어야 한다는 점이다. 미래 사회의 필요에 기반한 '학습성과'(learning outcome) 혹은 '역량'(competencies)을 중심으로 교육내용을 재정의하고, 노동시장 수요에 부응하는 다양한 형태의 학제적 탄력성을 검토할 필요성이 있다.

III. 전문대학 직업교육의 성과와 현재적 좌표

우리나라의 고등교육체제는 해방 이전 하나의 대학을 포함한 전문학교체제를 출발점으로 하여 꾸준히 분화되어 왔다. 이러한 고등교육의 분화체계는 수직적인 분화체계와 수평적인 분화체계로 나누어진다. 여기서 수평적인 분화체계는 수평적으로 동등한 차원에서 고등교육의 체계상의 변화 과정에서 형성된 체계를 의미하며, 수직적 분화체계는 고등교육기관 유형 간 수직적이고 계층적인 위계관계에서 형성되는 체계를 말한다.[20] 수평적 분화가 교육기관의 설립 목적에 따라 일반대학으로서 통칭 4년제 대학과 직업 중심 대학으로서의 전문대학, 산업대학으로 나뉘는 체제를 의미한다면, 수직적 분화체계에는 교육과정의 수준에 따라 고등학교 졸업 이후부터 시작하여 고등교육 전체에 걸쳐 학부-석사과정-박사과정으로 나뉘는 3층의 중층구조가 해당한다. 우리나라는 미국이나 일본의 경우와 같이 대학과 전문대학을 포함하여 교육기관 간에 수직적으로 계층화된 서열 속에 교육기관이 위치하고 있다.

2011년 현재 전문대학 규모는 146개 대학, 1,380개 과정에 입학정원 23만 3,730명이다. 전문대학은 우리 고등교육 전체(347개 대학)에서 4년제 대학(201개 대학, 57.5%)에 비해 42.4%로 비교적 높은 비율을 차지하고 있다. 입학정원은 4년제 대학이 40만 6,450명(63.4%)인데 비해 23만 3,729명(36.5%) 규모다.[21]

전문대학이 1990년대 후반부터 맞닥뜨린 위기는 1차적으로 출산율 저하 및 학령인구 감소로 인한 입학자원의 절대 부족 현상에서 그 원인을 찾을 수 있다. 입학인구 감소와 함께 고등교육의 양적 팽창에 따른 대학 무한경쟁체제, 이를테면 원격대학, 학점은행제, 외국대학 국내 진출 등도 전문대학의 위기적 요소로 지적할 수 있다. 이 외에도 지식기반사회와 평생학습사회의 도래, 산업구조 및 직업세계의 급

---

20) 한국방송통신대학교 교육연구소, 《교육자료집》, 1992; 14-16.
21) 한국전문대학교육협의회 홈페이지(http://www.kcce.or.kr)

격한 변화 등과 같은 외부적 요인도 거론할 수 있다.

전문대학은 이러한 위기 상황을 극복하기 위해서 백화점식 학과를 구조조정하고 차별화된 경쟁력을 추구하여야 한다. 이러한 위기를 극복하기 위해 정부는 정책적으로 개별 대학 특성화 추구 등 다양한 방안을 강구하고 있으며, 이러한 노력은 구체적인 정책 입안과 제도 시행으로 나타났다. 1996년 이후부터 '전문학사학위 수여제도'가 실시되었고, 1998년부터는 교명 자율화가 시행되었다. 2002년엔 3년제 학과를 확대하였으며, 2007년부터는 전공심화과정을 도입해 학사학위 졸업생을 배출하기도 했다.22)

한편 전문대학 자체의 내부적인 노력도 있어왔다. 많은 전문대학이 취업 수요에 초점을 맞춰 다학기제, 학점은행제, 산업체 위탁교육, 주문식교육, 협약학과 및 특약학과 개설, 해외인턴십제, 실습학기제, 국내외 대학 학점교류제뿐만 아니라 민·관·산·연과 연계한 현장지향형 교육을 실시하는 등 다양한 교육 채널을 통해 특성화·전문화를 지향하고 있다.

한편 우리 고등교육 직업교육이 얻은 성과와 비전은 교육프로그램, 교수학습방법, 정부의 역할, 학사운영 및 교직원 인사관리, 산학연 협동체제, 대학의 국제화 등의 영역에서 다양하게 추출할 수 있다. 즉 입학자원 유치부터 졸업생 취업에 이르는 일련의 과정이 보다 합리적, 과학적인 단계로 일정 부분 진입했고, 향후에도 단속적으로 혁신되리라는 기대와 전망이 섞여 있다.23)

이 보고서는 대학의 학생선발권 완전 보장, 직장인 및 성인 학생에 대한 선발 기회 확대, 수도권과 지방대학을 포함한 대학 입학정원의 완전 자율화, 연중 수시 학생선발제도의 일반화, 금전적 혹은 비금전

---

22) 양한주 외(2008), "학사학위 전공심화과정 운영실태 평가방안 연구", 한국전문대학교육협의회.
23) 유현숙, 21세기 고등교육변화와 전망, 한국교육개발원, 1998.

적 기여를 한 자의 자손을 대상으로 한 기여입학제 확대 등을 열거하고 있다. 특히 2020년에는 학생 선발을 위한 시기, 전형내용 및 방법, 정원 등이 완전히 대학 자율에 맡겨질 것이라 예측하고 있다. 한편으로 대학에 대한 정부의 역할로는 사립대학의 정부개입 축소, 고등교육의 자율성 확대로 정부의 역할 축소, 국립대학 설립 주체의 변경(도립·시립·법인화 등), 정부의 대학에 대한 재정지원 증대, 지방대학 육성을 위한 정부 지원 확대, 고등교육 관련 협의체 및 위원회 구성을 통한 고등교육 통치 등을 예측하면서, 현재와 달리 대학에 대한 정부 간섭이 줄어들고, 특히 사립대학에 대한 정부개입이 축소되고, 고등교육의 자율성이 향상되리라는 전망을 내놓고 있다.

전문대학의 제도적인 성장은 개별 대학의 발전적 의지가 결실을 본 것에 다름 아니다. 2002년에는 교원자격기준이 2006년에는 보수 규정이 4년제 일반대학과 보조를 맞춰 단일화하였고, 2009년엔 기존의 기관장 명칭인 학장이 총장으로 조정, 격상되었다. 이러한 성과들은 전문대학의 위상을 제고하는 데 크게 기여한 것으로 평가되고 있다.

전문대학 설립의 본질적 의의는 산업현장에서 요구하는 적재적소의 전문인력을 배출하는 데 있다. 4년제 대학 대비 전문대학 취업률은 65% 대 83.5%(2005), 67.1% 대 84.2%(2006), 68% 대 85.2%(2007), 68.9% 대 85.6%(2008)로 나타났다. 이는 전문대학이 4년제 대학보다 훨씬 높은 취업률을 기록하고 있음을 의미한다. 특히 불황에 강한 대학으로 인식되면서 취업 유망학과에는 4년제 대학 졸업자들의 재입학이 늘어나는 유턴(U-turn) 현상도 벌어지고 있다. 2008년 재입학자는 4,595명으로, 2001년 2,668명에 비해 2배나 늘어났다.[24]

전문대학이 30여 년을 거쳐 오면서 5백만 명에 달하는 산업역군을

---

24) 한국전문대학교육 30년사 편찬위원회(2010), 《한국전문대학교육 30년사》, 전문대학교육협의회.

양성해온 것은 전문대학의 큰 위업으로 기록된다. 전문대학은 금세기 들어 지식정보화 사회가 요구하는 양질의 교육경쟁력을 확보하면서, 합리적이고 과학적인 취업체제를 구축해 글로벌 인재 양성에 각별한 관심을 가져야 할 시점이다. 적령기 학생은 물론 지역 성인들의 교육 욕구도 수용하면서 졸업과 동시에 일할 수 있는 산업체와 밀착된 현장적합형 교육으로서 일터와 대학을 자유롭게 오가는, '일터에서 대학으로, 대학에서 일터로'(Work to School, School to Work)를 실질적으로 구현해야 히는 책무를 안고 있다.

이와 더불어 전문대학이 30여 년의 역사를 통해 맞닥뜨린 현안은 시대 정서와 국제 흐름에 맞는 선진국형 직업교육제제를 도입해 효율성을 극대화하는 기획과 전략을 수립하는 일이다. 향후 전문대학에서 가장 큰 변화가 예상되는 영역은 국제화 부문이다. 교수·학생의 국제교류 확대, 다국적 대학의 확대, 외국대학들의 국내 진출 확대, 국내 대학의 외국 진출 및 제휴 확대 등이 본격화할 것으로 예상하고 있다. 최근 한국전문대학교육협의회를 중심으로 선진국형 직업교육체제를 지향하며 제도적으로 탈바꿈을 시도하고, 이러한 기조하에 산업체 요구에 걸맞은 직업교육 콘텐츠를 생산하는 데 전략적인 접근을 시도하는 일은 시의적절하다 하겠다.

마지막으로 고등교육 이념과 기능에 대한 전망은 직업 및 취업 교육의 중시, 평등 이념의 중시와 대중교육체제의 강화, 수월성 이념의 중시와 엘리트 교육의 강조, 인문교양교육의 강화, 대학 졸업장의 가치 지속적 유지 등을 기반으로 하여 실용성을 추구하는 맥락에서 직업 및 취업 교육을 중시하는 경향성이 매우 증대될 것으로 예측되고 있다. 이는 급변하는 산업구조와 상관성을 지니고 있다.

이를 위해 고등교육은 수월성을 중시하는 엘리트 교육과 전문 직업교육으로서의 대중적 평등 이념에 입각한 교육으로 분리될 것이라는 전망이다. 즉 전문대학을 포함한 4년제 대학 학부 과정은 전문인력을 양성하는 직업훈련기관으로 활성화될 것이며, 대학원은 연구기능을 담당하는 지식생산기관으로 발전해 나갈 것으로 예측하고 있다.25)

우리나라 고등직업 교육기관으로서 전문대학이 21세기에 부합하는 전문화한 산업인력을 양상하기 위해서는 직업교육의 정체성(identity)과 비전(vision)을 재정립해야 한다. 즉 직업교육의 위상을 높여 국제화시대에 걸맞은 직업교육을 제공해야 할 시점에 와 있다. 이에 따라 지식기반사회에서 필요한 국가인적자원을 양성할 수 있는 직업교육체제의 재구조화(re-structuring)가 요청된다. 전문대학 2020 비전 수립은 이러한 시대적 흐름을 반영하여 7개 영역에 걸쳐 세부적인 추진 과제와 전략을 마련하게 되었다. 물론 이 내용들은 현재 진행중인 내용이자, 미래적 과제라는 동시성을 가진다. 그 내용을 요약하면 다음과 같다.26)

① 고등직업 교육체제 혁신을 위한 추진전략으로는 수업연한 자율화의 기본 방향, 수업연한 결정 원칙 및 방안 수립, 계속교육체제 구비, 지역 평생학습 기능 강화, 전문대학의 기능 분화 및 역할 분담, 교육형태의 다양화, 교육내용의 현장성 강화 등이 연구돼야 한다.

② 산학협력 혁신을 위한 추진 과제 및 전략으로는 대학과 산업체 간의 유형별 협력 로드맵 작성을 통한 협력에 따른 성과 점검, 대학 주도형-기업 밀착형-지역 밀착형 등 다양한 협력 모델 개발 및 운영 전략 수립, 산-학-관 협력체제 가동을 통하여 지역경제 활성화를 위한 새로운 지역산업 사업요소 발굴, 산학협력사업 다각화를 위한 차별화된 전략 수립과 실천 계획 수립, 산학협력에 최적화된 인력 양성 등을 떠올릴 수 있다.

---

25) 김호동 외(2009), "전문대학 비전 2020 중간보고서", 한국전문대학교육협의회.
26) 김호동, 위의 글.

③ 교수-학습 혁신의 최적화를 위한 과제와 전략으로는 우수한 교수·학습 프로그램 개발 및 전국적 확산·보급, 전문대학 교수학습센터(CTL)의 확대·발전, 한국전문대학교육협의회의 기존 프로그램 개선 및 확산에 관한 연구가 지속돼야 한다.

④ 학사제도 및 교육과정 혁신에는 KSS 교육훈련과정 도입 운영을 위한 정부의 예산 지원-교육훈련과정의 시범 적용-교수학습자료 개발 및 전략 제공-도입 당위성 홍보-교수자의 전문성 강화-질 보장 장치 마련 및 선행경험학습의 평가인정제도 구축 운영 등이 수반돼야 한다.

⑤ 평가·인증체제 구축을 위한 구체적인 추진 과제로는 정부의 평가인증 시행 기관 지정 운영, 인정기관의 평가인증 기준 및 방법, 절차 개발, 평가인증제 도입의 당위성 및 공감대 형성을 위한 홍보 및 정보 제공, 평가인증제 시행을 위한 전문가 확보 및 전문성 강화, 고등 가인증체제 등이 구축되어야 한다. 이를 위해 정부, 전문대학, 인증기관의 세부적인 지침 마련 및 추진 전략이 수행되어야 한다.

⑥ 글로벌 취업체제 구축 세부 프로그램으로는 해외 유학생 유치 프로그램, 전문대학 직업교육 프로그램 수출, 해외거점 전문대학(Global Hub College) 육성사업 등이 충분히 검토되어야 한다.

⑦ 교육재정의 안정적 확보를 위한 전략과 활용으로는 전문대학 특성화사업 재추진, 직업교육훈련을 위한 고용보험기금 활용 확대, 고등교육재정교부금법 입법화, 저소득 재학생 등록금 50% 국고 장학금 지원, 저소득 재학생 저리 학자금 대출 확대 등을 기획할 수 있다.

'전문대학 비전 2020'에서 함축적으로 제시한 위의 내용 외에도 지식기반사회에서 전문대학이 산업인력을 양성하는 유연한 고등직업교육기관으로 거듭나고 계속교육기관으로 정착하기 위해서는, 수업연한 다양화와 함께 일반대학과의 차별적 규제를 과감히 풀어야 하는 등 정부 차원의 거시적인 조정 능력이 요청된다.

대학 자체적으로는 현장 지향적인 산업기술 인력의 양성과 재교육을 실질적으로 구현하여 특성화 대학, 전문화 대학으로서의 위상을 정립하여 수요자인 학생은 물론 일반 사회인에게도 인지도를 높여 나가야 하며, 기존의 전문대학 교육제도를 개별 전문대학의 특성에 따라 재구조화하여 성인의 평생직업능력을 고양하기 위한 다양한 시스템을 설계해야 한다.

아울러 고등직업 교육체제를 강화하기 위해서는 고등직업교육이 인적자원 개발에 기여하는 점을 고려하여 정부의 유연하고도 시의적절한 정책적 발상이 투영되어야 한다. 지식과 기술이 국가 경쟁력을 가름하는 지식기반사회에서는 평생직장이 사라지고 직업을 유지하기 위한 평생학습이 전 생애에 걸쳐 이루어짐에 따라 그 기능을 충실히 수행할 수 있도록 국가와 사회의 지원이 절실히 요청된다고 하겠다.

IV. 맺는말 - 전문대학 미래 비전의 기획과 모색

새로운 세기 안팎으로 어려움이 가중된 현실 속에서, 전문대학 내부의 각성과 의지는 한국전문대학교육협의회가 주관이 돼 기획 설계한 두 가지 중장기 비전 수립으로 귀결된 바 있다. 전문대학 발전방안을 모색한 이 마스터플랜은 크게 2010년과 2020년을 겨냥해 연구되었다. 이를 요약하면 다음과 같다.

'2010 전문대학 마스터플랜'27)은 그 첫 번째 프로젝트로, 2007년

---

27) 김호동 교수를 중심으로 이뤄낸 '전문대학 비전 2020 중·장기 발전 마스터플랜'은 7개 추진 영역, 17개 추진 과제, 41개 세부 추진 과제로 구성되었다. 즉 세부 추진은 총 7개 영역에 걸쳐졌거니와, 고등직업 교육체제 혁신 영역, 산학협동 혁신 영역, 교수·학습 혁신 영역, 교육

10월 한국전문대학교육협의회 제12대 김정길 회장의 취임 이후 중점 추진 과제에 해당한다. 이명박 정부 공약의 일환으로 마련한 2010 비전의 3대 방향은 변화(Change), 도전(Challenge), 창조(Create) 3C를 기치로, "일하는 대한민국의 힘, 148개 전문대학이 함께 한다!", "산업인력 양성, 전문대학이 앞장선다!"라는 캐치프레이즈를 목표로 내걸었다.

세부 핵심 과제로 전문대학 위상 제고(전문대학 교육역량의 사회적 재평가, 전문대학 출신의 인재 발굴, 교육수준의 질적 관리, 능동적 홍보 강화), 전문대학제도 개선과 정책 개발(학사학위 전공심화과정 내실화, 수업연한 자율화 위한 법령 개정, 글로벌 교육, 대선공약 사항 개발 및 전략 수립, 2010마스터플랜 세부정책과제 개발, 정기적인 포럼 및 세미나 활성화), 전문대학 재정확충(재정지원 규모 확대 및 지원방식 개선, 구조조정의 선순환 개선, 정부예산 지원사업의 지속적 분석 및 정책자료 제시), 인적자원 네트워크 구축(정책위원회 구성 및 활성화), 협의회 회장단 및 개별 대학의 보직자 등 효율적 의사결정 시스템 구축, 협의회 기능 강화(업무기능 강화, 회원 서비스 제고 및 자체사업 활성화)등을 설정했다. 이를 통해 궁극적으로 수요자 만족도 향상, 직업교육의 사회적 인식 제고, 교육역량 강화로 인한 경쟁력 확보 등을 도모하고자 했다.

2020 비전은 궁극적으로 전문대학 교육제도 발전 및 고등직업 교육체제 혁신에 있다. 개별 목표로서 국가는 우수 산업인력 양성을 통한 국가인적자원 개발 및 관리를 통해 경제위기 극복과 선진국 진입, 학습자는 평생직업을 위한 계속적·순환형·개방형 평생학습, 산업체는 산학협동과 우수인력 확보를 통한 산업경쟁력 확보, 전문대학은

———

과정 및 학사제도 혁신 영역, 평가·인증체제 구축 영역, 국제교류 활성화 영역, 교육재정의 안정적 확보 영역 등이다.

교육과정 및 교수·학습 방법 혁신을 통한 직업교육 효율성 제고, 평가·인증체제 구축을 통한 사회적 위상 제고, 글로벌 리더 양성을 통한 교육산업 경쟁력 제고를 지향한다.

한편 전문대학 내부 구성원이 의견을 같이하는 부분에 주목할 필요가 있다. 우선 21세기 직업교육에서 시대 정서가 요구하는 전문대학의 핵심 과제로 '수업연한 자율화'를 떠올릴 수 있다.[28]

특히 이 과제는 전문대학의 구성원뿐만 아니라 직업교육 전문가들도 의견을 같이하는 현안이다. 수업연한의 자율적 조정 시행은 유럽(핀란드, 영국, 프랑스, 이탈리아), 구미(미국, 캐나다), 오세아니아주(오스트레일리아, 뉴질랜드) 등 직업교육 선진국에서는 보편적인 추세로 받아들여지고 있다. 이 대학들은 기술인력 양성만을 위한 직업교육을 표방하는 데 그치지 않고 이론 심화교육과정을 연계하는 이른바 '유니버시티 칼리지'(university & college)라는 형태를 통해 교육의 효율성을 배가하고 있다

전문대학은 새로운 도약을 준비해야 할 시점에 와 있다. 30년 역사에서 얻은 성과에 만족하지 않고 환골탈태하여야 한다. 20세기 산업사회가 요구하는 인재상을 개인의 역량과 가치관에서 찾았다면, 21세기 지식융합시대엔 창의적 사고에 바탕을 둔 전문성과 도전정신에서 찾아야 할 것이다. 즉 실무 중심 인재가 아닌 글로벌 창의 인재상을 지향해야 한다. 대학 내부적으로는 구조조정을 통해 교육의 비효율성, 불합리성을 걷어내고 전문화·특성화라는 대학 나름의 활로를 개척해 교육 만족도를 높이는 등 실질적인 취업률 제고에 만전을 기해야

---

28) '수업연한 자율화'란 우리 고등교육의 큰 틀을 학문 중심 트랙과 산업인력양성 중심 트랙으로 구분하고, 기존의 일반대학 4년, 전문대학 2년이라는 통념화한 이분법적 공식을 해체하여 2, 3, 4년제, 심지어 직업교육 석·박사과정까지 탄력적으로 개설해 직업교육을 확대하고 심화하는 제도다. 이 제도는 학습 주체인 학생 수준과 시대가 요구하는 직업수요 패턴에 맞춰, 지역 산업 클러스터에 부응해, 직능별 수준에 대비되는 프로그램을 실질적으로 구현하는 데 그 취지가 있다.

한다. 이는 개별 선택적 조건이 아니라 필수적 조건에 해당한다.

한편 안팎으로 난립하는 유사교육기관의 도전에 대응하기 위해서는 교육의 질을 높이고 고등직업교육의 기능과 역할, 필요성에 대한 홍보 강화도 지속적으로 요청된다. 전문대학의 내부 동력이 성장 엔진으로 모이려면, 학사 및 재정 운영의 투명성을 확보하는 등 대학의 책무성이 강화되어야 하고, 성인학습 및 평생직업교육 프로그램을 실질적으로 구현하여야 하며, 글로벌 체제에 걸맞은 교육 콘텐츠를 생산할 수 있어야 한다. 우리의 우수 교육프로그램을 현지 근로자 교육에 적용하고, 기업 맞춤형 콘텐츠로 전환하는 등 프로그램 자체를 브랜드화하는 방안도 검토할 수 있다.

우리 전문대학은 세계화, 지식기반사회의 도래라는 환경 변화에 대응하여 '국제 지역공동체'로서 유럽 고등교육체제 통합 사례인 '볼로냐 프로세스'(Bologna Process)를 눈여겨볼 필요가 있다. 이 프로세스의 핵심은 유럽 대학에서 수여하는 학위의 외형적 표준뿐만 아니라, 학위가 의미하는 성취결과와 자질에 대한 표준, 개별 국가를 넘어 유럽 차원의 질 보장을 위한 절차적 표준을 마련하는 데 주안점을 두고 있다. 요컨대 유럽 직업교육에서 공인하는 평가·인증체제를 구축하려는 노력의 일환으로 볼 수 있다.

유럽의 '볼로냐 프로세스' 사례는 세계화, 무한경쟁시대의 교육의 '국제적 통용성'을 제고하기 위해 어떠한 노력이 필요한지를 보여주는 좋은 사례다. 이 프로세스는 전대미문의 실험이라는 차원과 전략의 과정과 내용적 측면에서 전문대학 교육혁신을 추진하는 데 의미 있는 시사점을 제공할 수 있다. 이런 점에 비춰 국제적 수준에 부합하고, 미래 직업사회의 수요에 대응하는 '학습성과'(learning outcome)와 '기술역량'(technical competencies) 제고에 목표한 직업교육 솔루션을 구축하고, 직업교육 평가·인증·학위 등이 연계한 심화된 직업교육체제로 나가야 할 것이다. 세계 수준의 명품 전문대학(World Class College) 육성과 직업교육의 해외거점(Global hub) 구축은 이러한 전제에서만 가능하다.

특히 이러한 기획과 전략이 연착륙·선순환하기 위해서는 대학역량 강화사업 등 국가 재정지원 확충, 직업교육훈련을 위한 고용보험기금 유입 활용, 고등교육재정교부금법 입법화 등 교육재정의 안정적 확보, 정책적 지원과 혁신, 개별 대학의 미래 비전 설정이 요청된다.

아울러 전문대학이 미래 비전을 창출하기 위해서는 직업교육에 관련된 다양한 층위의 상호 이해와 협력이 요청된다. 즉 전문대학은 교육과정 및 교수·학습 방법 혁신을 통한 직업교육 효율성 제고, 평가·인증체제 구축을 통한 사회적 위상 제고, 글로벌 리더 양성을 통한 교육산업 경쟁력 제고에 주목해야 하고, 산업체는 산학협동과 우수인력 확보로 산업경쟁력을 확보해야 하며, 국가는 우수 산업인력 양성을 통한 국가적 차원의 인적자원 개발 및 관리에 대한 비전을 제시할 수 있어야 한다.

전문대학 미래 비전의 창출은 고등교육의 일반적인 개혁 동향과 맞물려서 진행되어야 당위성을 찾을 수 있다. 요컨대 선진국들은 고등교육의 '수월성', '다양성', '효율성'에 중점을 두어 국가경쟁력과 '교육산업사회'(educational industry society)에 대비하고 있다. 좀 더 세분화하자면 21세기 대학교육 정책은 이러한 변화 추세에 발맞추어 교육 고객화(educational consumerized), 학습 중심(learning oriented), 네트워크화(network driven)를 핵심적 과제로 설정하고 있다.

고등교육을 둘러싼 국내외 급격한 환경 변화는 우리의 고등교육기관으로서 전문대학 직업교육제제와 관련 짓는다면 △ 학문 중심 일변도에서 탈피하여 실용 중심의 직업교육을 강조하는 방향으로 변화될 것이며, △ 학자 양성을 목표로 하는 교수 행위 중심에서 직업능력 개발을 목표로 하는 학습자의 요구 중심으로 변화될 것이고, △ 평생고용 가능성(lifelong employability)을 개발할 수 있는 평생직업 교육체제로 변환되며, △ 다양한 기능을 담당할 고등교육 기관의 다양화와 특성화가 촉진될 것이라 예상된다.[29]

이외에도 교육대상, 영역, 장소 등 교육에 있어 특별한 제한이 없어질 것으로 전망된다. 특히 고등교육과 성인교육에 있어서 이러한 현상이 급속히 전개될 것이다. 학습자의 확보와 교육과정의 운영에서 비정규 교육기관과 치열한 경쟁을 통해 학력보다는 자격과 능력이 중시되는 능력 위주 사회로의 전환은 전문대학의 위기와 기회에 동반할 것이다. 교육 시설·설비도 하드웨어 위주의 고정적인 개념에서 소프트웨어 위주의 유동적인 개념으로 전환될 것이다. 일방적인 강의와 수동적인 학습 과정을 탈피해서 다양한 매체와 수단(교육공학적 도구)을 활용하는 등 교수자의 역할이 지식 공급자에서 학습 촉진자 혹은 학습 자문역로 변화되며, 강의실과 실험·실습실의 공간적·물리적 개념이 퇴보할 것이다. 대학의 행정 운영과 경영에서는 구성원의 의견을 최대한 존중하는 학습조직·지식경영조직이 돼야 한다. 대학 행정권이 교수 중심의 학습·연구 단위로 분산되고, 권한과 책무를 중시하여 성과를 바탕으로 한 평가제도가 정착되는 팀 경영제 혹은 교수 책임 경영제가 도입될 것으로 예측된다.

(2012)

---

29) 윤여송(2009), "고등교육 변화와 전문대학 발전전략", 한국전문대학교육협의회.

<한국대학신문 선정> 한국전문대학교육 30년 10대 뉴스

■ 통합 명칭 '전문대학' 개편

1979년 3월 문교부는 초급대학을 일반대학과 전문대학으로 개편하고 실업고등전문학교와 전문학교를 전문대학으로 통합 개편했다. 각종 5년제 대학은 폐지했다. 이로써 2년제 단기 고등직업 교육제제가 통합·출범됐다.

■ 한국전문대학교육협의회 설립

1988년 5월 한국전문대학교육협의회(약칭 전문대교협)가 사단법인으로 설립 허가를 받았다. 전문대교협은 1979년 전국사립전문대학장연합회, 1986년 전국전문대학장협의회, 1987년 전국전문대학교육협의회로 명칭을 변경해 왔다. 전문대교협은 1995년 12월 특별법인으로서 '한국전문대학교육협의회법'을 제정했다. 현재 사무실은 서울시 중구 중림동 500번지에 있다.

■ ≪전문대학교육 10년사≫ 발간

1994년 8월 전문대학체제 전환 10주년을 기념해 ≪전문대학교육 10년사≫가 발간됐다. 1편-전문대학의 전사, 2편-전문대학의 발전, 3편-전문대학 교육활동, 4편-전문대학의 미래상으로 구성돼 있다. 전문대학은 30주년을 기념해 올해 말 ≪한국전문대학교육 30년사≫을 발간할 예정이다.

■ '전문학사' 학위 수여 결정

1996년 12월 전문대학 졸업생에게 '전문학사학위' 수여가 결정됐다. 종전에는 4년제 대학 졸업자, 석·박사학위 수여자에게만 학위를 수여해 왔다. 이듬해인 1997년 2월, 안병영 교육부 장관은 동양공업 전문대학 졸업식에 참석해 '전문학사학위'를 직접 수여하기도 했다.

■ 국가재정 지원사업 실시

1997년 이후 교육기본법·고등교육법·사립학교법에 근거해 국가 재정 지원사업이 수행됐다. 특성화사업, 향토기반사업, 우수공업계대학 지원사업, 실업계고교 연계사업, 산학협력취업 약정제, 주문식사업 등이다. 지난해부터는 '교육역량 강화사업'으로 명칭을 변경, 포뮬러 방식에 따른 재정지원방식이 도입됐다.

■ 전문대학 명칭 자율 사용

1997년 12월 기존 교육법 중 고등교육 관련 조항을 분리해 '고등교육법'이 제정되면서 전문대학의 교육목적도 '중견 기술인 양성'에서 '전문 직업인 양성'으로 변경됐다. 이와 함께 전문대학 명칭도 대학별로 자율적으로 사용할 수 있게 됐으며, 전공심화과정도 도입됐다.

■ 교수자격, 호봉 단일화

2002년 1월에는 '교수 자격기준 등에 관한 규정'(대통령령 제17486호)이 제정됐다. 이에 따라 전문대학 교원과 4년제 일반대학 교수의 교수자격 및 호봉 등이 단일화됐다. 이어 2004년 5월엔 전문대학 '교원 보수 규정 및 여비 규정'도 마련됐다.

■ '전문대학 교육혁신운동본부' 출범

2005년 5월 고등직업 교육체제 혁신 방안을 마련하기 위한 '전문대학 교육혁신운동본부'가 출범했다. 윤여송 인덕대학 교수가 본부장으로 선임됐으며, 이어 프레스센터 국제회의장에서 교육혁신 결의대회가 열렸다. 전국 158개 전문대학 보직교수 500여 명은 이 자리에서 그동안 쌓였던 불만을 거침없이 쏟아냈으며, "산업인력 양성은 전문대가 앞장선다"라는 내용의 결의문을 채택한 뒤 정부에 법 개정을 요구했다.

■ '학사학위' 전공심화과정 도입

2007년 7월 고등교육법이 개정되면서 전문대학도 학사과정을 설치하게 됐다. 1998년 비학위 전공심화과정(1년) 개설 이후 10여 년의 노력이 성과를 거둔 것. 이듬해 66개 대학, 242개 학과가 6,830명을 모집하게 됐으며, 현재 전국 84개 전문대학 405개 학과에서 9,829명을 모집할 수 있게 됐다.

■ 기관장 명칭 '총장'으로 격상

2009년 2월, 전문대학 기관장 명칭이었던 '학장'이 '총장'으로 변경됐다. 임해규 한나라당 의원 등이 2008년 10월 전문대학 기관장 명칭(총장) 변경 관련 고등교육법을 개정 발의한 후 불과 3개월만인 2009년 1월 13일 국회 본회의에 통과됐다. 4년제 대학은 물론 사이버대·산업대·교육대를 포함한 모든 대학의 장이 총장 명칭을 사용하는 가운데, 전문대학과 기술대학의 장은 예외적으로 '학장' 명칭을 쓰면서 그동안 불이익을 받아온 게 사실이다. 아울러 4년제 대학의 기관장 명칭보다 낮은 '학장' 명칭 사용은 일종의 '자존심' 문제이기도 했다. 전문대학의 오랜 숙원을 해결한 현 김정길 전문대교협회장은 이로 인해 큰 지지를 받으며 연임에 성공하기도 했다.

<칼럼> 전문대학, 이렇게 바뀌고 있다

미국 버락 오바마 대통령이 미국 경제 활성화를 위해 4년제 종합대학이 아닌 전문대학(Community college)의 손을 들어 주었다. 오바마는 지난 7월 미시간 주에 소재한 매콤(Macomb)전문대학의 한 강연회에서 2020년까지 친환경 에너지 분야에 필요한 산업역군 양성을 위해 전문대학에 120억 달러(한화 15조 원 규모)를 쏟아붓겠다는 야심찬 포부를 밝혔다. 백화점식으로 학과를 보유하고 있는 학문 중심의 종합대학이 아닌 직업교육에 초점을 둔 전문대학에 '미국 대학 졸업생 취업 우선권'(American Graduation Initiative)을 부여한 것이다.

오바마의 이러한 발상은 영국, 프랑스, 독일, 핀란드, 호주, 뉴질랜드, 캐나다 등 직업교육 선진국들이 기술인력 양성교육, 성인직업교육, 평생직업교육을 핵심적으로 추진한 사례들을 시의적절하게 읽어낸 신선한 충격(Supercool)이라 할 만하다. 이미 유럽과 구미의 직업교육 선진국들은 단순히 기술인력 양성만을 위한 직업교육을 표방하는 데 그치지 않고, 학제 및 교과과정 혁신을 통해 2년제와 4년제를 탄력적으로 묶는 '유니버시티 칼리지'(University & College)를 통해 교육의 효율성을 높이고 있다.

이 대학들은 1년제, 2년제, 3년제, 4년제, 심지어 대학원 석사과정까지 신축적으로 개설·운영하고 있다. 즉 전문학사, 준학사, 학사, 전문석사를 배출하고 있는 셈이다. 교육의 초점도 다양하게 맞춰져 있다. 학습 주체인 학생 수준에 맞춰, 시대가 요구하는 직업수요 패턴에 맞춰, 지역 산업 클러스터에 부응해, 직능별 수준에 대비하는 프로그램을 실질적으로 구현하고 있다. 최근 특수전문대학인 한국철도대학과 농협대학에서 보다 전문적인 심화교육을 명분으로 대학원을 부설하겠다는 계획을 밝힌 것은 이러한 흐름과 궤를 같이한다.

우리의 전문대학도 그 성격과 위상이 새롭게 바뀌고 있다. 각 대학은 사회의 급격한 변화에 발맞춰 대학 나름의 특성화 분야를 성장 엔진으로 만들기 위해 부심하고 있다. 학제의 경우, 보건계열 등 일부 학과를 중심으로 이미 3년제가 도입되었고, 2007년부터는 학사학위 전공심화과정을 도입해, 첫 졸업생을 배출했다.

산업현장에서 요구하는 적재적소의 전문인력을 양성하기 위한 고등직업 교육기관으로서 30여 년의 역사를 갖고 있는 전문대학은 양적 팽창과 함께 질적 성장을 꾀하며 발전해 왔다. 최초 형태인 '실업고등전문학교'에서 9개교, 953명으로 출발해 30년이 경과한 현재 146개교, 23만 3,729명이 되었다. 학과 역시 23개 학과에서 1,380개 과정으로 성장·분화했다. 학사운영에서도 학기제, 학점은행제, 산업체 위탁교육, 주문식교육, 협약학과 및 특약학과, 해외인턴십제, 실습학기제, 국내외 대학 학점교류제 등 다양한 채널을 가동하며 우리 고등교육의 42%를 감당해내고 있다.

일반대학에 비해 전문대학의 장점은 높은 취업률에 있다. 전문대학은 2008년 대학 취업률 기준 85%를 상회해 4년제 대학보다 높은 취업률을 달성했다. 특히 '불황에 강한 대학'으로 인식되면서 취업 유망학과에는 4년제 대학 졸업자들의 재입학이 늘어나는 현상도 벌어지고 있다. 2008년도 재입학자는 4,595명으로, 2001년 2,668명에 비해 거의 2배나 늘어났다. 이같은 학력 유턴(U-turn) 현상은 평생직업 교육체제 구현이라는 전문대학 설립의 본질적 취지와 맞닿아 있다는 점에서 고무적이다.

한편 전문대학은 산업체 근로자의 위탁교육 등을 통해 일터와 대학을 자유롭게 오가는 이른바 '일터에서 대학으로, 대학에서 일터로'(Work to School, School to Work)를 활성화하는 데 주력하고 있다. 나아가 적령기 학생들만을 대상으로 한 교육에서 벗어나 지역 성인교육도 수용할 수 있는 대학으로 거듭나고 있다. 그러다 보니 교육 만족도와 취업률 등 여러 부문에서 뛰어난 실적을 보이는 전문대학이 속속 등장하고 있다.

아울러 우리의 직업교육 노하우를 해외로도 확산시키는 데 관심을 기울이고 있다. 우리의 우수 교육프로그램을 현지 근로자의 교육에 적용하고, 기업 맞춤형 콘텐츠로 전환하는 등 프로그램 자체를 브랜드화하는 방안도 검토하고 있다.

선문대학이 선문화한 교육, 특성화한 대학에 조점을 두고 빠른 속도로 변화하는 산업구조와 노동시장, 교육 수요에 대응하여 전략 도출과 비전 창출에 역량을 모으며 새로운 도약을 준비하고 있다.

(교수신문, 2010. 11)

<칼럼> 전문대학 직업교육의 방향과 비전

전문대학이 출범한 지 30년을 넘어섰다. 그간 전문대학은 한 세대를 이월하는 짧은 역사 속에서 양적 팽창과 함께 질적 성장을 도모해 왔다. 5백만 명에 달하는 산업역군을 양성해 오며 고등직업 교육기관으로서의 중추 역할을 수행한 셈이다.

30년 역사를 통해 가장 눈여겨볼 만한 대목은 질적 성장이다. 교육법상 규정된 교육목적을 '중견 기술인 양성에서 전문 직업인 양성으로' 상향 조정했고, 1998년부터는 학교 명칭을 자율적으로 선택하게 되었으며, 교원자격기준 및 보수 규정도 4년제 대학과 단일화했다. 2005년엔 3년제 학과를, 2007년부터는 학사학위 전공심화과정을 도입했고, 2009년엔 학장을 총장으로 조정해 사용하고 있다.

우리 고등교육의 42%를 감당하고 있는 전문대학은 최근 들어 우리 근현대 교육사상 '대학 무한경쟁', '교육시장 개방'이라는 전례 없는 파고(波高)에 맞닥뜨리고 있다. 4년제 일반대학의 경우도 마찬가지다. 언필칭, '위기는 곧 기회'라는 말은 대학의 운명이 대학 자체의 창의적 상상력을 바탕으로 한 실질적인 차원의 산학협력을 통해 취업률을 제고하는 데 달려있음을 의미하기도 한다.

다행스럽게도 그간 전문대학은 일반대학과는 달리 취업 수요에 초점을 맞춰 민-관-산과 연계한 현장지향형 교육을 경험해 왔다. 다학기제, 학점은행제, 산업체 위탁교육, 주문식교육, 협약학과 및 특약학과 개설, 해외인턴십제, 실습학기제, 해외대학 학점교류제 등 다양한 채널을 통해 특성화와 전문화 노력을 경주해 온 바 있다.

이를 증거하는 단적인 사례는 산업적 수요에 걸맞은 특색 학과 신설에서 찾을 수 있다. 2010학년도엔 아트플레이군, 패션쇼핑몰과, IP-TV서비스과, 복원영상디자인과, 대안학과 과정, 감정평가과, 한국

음식과, 프로게이머과가, 2009학년도엔 골프캐디과, 자동차딜러과, 조선레저선박과, 의료뷰티과, 웰빙테러피과, 약재자원과, 김치발효가공과, 애완동물관리과, 신발패션산업과, 한옥문화산업과 등이 신설됐다. 즉 산업발전에 대응하는 노동시장의 수요 탄력성에 발맞춰 학과를 개설하고 있다. 전문대학은 산업체와 밀착된 현장 적합형 특화 학과 운영에 주력해야 생존과 도약을 기약할 수 있다. 전문대학이 시대 흐름을 반영한 기획과 전략을 유연하게 도입한 것은 전문대학 특유의 차별적 경쟁력에 해당한다.

실지로 이러한 차별적 경쟁력으로 인해 전문대학은 2000년 이후 4년제 일반대학보다 높은 취업률을 달성하고 있다. 4년제 일반대학 대비 전문대학 취업률은 65% 대 83.5%(2005년), 67.1% 대 84.2%(2006년), 68% 대 85.2%(2007년)로 나타났다. 특히 불황에 강한 대학으로 인식되면서 취업 유망학과에는 4년제 대학 졸업자들의 재입학이 늘어나는 유턴(U-turn) 현상도 벌어지고 있다. 2008년 재입학자는 4,595명으로, 2001년 2,668명에 비해 2배나 늘어났다. 이렇듯이 많은 전문대학이 교육 만족도와 취업률 등 여러 부문에서 뛰어난 실적을 보이며 사회적 인지도를 확장해 나가고 있다.

하지만 전문대학이 갈 길은 예측하기 어려운 형국이다. 향후 10년 이내에 고등학교 졸업생 수가 격감하여 대학 입학정원보다 적어질 것으로 전망된다. 일반대학 역시 전문대학과 유사한 학과를 설치하고 있으며, 원격대학, 학점은행제 등 유사교육기관 및 제도의 활성화도 전문대학 직업교육의 입지를 축소시키고 있다. 전문대학은 적령기 학생만이 아닌, 지역 성인교육 욕구도 수용하는 '일터에서 대학으로, 대학에서 일터로'(Work to School, School to Work)라는 캐치프레이즈를 현실화해야 한다.

전문대학이 지식정보화 시대 흐름(paradigm shift)에 맞는 교육의 질적 경쟁력을 확보하기 위해서는 '수업연한 다양화'가 제도적으로 구현돼아 한다. '수업연한 자율화'란 우리 고등교육의 큰 틀을 학문 중심 트랙과 산업인력양성 중심 트랙으로 구분하고, '일반대학 4년, 전문대학 2년'이라는 통념화한 이분법적 공식을 해체하여 2, 3, 4년제, 심지어 직업교육 석·박사과정까지 탄력적으로 개설해 직업교육을 확대, 심화하는 제도다.

이는 유럽(핀란드, 영국, 프랑스, 이탈리아), 구미(미국, 캐나다), 오세아니아주(오스트레일리아, 뉴질랜드) 등 직업교육 선진국에서는 보편적인 추세다. 이 대학들은 기술인력 양성만을 위한 직업교육을 표방하는 데 그치지 않고 이론 심화교육과정을 연계하는 이른바 '유니버시티 칼리지'(university & college)라는 형태를 가동해 교육의 효율성을 배가하고 있다. 이 제도는 학습 주체인 학생 수준과 시대가 요구하는 직업수요 패턴에, 지역 산업 클러스터 요구에, 직능별 수준에 대비되는 프로그램을 실질적으로 구현하는 데 그 취지가 있다.

한편 글로벌 인재 양성에도 눈을 돌려야 한다. 내수 진작을 위한 인재 육성에 그치지 않고 해외에 진출한 국내 기업과 연계하여 우수 교육프로그램을 현지 근로자 교육에 적용하고, 외국인 학생 유치에도 심혈을 기울여야 한다. 우리 기술이 갖는 특장점을 맞춤형 콘텐츠로 제작하는 등 직업교육 노하우도 수출 브랜드화해야 할 것이다.

마지막으로 전문대학이 급변하는 산업구조와 노동시장과 맞물린 교육적 비전을 갖기 위해서는 정부 차원의 각별한 지원이 있어야 한다. 버락 오바마(Barack Obama) 대통령이 미국 경제 활성화를 위해 4년제 종합대학이 아닌 기술인력 양성교육-성인직업교육-평생직업교육 중핵인 전문대학(Community college)의 손을 들어준 사례는 시의적절하고도 신선한 충격(Supercool)이었다. 오바마는 2020년까지 친환경 에너지 분야에 필요한 전문대학 인력 양성에 120억 달러(한화

15조 원 규모)를 쏟아붓겠다는 야심찬 포부를 밝힌 것이다.

고등직업 교육제제로서 전문대학 교육이 연착륙·선순환하기 위해서는 대학역량 강화사업 등 국가 재정지원 확충, 직업교육훈련을 위한 고용보험기금 유입 활용, 고등교육재정교부금법 입법화 등 교육재정의 안정적 확보를 수반하는 혁신적인 수준의 발상의 전환과 정책적 지원이 요청된다.

(한국경제신문, 2010)

제3장

고등교육정책 중 '대학
평가제도'에 관한 고찰

Ⅰ. 문제 제기

정부(교육부)의 고등교육기관인 대학 간의 평가 틀에 관한 갈등은 양자가 합의를 이루지 못하는 데서 발생한다. 이는 기본적으로 권위주의적 상의하달식 소통 및 행정 방식에서 기인하며, 대학 입장에서는 신입생 자원 급감과 더불어 야기된 대학의 생존권적 존립에 관한 문제에서 발생한다. 정부와 대학 양자 모두 상생과 협업을 근간으로 한 민주적이고 수평적인 리더십이 투여된 거버넌스(governance) 협력 연계가 요청되는 이유다. 정부-대학 간 갈등의 구체적인 원인은 재정지원을 이유로 한 평가체제에서 찾을 수 있다.

현재 대학 평가는 대학의 외양적, 현상적 지표인 정량지표를 중심으로 한 일률적이고 획일적인 잣대에 의해 이뤄지고 있다. 국공립대학과 사립대학, 수도권대학과 지방대학, 일반대학과 전문대학, 특성화대학과 비특성화 대학의 본질과 속성이 평가척도에서 대체로 도외시되고 있다. 하지만 치열한 경쟁구도 속에 공개되는 대학 평가 결과는 대학의 이미지와 발전에 절대적인 영향을 미치고 있다.

그렇기 때문에 대학들은 구조적인 체질 개선보다는 단기 처방전인 평가 중심의 운영과 목표 설정으로 눈앞의 순위 올리기에 급급하고 있는 양상이다. 사정이 이러하다 보니 표피적인 지표 상승이라는 부작용이 초래되고 대학 간 양극화가 심화되고 있다.

정부는 정부대로, 교육부는 교육부 자체적으로, 교육 관련 기관단체는 전문가 집단 간 협업(collaboration)을 통해 대학 자율의 특성과 강점을 주목해야 선진화한 고등교육을 기대할 수 있다. 대학 간 갈등의 가장 큰 원인은 교육부가 제시한 정량지표에 의한 획일적인 재정지원방식으로 귀결되는 만큼, 지금까지 대학 평가에 활용되고 있는 주요 정량지표인 신입생충원율, 재학생충원율, 취업률, 전임교원확보율, 교육비환원율, 학사관리 및 교육과정, 장학금지급률, 등록금부담 완화율, 법인지표, 산학협력역량지수 등을 주목할 필요가 있다. 갈등을 부채질하고 있는 가장 직접적인 요인은 신입생확보율과 재학생충원율이다.

대학의 입학자원에 해당하는 학령인구는 급감하고 있다. 2012학년도 69만 명을 정점으로 지속적으로 감소하여 2030년에는 38만 명(2012년 대비 55% 수준)으로 입학정원 대비 20만 명이 부족한 것으로 예고되고 있다. 지금부터 10년 후인 2023년에 이르면 입학정원 1,600명 규모의 대학 100개 이상이 폐교될 위기에 처한다. 따라서 학령인구의 감소에 따라 일부 대학은 신입생 미충원 위기에 직면하게 된다. 대학재정 악화 및 학사운영 부실화는 고등교육의 질 저하로 이어질 공산이 크다.

수도권 편중 현상도 절대다수인 지방대학의 위기를 가져올 수 있다. 학령인구의 수도권 편중은 지역 간 불균형을 초래하여 지방 공동화로 이어지게 된다. 지역 우수 인재의 수도권대학 진학으로 인하여 지방대학의 교육·연구역량 약화 및 지역발전의 동력 상실 우려도 안고 있다. 고등교육 선진국 대비 국내 주요 대학 학생 수를 비교해 보면 혀가 내둘러진다. 수도권 위주 유명 대학의 학생 수는 선진국 대비 평균 2배 규모다.

MIT대(미국), 프린스턴대(미국), 예일대(미국), 홍콩과기대(중국), 스탠퍼드대(미국), 하버드대(미국), 옥스퍼드대(영국), 케임브리지대(영국), 도쿄대(일본) 등이 대학당 평균 7천여 명의 규모이지만, 포스텍, 서강대, 이화여대, 서울대, 성균관대, 중앙대 한양대, 경희대 연세대 등은 대학당 1만 6천여 명 규모다. 국공립부터, 거대 사립부터, 수도권부터, 그리고 전체 대학의 학생 수 감축이 불가피한 시점이다.

갈등의 배경 요인으로는 학습생태계 변화도 한몫하고 있다. 즉 대학 형태의 변화에서 찾을 수 있다. 아날로그 칠판을 디지털 전자 페이퍼가 압도하고 있다. 사이버 텍스트, 하이퍼 강의실로 불리는 '원격교실' 체제로의 변화가 급속하게 이뤄지고 있는 현실이다.

세계 굴지의 대학들이 온라인 교실로 연결되면 몇 개의 슈퍼 대학만 남고 머지않아 많은 대학이 종언을 고하게 될 것이라는 게 현실로 나타나고 있다. ≪아메리칸 인터레스트≫는 50년 내에 미국 내 대학 4,500개 중 거의 절반이 사라지고 하버드대학 수강생은 10년 내에 되레 1천만 명이 넘어설 것이라고 진단한다.

온라인 강의실에서는 단순히 수업 체킹과 테스트만을 하는 게 아니라 질문, 토론, 대화, 면접도 가능하다. 수십만 명이 집단적으로 교수-학습하는 지구촌 교실 시대가 도래하고 있다. 라디오와 방송이라는 미디어의 선순환 활용에서 시작된 이른바 '방송통신대학'이 전혀 새로운 교수-학습 플랫폼 '다크호스'로 떠오르고 있다. 사실 원격대학의 수적 증가는 높은 고등교육이수율과 관련이 깊다.

우리나라 고등교육 규모의 대학 설립 준칙주의 도입 및 대학 자율화 정책 등에 기인하여 양적으로 크게 증가하였다. 2010년 고등교육 이수율은 37%로 OECD 평균 28%를 상회한다. 특히 25~34세 청년층의 고등교육이수율은 58%로 OECD 국가 중 1위다. 하지만 문제는 교육경쟁력에 있다. 2010년 스위스의 국제경영개발대학원(IMD)의 교육경력평가에서 우리나라는 OECD 국가 중 가장 낮은 36위를 기록하고 있다.

특히 교육경쟁력 부문에서 약점으로 평가되고 있는 분야가 대학교육(46위)이다. 당연히 교육재정도 적색 신호등이 켜진 상태다. 학생 1인당 교육비는 OECD 국가 중 22위이며 고등교육 단계의 민간지출 비중도 낮은 편인 79.3%(평균 30.9%)로, 선진국 수준으로 상향 조정되어야 한다.

II. 대학 평가제도의 실상 분석

경쟁과 이에 따른 평가는 대학 발전의 필수적 요소다. 조직이 구성되고 발전하기 위한 평가의 필요성과 중요성에 대해선 모두가 공감한다. 개인, 부서, 기관, 단체, 심지어 국가도 평가 대상이 되며, 평가결과는 폭넓게 활용되어야 한다. 평가는 개인의 연봉, 조직의 존폐에 영향을 줄 수 있으며, 피평가자에게 바람직한 발전 방향을 제시하는 기폭제로 작용하기도 한다. 그렇기 때문에 평가는 목적이 분명해야 하며, 공정하고 합리적으로, 지속적이면서 체계적으로 이뤄져야 한다.

현재 시행하고 있는 대학 평가는 크게 다섯 종류로 구분된다. 대학기관 및 프로그램 평가인증, 언론사 대학 평가, 정부재정배분사업 평가, 정부재정지원대학 평가, 자체 진단 및 컨설팅 평가 등이다. 여기서 대학기관 및 프로그램 평가인증과 자체진단 및 컨설팅 평가는 갈등이 양상이 도드라지지 않아 크게 문제가 발생하지 않는다. 두 평가는 대학의 자체 경쟁력과 강점을 살필 수 있는 지표로서 재정지원사업과 연계하여 진입 조건 내지 인센티브 조건으로 연동시키고 있다. 이미 시행 1년차인 2011년에 행정예고 한 바 있다.

대교협과 전문대교협이 주관하는 기관평가인증의 목적이 대학교육의 품질 보증과 개선방향 마련에 있다면, 프로그램 평가인증은 해당 분야 학문의 수월성 추구, 배출 학생의 품질 보증에 있다. 프로그램 인증평가는 총 8개 분야로 한국의학교육평가원의 의학교육평가인증, 한국공학교육인증원의 공학교육평가인증 등이 대표적이다.

표 3-1. 대학기관 및 프로그램 평가인증[30)]

평가 유형	평가명 (평가주관)	평가시기 (빈도)	평가준서수			재정 지원 여부	평가 의무	평가 결과 (활용)
			영역	부문	준거			
기관평가 인증	대학기관평가인증 (대교협부설 한국대학평가원)	1월~8월 4월~12월 (2회)	6	17	54	△	×	인증자 격 부여, 정부 행·재정 지원 활용
	전문대학기관평가인증 (전문대협부설 고등직업 교육평가인증원)	7월~12월 (1회)	9	27	72	△	×	
프로그램 평가인증	의학교육평가인증 외 8개 프로그램	2월~12월	프로그램별 평가준거			×	×	응시자 격 부여 등

　정부재정배분사업 평가는 대학의 교육, 연구, 산학협력지원을 위한 재정확충과 관련이 있다. 현재 교육의 질 재고를 위해 교육역량 강화 사업, 학부교육선진화 선도대학 사업(ACE), 연구역량 강화를 위해 BK21플러스 사업(WCU 및 BK21 후속 사업), 산학협력 활성화를 위해 산학협력 선도대학 육성사업(LINC)이 수행되고 있다.

표 3-2. 정부재정배부사업 평가[31)]

평가유형		평가명 (평가주관)	평가시기 (빈도)	평가준거수			재정지 원 여부	평가 의무	평가 결과 (활용)
				영역	부문	준거			
재정 배분	교육역량 강화	한국대학교육 협의회 (KCUE)	3~4월 (1회)	·	·	8	○	×	재정배분
	ACE	한국대학교육 협의회	3~4월 (1회)	2	6	31	○	×	재정배분

30) 한국대학교육협의회, 2013. 4.

31) 한국대학교육협의회, 2013. 4.

	(KCUE)							
WCU·BK21	한국연구재단 (NRF)	4~7월 (1회)	4	12	28	○	×	재정배분
LINC	한국연구재단 (NRF)	1~3월 (1회)	·	·	9	○	×	재정배분

정부재정지원대학 평가는 학령인구 감소에 따른 대학의 구조조정을 염두에 두고 수행되고 있다. 즉 학자금 대출 제한으로 인해, 대학의 생존과 직결되는 평가로 분류된다. 현재 정부재정지원대학 평가는 재정지원제한대학 평가, 학자금대출제한대학 평가로 구분된다. 정부재정지원대학 평가 활용 방법은 분야별 하위 15%를 부실 대학 혹은 구조조정 중점 대학으로 발표하여 자체 구조조정을 유도하고, 국가 및 지자체의 각종 재정지원사업의 참여 제한, 학생 정원 증원 배제, 학자금 대출 제한에 적용하고 있다.

2014년 경우 정부재정지원제한대학 평가 개요는 다음과 같이 요약할 수 있다. 평가 방법의 기준은 지표별 T점수를 합산, 총점 기준 하위 15% 내외를 선정한다. 즉 수도권과 지방을 통합하여 전체 대학 중 하위 10% 내외의 대학을 선정한 후, 수도권과 지방을 구분하여 각각 하위 5% 내외의 대학을 추가로 선정하는 방식이다. 시·도별로 정부재정지원제한에 포함된 재학생 수가 해당 지역 전체 재학생 수의 30% 이상이 되지 않도록 지역상한제를 실시하고 있다. 단 최근 2년 이내에 지역상한제로 지정 유예된 대학이나 부정·비리가 적발된 대학은 지역상한제를 적용하지 않는다.

평가 지표는 4년제 일반대학은 취업률·재학생충원율 등 8개 지표, 전문대학은 9개 지표를 적용한다. 인문·예체능계열은 취업률 지표 산정 시 제외된다. 단 인문·예체능계열 포함 평가 시 지정되지 않는 대학이 인문·예체능계열 제외 평가 시 15%에 들어가는 경우 최종 지정에서 제외한다. 정원감축을 적극 추진할 경우 총점에 가산점을 부여한다. 보건의료 정원 배정을 위한 감축, 행정제재에 의한 정원감축, 1% 미만 정원감축은 인정하지 않는다.

교육부에서 주관하고 있는 마지막 평가로는 자체 진단 및 컨설팅 평가가 있다. 이는 대학 스스로 구조조정, 구조개혁 노력을 위해 진행하는 평가로, 학생, 학부모, 기업 등 수요자 권리 충족 측면에서 중요한 평가 형태다. 대학 자체평가는 2년마다 대학 자체적으로 실시하며, 컨설팅 평가는 한국대학교육협의회가 주관하여 분야별 직무수행에 필요한 핵심 직무역량, 교과목 등을 산업체적 관점에서 평가하는 방식이다. 때문에 대학 교육과정 개선이나 학생지원 프로그램 개발에 활용할 수 있다.

언론사 평가는 4년제 일반대학만을 대상으로 1994년 중앙일보가 평가한 이후 현재는 조선일보-QS 아시아 대학 평가(2009~), 경향신문 대학지속가능지수 평가(2009~), 동아일보 청년드림 대학 평가(2013~) 등으로 실시되고 있다. 언론사 평가의 가장 특징은 교육 소비자인 학생과 학부모에 초점을 맞춘 평가로 순위가 신문지면 및 뉴스에 발표되어 대학의 대내외적 이미지에 막대한 영향을 미친다는 점이다. 이는 신입생 입학 수준에 직접적 영향을 주고 있으며, 당연히 대학은 평가 결과에 민감한 편이다.

전체 대학 숫자와 학생 수급이 미스매칭되는 구조조정을 목전에 둔 상황에서 대학 평가는 예민한 사안이 되고 있다. 사실 대학재정과 관련해 정부가 집행하는 모든 사업, 이를테면 교육역량 강화사업(대학 대표 브랜드사업 포함), 세계적 수준의 직업교육 전문대학(World Class College), 대학정보공시제, 대학 자체평가, 기관평가인증제, 취업지원역량인증제, 외국인유학생 유치관리인증제, 산학협력 중심대학 육성사업, 학교기업 지원사업, 산학협력 선도대학 육성사업, 해외산업체 연계 외국인유학생 교육선도 전문대학 육성사업(Grobal Hub College), 평생학습 활성화 지원사업 등도 '평가 장치'와 견인되어 있다.

특히 대학 구조조정 국면을 맞아 교육부는 2011년 12월 대학교육 역량 강화사업, 정부재정지원제한대학 등 주요 대학 평가에 활용되는 지표 일부를 "평가의 공정성과 객관성을 유지하면서 개별 사업의 특수성과 지표 간 연계성이 적절히 조화를 이룰 수 있도록 했다"라며 '평가지표 개선방안'을 내놓았다. 개선안을 보면 취업률이나 재학생 충원율, 교원확보율 등 지표가 큰 비중을 차지하고 있다.

한편 국공립, 사립 등 대학 유형별 특성에 따라 일부 지표를 구성하고 반영 비율을 차별화하기도 했다. 국공립대학에는 선진화 지표가 추가되었고, 예체능계는 특수성을 감안한 신축적인 산정방식 도입 등 대학의 특수성을 일부 반영하기도 했다. 향후 입학자원 감소에 대비하고, 세계 수준의 대학으로 도약하려면 평가(자체평가, 교육부대학평가)와 인증(기관평가인증)은 불가피한 조치임에 틀림없다. 하지만 고등교육 정책의 기조는 대학구성원의 상생공존과 개별 대학의 특성을 고려한 차별적 경쟁력 확보에 두어야 공정성과 형평성을 유지하며 설득력을 얻을 수 있다.

III. 대학 평가제도 관련 이해당사자 간 인식의 차이

교육부와 일선 대학의 인식적 차이가 발생하는 원인은 단기적 성과 위주의 정책으로 인한 중장기적 교육정책 비전의 부재, 창의적인 방법보다는 관례적인 표준 행정의 반복 운영, 전문지식 및 체계적인 통합능력을 갖춘 인력풀 운용 미흡, 부서 간 협업 체제 미구축 등을 거론할 수 있다. 이는 구체적으로 1) 제도적인 측면과 평가 주체를 고려한 측면, 2) 평가 결과를 활용한 측면, 3) 평가 결과의 효과성 측면에서 살펴볼 수 있다.

법령에 근거한 정부 주도 평가에는 국가의 지속적일 발전, 국민의 행복 추구라는 거시 개념을 염두에 두고 시행하는 정부재정배분사업, 정부재정지원사업이 해당된다. 즉 당근과 함께 채찍이 가미된 구조조정을 염두에 둔 평가로 즉흥적이어서는 안 되며, 신중하며 객관적이고 공정해야 한다. 여기서 일반대학과 전문대학, 지방대학과 수도권대학, 국립대학과 사립대학 간 이해가 상충하게 된다. 각종 교육 및 연구기관의 평가는 특성화, 전문화, 자율화에 초점을 두고 고급 전문 인력을 양성한다는 측면에서 상대적으로 갈등의 폭이 좁지만, 해당 분야의 이해관계에 부합하게 설계될 경우 집단 이기주의 위험성을 내포할 수 있다.

언론사 평가는 정부나 기관 주도 평가에서 중요시하는 재정 건전성이나 교육프로그램 자체에는 관심이 적고, 교육비환원율, 해외파견 학생비율 등 학생역량 강화에 초점을 두고 있다. 여기에 대외적 평판도, 발전 가능성 등 해당 대학 입학을 위해 학생에게 부여하는 의미 등에 대해 정성적인 평가가 포함된다. 언론사 평가는 독자를 타깃으로 흥미 유발을 위한 기삿거리라는 관점보다는 객관적 평가 모델에 기반한 대학의 발전적 모습을 조명하는 데 초점을 맞춰야 논란의 소지를 줄일 수 있을 것이다. 대학은 학교의 이미지, 우수 신입생 유치 등을 위해 장점을 살리고 단점을 극복하기 위해 노력하는 발판으로 삼아야 한다.

다음은 평가 결과의 활용에 관한 내용이다. 우선 대학정보공시자료를 활용하여 정량적 평가를 실시하여 행·재정 지원 및 제약에 활용하는 평가다. 즉 정부 주도의 정부재정지원대학, 정부재정배분사업 평가에서 우수 대학은 교육역량 강화사업과 LINC 사업 혜택을, 부실 대학은 재정지원과 학자금대출을 제한하고 있다.

여기에도 간소한 차이로 제한대학에 걸릴 경우엔 갈등의 골이 깊어질 수 있다. 그렇기에 대학정보공시자료가 해당 사업의 목적과 평가지표를 잘 반영하고 있는지 면밀한 분석과 보완이 필요하다. 요컨대 대학 평가는 정부재정지원사업이 교육과정 내실화, 연구수준 국제화, 산학협력 활성화 등에 활용된다는 점을 감안하여 수행되어야 한다. 프로그램 평가인증은 해당 분야의 '자격시험 응시자격 부여'라는 측면에서 많이 활용되고 있다. 특히 이 분야는 특성화, 전문화되어 비교적 객관성이 확보된 편으로 갈등의 소지가 적은 편이다.

마지막으로 효과, 효율성 측면에서 평가라는 장치를 활용할 필요가 있다. 교육의 수월성 확보, 최적 시스템 개선 등에 무게 중심이 놓여야 한다. 그렇다면 구조조정 활성화 효과를 염두에 둔 재정지원제한 대학 평가, 학자금대출제한대학 평가는 더 많은 지혜가 요청된다.

평가 세부 지표에 대한 갈등의 대표적인 사례가 총장직선제다. 국공립대학의 경우 '총장직선제 개선' 등을 포함하는 국공립대학 선진화 지표가 새롭게 추가되었다. 이에 대해 전국국공립대학교수회연합회는 "교과부가 총장직선제 폐지를 통해 국립대를 통제하려 한다"라며 반발한 바 있다 '개선'이란 말을 사용했지만 교과부가 총장직선제 개선안이나 어떤 분명한 대안도 제시하지 않고 총장직선제 폐지 대학에 가점 혜택을 준다는 오해 때문이다. 사실 민주화의 산물로 등장한 총장직선제는 20여 년 동안 세월이 흐르면서 여러 가지 긍정적인 영향을 미친 바 있다. 하지만 학연, 지연 등으로 인한 파벌 형성, 각종 선심성 공약에 따른 등록금 인상, 선거 파열 및 막대한 선거비용 등 부작용도 만만찮다. 대학 스스로 냉철한 반성과 자기 혁신을 통해 대안을 제시하여야 바람직하다. 각종 평가나 행·재정적인 불이익과 연계하지 않는다면 대학 스스로 직선제를 개선하는 새로운 대안을 제시할 수 있어야 한다. 물론 이와 상충된 의견도 있을 수 있다.

즉 동전의 앞뒤처럼 모든 정책은 장단점을 가지고 있다. 과거 총장 임용제에서 보듯이 통제 위주의 관 주도 대학 운영으로는 창의적인 성과를 기대할 수 없다. 교수들에 대한 학문적 자율과 권위가 보장되어야 대학 본연의 역할을 수행할 수 있다는 논리다. 따라서 직선제를 폐지하는 것보다 직선제의 문제점을 개선하여 발전시켜 나가는 게 옳다는 의견도 있다. 철저한 관리를 통해 선거 부정을 바로잡으면서, 직선제의 폐해로 인정되는 사안은 대학 평가 시 불이익을 주는 방안도 떠올릴 수 있다.

또 다른 지표로 가장 민감한 부분이 취업률에 대한 평가방식이다. 취업률이 절대 지표가 되면서 다양한 편법이 등장하였다. 다수의 졸업생을 교내 행정 인턴으로 취업시켜 취업률 순위를 대폭 올려 대학 평가에서 상위권 점수를 받은 경우다. 어떻게 해서든 평가지표만 올리면 대학 구조조정을 모면하는 것은 물론 정부 재정지원까지 받을 수 있으니 편법이 나올 수밖에 없다.

한편 '1인 창업 및 프리랜서'를 국세청 DB를 근거로 인정하기로 했지만, 일부 인문계열, 예체능계열, 농업계열 졸업자는 불규칙한 수입원에다 원고료 등 세원이 포착되지 않는 경우가 많아 문제점으로 부각되었다. 이들 계열은 소득이 불규칙하고 낮기 때문에 신고하지 않은 경우가 많다. 이는 계열의 특성을 감안한 대학 간 유사계열 경쟁방식을 도입하는 게 바람직할 것이다. 취업으로 인정되는 적정한 기준을 명확히 제시해 주어야 할 필요가 있다.

예컨대 근로소득세 납세액의 기준치 항목, 연중 근로일수나 공연 횟수 등 구체적이고 합리적인 기준을 정해야 한다. 이러한 고려 없이 일반적이고 일률적인 방법에 위해 시행하는 것은 특정 대학, 특정 학과에 불공정한 잣대가 될 수 있다.

교육부는 이런 문제점을 보완해 건강보험 가입, 고용계약 기간 기존 3개월에서 1년 이상으로 강화, 최저임금 이상 급여 지급 등 3대 조건을 충족해야 교내취업률로 인정하는 등 산정방식을 강화했다. 향후 단순 취업률만을 반영하지 않고 취업지도 교육 및 예산 지원 등에 대한 노력과 성과 등을 반영할 필요도 있다. 취업은 대학 자체 노력만으로 해결할 수 없는 사회구조적 문제이므로 대학이 강구하기에는 한계가 있을 수밖에 없다. 스펙을 아무리 많이 쌓아도 취업이 안 되는 스펙 푸어(spec poor)의 현실을 해결할 수 있는 종합적이고 실효성 있는 대책을 마련해야 한다.

취업률 지표는 취업 현실에 걸맞게 좀 더 과학적이고 합리적으로 보완되어야 한다. 대학의 노력만으로 한계가 있으므로 정부 부처 간 의견이 조율된 실효성 있는 청년실업 해결 노력이 동반되는 게 바람직하다. 아울러 건전한 사회인 양성을 위한 인성교육의 평가도 중시되어야 하며, 대학의 준법성과 윤리성 등도 고려하는 지표가 나와야 한다. 취업은 대학의 노력과 산업체의 인력 수요공급이 맞물려야 최적의 솔루션을 조합할 수 있다. 즉 산학연계 협력이 있어야 가능하다. 특히 정부 내 유관부처인 교육부, 노동부, 중소기업청, 지자체 등이 손을 맞잡아야 한다. 산업수요에 걸맞은 인력 양성 못지않게 인력수급이라는 측면에서 거시적인 프레임을 조정하는 게 바람직하다. 대학 측에는 산업체에서 요구하는 주문형 교육과정을 효율적으로 운영하고 있는지를 묻고, 산업체에는 적정한 수준의 전문인력을 얼마만큼 고용하느냐를 평가하여, 지원하는 것이 합리적이다.

취업 부문의 일정한 몫을 산업체나 지자체로 드라이브 업(drive-up)하는 방안도 합리적이다. 인력을 채용하여 시장을 활성화하는 기업, 인력 고용에 발 벗고 나선 지자체에 전폭적으로 재정을 지원하는 역할 분담 포지티브 방식을 취한다면 자연스레 취업의 선순환 구조가 조성될 것이다. 차제에 고등직업 교육기관으로서 '취업률 선순환구조를 위한 정부 부처 간 연계 노력'에 대한 연구 성과도 있어야 한다.

한편 산학협력역량지수는 일반대학은 반대에 부딪혀 반영하지 않고 전문대학만 적용하고 있다. 100점 만점에 6점에 불과하긴 하지만, 전문대학 교원이 기업경영인이 되어야 한다는 논리가 내재되어 있다. 대학교수가 교수-학습, 사회봉사, 취업 유도 기능 외에 영리법인화해서 실적을 내야 한다. 대학은 양질의 콘텐츠를 개발하여 교수-학습행위를 통해 전문 직업인을 양성, 적재적소에 보급하는 것이 주된 임무다. 산학협력역량지수의 도입이 바람직한지에 대한 합리적이고 과학적인 탐색이 필요하다는 지적이 나오고 있다.

IV. 대학 평가제도 개선 방향

공공정책을 기획-입안, 시행-운영, 평가-점검. 환류-개선하는 네 단계의 사이클링이 구현하는 과정에서는 반드시 갈등이 생기게 마련이다. 이때 갈등 해소의 기본 방향은 대체로 다음과 같은 해법을 전제로 해야 한다는 게 정설이다.

우선 공익과 사익의 조화다. 우리 고등학교의 주체가 사학 위주임을 감안해 부담과 편익의 일치를 지향하는 적정 기준(fair share criteria)을 모색할 필요가 있다. 두 번째는 사회적 형평성 제고다. 대학이 지닌 특정한 형태의 차별적인 특권을 교육 수요자인 학생과 학부모 중심으로 무게 중심을 옮겨가야 한다. 세 번째는 어느 일방의 희생이나 손실을 토대로 제도가 운영되어서는 안 된다는 점이다. 다양한 의견을 참조하되 가능하면 합의점을 도출할 수 있는 노력이 필요하다는 얘기다. 마지막으로 인식의 공유에 대한 문제다. 갈등의 원인 제공자가 우리 모두라는 인식하에 '우리의 문제'라는 공동체 의식과 '우리 모두를 위해 무엇을 어떻게 해야 하는가'라는 공동선을 추구하는 의식이 요청된다. 즉 상대편의 권리나 의무, 입장에 대해 진정한 이해가 수반되어야 갈등이 해소, 극복될 수 있다.

이상에서 보여준 바와 같이 교육부와 일선 대학 간의 갈등은 재정지원을 전제로 한 정량지표의 일률적 적용에서 원인을 찾을 수 있다. 다시 말하자면 대학정책 시행상의 갈등을 풀기 위한 해법으로 다음과 같은 기본 방향을 제시할 수 있다.

우선 대학의 사율성이 사회석 책무성과 조화롭게 맞물릴 수 있도록 해야 한다. 고등교육정책은 대학의 자율을 전제로 추진되며 동시에 범사회적으로 형성된 대학의 공공적 책무가 조화롭게 연계될 수 있는 방향으로 정립해야 한다. 여기에 더해 대학 나름의 강점과 특점을 극대화하도록 유도해야 한다. 즉 대학이 자율적으로 비교우위가 있는 학문 분야, 기능 유형 등을 선정하고 지역과 학내 자원을 집중화함으로써 경쟁력을 제고 할 수 있게 해야 한다.

이런 의미에서 4년제 일반대학은 교수-학습방법을 특화한 선도교육 중심대학, 지역산업과의 공생 발전을 추구하는 산학협력 중심대학, 지역산업과 연계한 연구중심대학으로, 전문대학은 특정 일자리와 연계한 기관 단위 특성화 대학, 복합 분야의 산업과 연계한 학과-학부 단위 특성화 대학, 평생직업 교육대학 등으로 특성화하고, 대학원은 학위과정 유형별 특성화 대학, 세계적 수준의 연구중심대학 등으로 육성해야 한다. 마지막으로 글로벌 경쟁력을 갖고 지역과 상생 발전하는 대학의 글로컬화 전략이다. 이는 수요자의 참여와 소통을 통한 협업 체제 강화로 요약된다. 교육부와 대학 간 인식의 차이를 빚고 있는 평가제도의 문제점은 대체로 다섯 가지로 요약·정리할 수 있다. 문제점에 대한 필자 나름의 개선방안도 함께 제시한다.

첫째는 단기적, 근시안적 평가 및 활용이다. 즉 대학의 '1년' 실적을 평가하여, 그 결과를 당해 연도 행·재정 지원 및 제한 사업에 활용하고 있다. 정량적인 몇몇 지표를 사용하여 1년 실적을 평가하고, 이를 행·재정 지원 및 제한의 잣대로 삼고, 더 나아가 부실 대학으로 낙인찍는 것이다. 그렇기에 대학은 단기 실적 올리기에 급급하며, 장기적 관점의 발전적 개혁은 어려울 수밖에 없다. 당연히 1년 이상의 중장기적인 면밀한 조사·분석을 통한 평가를 수행하여야 하고, 평가 결과 활용에서도 장기적인 지원책이 뒤따라야 한다.

둘째는 이른바 '대학의 줄 세우기 평가'다. 정부 차원에서 시행하고 있는 '종합 및 위', '무슨 대학 몇 단계 상승' 등의 언론 발표는 교육의 본질을 외면한 극단적 처방에 속한다. 일류대학이라는 오래된 편견이 그대로 적용되고 있다. 공학 분야의 세계 최고 대학인 MIT나 스탠퍼드는 음악이나 미술 분야에서는 최고가 아니다. 전기전자는 MIT, 컴퓨터는 스탠퍼드가 우수하다는 특화된 평가방식이어야 바람직하다. 대학의 줄 세우기 평가는 지방대학이 고유의 색깔을 갖게 하는 것을 방해한다. 따라서 평가는 전문 분야로 나누어 다면적이고 세부적으로 이루어져야 하며, 평가 결과는 피평가자의 능력을 개선하는 방향으로 피드백되어야 한다.

셋째는 객관성 및 공정성이 결여된 평가체제다. 평가의 핵심은 평가자, 피평가자, 수요자가 모두 공감하는 객관성과 공정성 확보가 관건이지만, 현재는 이를 충족하지 못하고 있는 상태다. 앞서 말한 바처럼 취업률 평가에 의해 예술계열, 사범계열 학과들이 홍역을 치르고 있다. 이들 학과는 취업률이 평가의 객관적 자료로 작용하기 어려운 학제다. 국제화 지표의 경우, 자연계열과 인문계열은 국제화 요구가 다른 데도 동일한 잣대를 들이대고 있다. 따라서 취업의 질, 연구 결과의 대내외적 영향력 등 다양한 질적, 정성적 지표를 개발하고 보완하여야 한다. 즉 다수의 전문인력이 장기적인 평가를 수행, 객관적이고 공정한 평가가 이뤄지도록 해야 한다.

넷째는 일관성이 결여된 평가지표 적용에 관한 문제다. 평가제도에 내에서 상충되는 해석이 가능한 경우를 들 수 있다. 여기서는 '대형 강의' 사례를 들 수 있다. 교육능력 강화사업에서는 대형 강의가 많을수록 점수가 낮다. 그런데 이를 개선하기 위해 시간강사를 채용해 대형 강의를 소형 강의로 바꾸어 교육의 질을 개선하면, 전임교원확보율이 낮아진다. 어떤 평가에서는 대형 강의 혹은 이러닝(e-learning) 강의 등을 권장하고 있는 반면, 기관평가인증에서는 학습효과 개선을 위해 소형 강의를 권장하고 있다. 이러한 점을 시정하기 위해서는 주요 지표에 대한 가이드라인이 제시되어야 한다. 이와 함께 피평가자 및 수요자 요구가 반영된 장기적 관점의 평가지표 개발이 요청된다.

다섯 번째는 대학 평가와 재정지원의 연계 문제를 들 수 있다. 현재 교육부는 대학 평가와 정부재정지원사업을 연계, 대학의 모든 정책이 평가에서 높은 점수를 받는 방향으로 유도하고 있다. 사실 대학의 특성에 맞는 발전계획을 수립하고 추진하는 것은 쉬운 일이 아니다. 게다가 평가지표 관리를 위해 지원과 인력을 집중해야 하는 어려움이 도사리고 있다. 재정지원만을 위해 대학구성원이 매진하면 대학 본연의 기능과 역할이 상대적으로 소홀해질 우려도 있다. 따라서 대학이 입지적, 설립 이념적 측면에서 연구, 교육, 봉사 등 해당 대학만의 기능을 자율적으로 디자인할 수 있도록 유도하여야 한다.

V. 맺는말

최근 연간 대교협, 전문대교협, 직능원, 개발원 등의 성과에 힘입어 기존의 평가체제에서 나타난 문제점을 중심으로 정부-대학 간 갈등을 최소화하고 대학의 장점을 극대화할 수 있는 '21세기형 대학 평가체제'를 정리하면 다음과 같다.

첫째는 정부 주관 대학 평가 시스템이 개선되어야 한다. 재정지원사업 평가는 대학교육의 효과성 제고를 위해 교육여건, 교육과정, 학습성과지표가 조화롭게 반영되도록 해야 하며, 대학구조개혁 평가는 급격한 학령인구 감소 등 고등교육의 환경 변화에 대학이 적극적으로 대응하기 위한 구조개혁 노력을 중점적으로 반영하여야 한다.

두 번째는 대학의 자율적 선택에 기반한 평가방식 도입이다. 기존의 동일 지표 일률 적용방식에서 대학이 자체 발전계획에 따라 선택한 지표를 중심으로 개편되어야 한다. 즉 모든 대학에 공통으로 적용되는 일반 지표와 개별 대학이 자신의 발전 비전 및 여건을 고려한 특성화 지표가 병행되어야 한다. 대학원 평가방식도 교원확보율, 전임교원강의비율, 교육비환원율, 재학생충원율 등 산정 시 학부와 대학원 전체 현황을 평가하는 총량 적용방식이 도입되어야 옳다.

셋째는 교육의 질 제고를 위한 평가방식 개선이다. 교육과정, 학사관리 충실도 등 교육의 질과 직결되는 지표를 개발·적용하고, 정량지표도 정성적 지표를 병행·활용해야 한다. 교육의 질을 평가할 수 있는 다양한 지표가 나와야 한다. 특히, 취업률은 산정 비율을 축소하고(20%→15%) 인문, 예체능계는 특수성을 고려하여 관련 학문을 보호할 필요가 있다. 고등교육 선진국의 수준에 맞춰 대학생핵심역량 진단평가, 고등교육학습성과 평가사업(OECD AHELO), 학문 분야별 평가, 인증제 등 학습성과에 대한 다면적인 평가방식이 적용되어야 한다.

넷째는 평가체제 운영기반 강화에 관한 문제다. 학생 학부모 등 교육 수요자에게 유의미한 평가정보가 제공되도록 정보공지제도가 개선되어야 한다. 여러 항목으로 흩어져 있는 공시정보를 한눈에 볼 수 있도록 해야 하며, 양적 데이터 공시 항목은 분석, 가공을 통해 수요자의 이해도를 높일 수 있어야 한다. 예를 들면 대학 설립 운영규정상 4대 요건 현황으로 통합 공시하면 된다. 한편 국가 간 학위인정 관리 및 국내외 고등교육기관 정보관리 체계가 구축되어 우수사례 등을 공유하도록 해야 한다. 이렇게 되면 국가 및 자원의 다양화를 통해 해외 유학생 유치 확대, 질 관리 병행 추진에도 도움이 될 것이다. 다문화·고령화 사회를 위한 평생교육 수요에 대응한 학습-고용-복지의 선순환 체계 구축도 고려해야 한다.

아울러 대학 내부적으로는 자체평가, 평가인증 등 제도적 기제를 활용해 산업수요가 요청하는 수준의 교육과정 실질화, 품질 격상화를 도모해야 한다. 이와 함께 직업교육 선진국과는 달리 사학 위주의 고등교육체제에서 교육 수요자가 중심이 되는 윤리경영이 착근되는 환경도 만들어야 한다.

다섯 번째는 대학 평가체제 연착륙-선순환을 위한 고등교육 재정 확충 및 민간부문 참여확대 문제다. 고등교육재정 GDP 1.1% 확충은 새 정부의 대선공약이자 국민적 여론이 동의하고 있는 사안이다. 학생 직접지원액(국가장학금)뿐만 아니라 고등교육 재정지원 총량이 확충되어야 한다. 1단계로 안정적 재정확보를 위해 정부 일반회계 예산 계정에 고등교육재정지원(GDP 1.1%) 항목을 설정하고, 2단계로 고등교육재정교부금법을 제정하는 방식이 뒤따라야 한다. 특히 전문 직업군 창출을 위해 국가적인 차원의 대대적인 재정지원 확대가 요청된다. 이를 위해 국가는 프로젝트별 지원이 아닌, 적어도 평가인증에 통과한 경쟁력이 있는 대학에는 실질적인 재정투여가 있어야 한다. 특히 고등교육기관 중에서도 직업교육 전문대학에 대한 투자는 시급한 편이다.

미국 대통령 오바마가 우리의 전문대학 격인 커뮤니티 칼리지 친환경 분야에 2010년부터 10년여에 걸쳐 13조 원(한화)이라는 파격적인 재정 투·융자를 한 사례를 주목해야 한다. 요컨대 전문대학 재정 지원 수준을 현재 기준 최고 10배 수준(이는 일반대학 규모임)으로 올려야 지속가능한 직업수요를 창출할 수 있다. 이와 함께 민간부분 학자금 지원 등 참여폭을 확대하여야 한다. 국가장학금과 연계한 대학생 등록금 펀드 조성, 민간부문 자녀장학금 지원, 동문회 장학금 지원, 민간장학재단 장학금 지원 등이 이뤄지는 구조를 만들어야 한다. 이를 위해 민간부문 장학금 지원엔 법인소득세 감면이 추진, 도입되어야 한다.

(2013)

<방담> 대학 평가제도 문제점과 개선방안

진행 : 한강희 전남도립대 교수(전문대)
참석 : 이동형 한밭대 교수(국립대), 강선보 고려대 교수(사립대),
　　　오영환 경기수원과학대 교수(전문대), 이창준 제주대 교수
　　　(국립)

한강희 교총 산하 대학교수회 출범과 더불어 이런 좌담회를 열게
　　　되어 큰 의미가 있다고 생각합니다. 최근 대학 평가지표가
　　　대학구성원의 초미의 관심사가 되고 있는데 주어진 테마에
　　　관해 가급적이면 소속하신 개별 대학의 구성원이라는 입장
　　　에서 의견을 개진해 주시면 고맙겠습니다.
　　　우선 교과부의 대학 평가지표 개선안을 보면 취업률이나
　　　재학생충원율, 교원확보율 등의 지표가 큰 비중을 차지하
　　　고 있습니다. 이에 대해 다양한 우려의 목소리가 있는데 국
　　　공립·사립·전문대학 등 개별 대학의 입장 차가 있을 것
　　　으로 생각합니다. 각자 대학 평가에 대해 총평을 부탁드립
　　　니다.

이창준 이들 지표 모두는 대학을 운영하는 데 있어 매우 중요한
　　　지표라 생각됩니다. 하지만 대학에서 배운 지식과 경험을
　　　사회 진출 후 바로 현장에서 활용할 수 있는 교육시스템이
　　　우선 구축된 후에 취업률 평가 반영 여부에 관한 토의가
　　　진행돼야 합니다. 대학 역시 기업의 요구를 수용하기 위해
　　　다양한 노력을 하고 있지만, 아직 사회가 요구하는 흐름을
　　　따라가지 못하고 있는 것이 사실입니다. 이 점은 대학이

반성할 점이라고 생각합니다.

이동형 대학 구조조정을 위한 대학 평가는 입학자원 급감에 대비한 연착륙 시도라는 측면에서 어느 정도 긍정적인 평가를 내릴 수 있습니다. 하지만 현 평가지표는 고등교육의 본질인 교육, 연구, 봉사와 지역균형 발전이라는 큰 명제를 감안할 때 취업률 등 시장경제주의 프레임에 지나치게 편향됨으로써 향후 고등교육 백년대계를 볼 때 소탐대실의 우려가 크다고 생각합니다.

한강희 전문대학 관련 항목을 보면 이번 평가부터 국공립을 구분하여 평가한다고 되어 있습니다. 그런데 146개 전문대 중 국공립은 8개 대학에 불과합니다. 이런 상황에서 공립전문대학은 고등교육의 사각지대에 놓여 있습니다. 재정 투자가 제대로 이뤄지지 않고, 재정지원사업도 인원수 규모로 분배하다 보니 사립대학의 절반 수준에 그치고 있습니다. 그런데 개선안대로 사립과 공립을 구분하여 평가한다면 5%에 불과한 공립대학 중 한두 곳이 완전히 제외될 수 있는 문제가 발생합니다. 과학적이고 합리적으로 보완되어야 할 부분이 있습니다.

강선보 이번 평가지표를 보면 그동안 논란이 되었던 대학 평가가 '대학의 자율성과 특성화'를 훼손했다고 하는 부분들을 상당 부분 보완하려고 노력했다는 점에서 긍정적입니다. 그러나 아직 지방대 등 특정 대학들에게 불리하게 작용할 가능성이 있는 지표들이 포함돼 있어 공정성 및 형평성 논란이 일 여지가 있는 점이 다소 아쉽습니다. 대학교육역량 강화사업의 교원확보율 지표에 겸임 및 초빙교원을 포함한 것은 긍정적인 측면도 있지만, 대학들이 전임교원을 확보하려는 노력을 게을리할 염려도 있습니다. 그러므로 그 수나 비율에 일정한 제약을 가할 필요가 있습니다. 또 기본계획에 국가장학금 노력, 소득 7분위 비율을 반영하여 지원금을 감액한다는 계획을 추가했는데 국가장학금 노력 반영은 국가장학금과 연계해 이미 확성된 등록금 부담 완화 지수와 중복되는 지표입니다. 소득 7분위 이하 비율 반영은 대표적인 독소조항인데, 국가장학금 지원 대상으로 가정의 소득이 많고 적은 비율을 따져 지원액을 차등한다는 것은 교육역량강화 지원사업의 취지와 연계성이 없는 것으로 판단됩니다.

오영환 고등교육기관으로서 인성교육과 예절교육 실시에 대한 평가나 대학의 준법성, 윤리성도 중요 평가항목에 포함돼야 합니다. 취업률 및 재학생충원율 등 실적평가에 치중하느라 더 중요한 대학교육의 본질이 훼손되거나 경시된다면 주종이 뒤바뀌는 것이라 생각합니다. 교수가 지나치게 취업률, 탈락률 감소 등 계수 달성을 위한 도구로 이용되지 않도록 배려해야 하는 부분도 있습니다.

교육역량 평가와 관련해서는 국공립 전문대학이 각종 지원과 혜택을 받고 있어 교육여건의 부익부 빈익빈 현상이 존재하고 있습니다. 교육재원이 고등교육에 동참하고 있는 지방·사립전문대에도 배분되어 골고루 혜택을 볼 수 있게 하는 것이 바람직합니다. 또한 평가 인력을 전문성 있는 인력으로 확충하고 방법론적으로도 꾸준히 평가 방법을 개선하는 노력이 필요합니다.

(2013. 5)

제4장

평생직업 교육대학
운영 모델 및
역할 연구

I. 문제 제기

1. 연구의 필요성

❑ 대학교육은 초등교육(Primary Education), 중등교육(Secondary Education)에 이어 세 번째 단계의 교육(Tertiary Education) 혹은 중등 이후의 교육(Post Secondary Education)으로 불리고 있음. 우리나라 대학에는 고등단계의 교육(Higher Education), 고등직업교육훈련(Higher Vocational Education Training), 계속교육(Further Education) 영역이 병존. 대학교육에서 직업교육의 영역이 확장되고 그 역할이 중요시되는 흐름은 세계적인 자연스러운 현상임. 우리나라의 직업능력개발 체제는 직업교육과 직업훈련의 두 축으로 추진되고 있음. 특성화고, 마이스터고, 전문대학, 산업대학 등 교육기관을 중심으로 한 직업교육이 한 축이라면, 한국폴리텍대학, 대한상의 인력개발원 등 공공훈련기관과 훈련법인, 고용노동부 지정 시설 등 민간훈련기관 중심의 직업훈련이 다른 한 축임.

❑ 우리나라는 정규교육(Initial Education)을 중심으로 한 인재 양성에는 많은 노력과 투자를 하고 있으나, 재직자, 이직자, 퇴직자, 이직자, 미취업자 등의 인적자원 개발에는 소홀히 한 측면이 있음. 정규교육을 통해 수월성을 확보한 이후, 후기고등교육 혹은 세 번째 단계에서의 교육 등, 평생교육을 통한 기초기술을 습득하는 것이지만, 지식, 기술의 변화 속도를 고려할 때 재직자, 이직자, 퇴직자, 미취업자 집단이 산업현장에 적용할 수 있는 특정 숙련(Specific Skills)에 관한 직업교육 요구도가 증대되고 있음. 이러한 수요자층의 직업능력개발 요구를 도외시하고는 총체적인 직업 경쟁력을 확보하기 어려움. 이는 직업교육과 전문대학, 기업 간 연계가 보다 더 활성화되어야 함을 의미.

❑ 고등직업교육의 중심기관으로서 역할을 맡은 전문대학이 재직자 등 성인 학습자를 대상으로 평생직업교육을 어떻게 활성화할 것인지는 시의적절한 국가 현안 과제임. 지식기반사회에서 국가경쟁력을 높이기 위해서는 전문대학이 단순히 학령기의 정규 학생을 대상으로 한 학교교육만으로는 불충분하며, 학교 안과 밖에서 이루어지는 다양한 형태의 직업교육을 통하여 학교 졸업 후 직장에 다니면서도 지속적으로 학습이 이루어져야 함. 학령기 정규 학생을 대상으로 하는 학교 교육체제가 평생직업 교육제제로 바뀌어야 함. 평생직업 교육대학 설치의 궁극적인 목표는 평생학습을 기초로 한 평생직업교육 시대에 부응하여 기존의 학위과정에 추가하여 성인 학습자를 비롯한 다양한 취업 기회 요소를 가진 자에게 비학위과정을 탄력적으로 운영하여 직업교육의 시너지를 높이는 데서 찾을 수 있음.

❑ 지식사회로의 전환 및 기술의 급격한 발전에 따라 인적자원 개발이 학령기의 정규교육과 직업교육훈련 간 계속적인 전이(Transition)를 통해 이루어지는 측면이 있기 때문에 학습을 원하는 사람들에게 생애에 걸친 평생학습 및 평생직업교육의 기회 제공은 큰 의미를 지님. 이러한 점에서 평생직업교육의 중요성을 고려하여 전문대학을 일터에서 언제든 원하면 최신 기술 및 지식을 습득할 수 있는 진출입이 자유로운 미래형 고등직업 교육기관으로 전환할 필요가 제기됨.

❑ 대학은 지역경제 및 사회와 밀접히 상호작용하며 발전하는 개방체제(Open System)가 되도록 요구받고 있으며, 이를 위해서 대학과 세상(기업, 지역사회, 성인 학습자)이 만나는 여건과 장소 조성이 필요. 아울러 고등직업교육을 정점으로 하는 선순환적 직업교육 생태계를 조성하며, 성인 학습자의 평생에 걸친 자기계발과 지속적 직업능력 향상에 대학이 생산적으로 기여하는 방안이 요청됨.

❏ OECD(1996)의 모든 이를 위한 평생학습(Lifelong Learning for All)의 핵심은, ■ 평생 동안 학습이 지속될 수 있도록 정규교육(Initial Education)과 성인학습(Adult Learning) 간의 균형 ■ 학습의 결과가 노동시장에 반영, 연계 강화 ■ 평생학습과 관련된 이해당사자들의 역할과 책임 ■ 평생학습에 대한 투자를 촉진하기 위해 노동자와 고용주간 유인책 다양화 등 4가지가 관건임.

❏ 세계 여러 국가에서 일반교육과 직업교육 사이의 경계가 약화되면서 학문적 교육프로그램과 직업교육 프로그램 간 이분법이 사라지고 양자를 혼합한 새로운 형태의 직업교육이 요구되고 있는 것도 하나의 추세임(한숭희, 2012). 이는 기존의 학문 중심 프로그램과 노동시장의 요구라는 양자 간 연계가 강화되면서 고등교육의 보편화와 함께 고등직업교육이 강화되고 있음을 의미함.

❏ 지식기반사회의 발전에 따라 우수한 인적자원의 중요성은 그 어느 때보다 커졌으며, 국가와 사회로서는 국가발전에 필요한 학문적, 기술적 자원과 인력을 제공하는 역할을 수행하는 고등교육기관의 역할이 더욱 중요하게 부각되고 있음(정철영, 2010). 이에 전통적인 교육체제를 평생직업 교육체제로 전환함으로써 국민이 평생에 걸쳐 지식을 습득할 기회 및 개인의 고용 가능성(Employability)을 유지할 수 있도록 직업교육을 실시해야 할 책무성이 제기됨.

❏ 특히 지식기반사회에서 국가 차원의 경쟁력 확보를 위해서는 기존 학령기 학생 대상의 정규교육에서 벗어나, 학교 안팎에서 비형식 또는 무형식 교육 등으로 이루어지는 다양한 형태의 평생직업교육이 활성화될 필요가 있음. 또한 이러한 형태의 교육을 통해 정규학교 졸업 후에도 직업생활을 영위하는 과정에서 지속적으로 학습할 수 있는 평생직업교육 시스템이 마련되어야 함.

❏ 지식기반사회에서 요구되는 고도인력을 배출하고, 특히 재직자

및 성인들의 평생직업능력 개발을 위해서는 선진국 수준의 유연한 고등직업교육 학제가 마련될 필요가 있음(나승일 외, 2012; 박동열 외, 2007; 정철영, 2010). 평생학습사회 도래로 인하여 교육 수요자의 요구가 다양해지고 있고, 미래의 직업세계에서는 보다 높은 수준의 전문성이 요구됨에 따라 고등직업교육 학제에 대한 전반적인 개편이 요구되고 있음(차갑부 외, 2010).

❑ 따라서 시대 및 산업 요구에 부응하기 위해서는 일과 학습의 병행(Work to School)이 가능한 학습자 및 산업계 맞춤형 실무 중심의 평생직업 교육대학 육성이 필요함. 즉 일부 전문대학을 학위과정 중심 교육체제에서 성인 중심의 100% 모듈식 실무형 교육과정을 운영하는 비학위과정 중심의 평생직업 교육제제로 개편. 좀 더 구체적으로 신규 취업자, 재취업자 및 창업자 등을 위한 NCS 기반 교육과정 개발 및 모듈식 운영체제 구축으로 전문대학을 산업체 맞춤형, 고용 중심, 일자리 중심의 창조적 고등직업 교육제제로의 전환이 필요함. · 국민의 삶과 일과 학습이 연계된 전문대학의 평생직업교육 기반 형성을 위해 '특성화고-전문대학-산업계'의 계속교육을 위한 직업교육체제 구축이 요구되고 있음.

❑ 한편 전문대학의 평생직업교육의 중요성이 강조되고 있는 상황에서 정부가 국정과제로 제시한 '평생직업 교육대학'의 성공적인 이행을 위한 세부 방안 마련이 필요함. 최근 평생직업능력 선도대학 육성 방안(이정표, 2013), 전문대학의 평생직업교육 기능 개선 방안(정태화 외, 2013) 등을 통해 평생직업 교육대학의 육성 지원 필요성, 외국 사례, 육성사업의 기본 운영 방안이 이루어진 상황임. 따라서 이에 대한 후속 연구로서 현행 전문대학과 차별화되며, 국정과제의 성공적인 이행을 위해 평생직업 교육대학의 교육과정 및 학사관리, 시스템 등 제반 요소의 구체적인 운영 모델 및 역할 방안 마련이 필요함.

2. 연구의 목적 및 내용

□ 본 연구는 평생직업 교육대학의 운영 모델 및 역할 도출을 목적으로 함. 세부적인 연구 내용 및 범위는 다음과 같음.

- 평생직업교육 관련 법 분석
- 일반대학교 및 전문대학, 한국폴리텍대학 등 고등교육기관의 평생직업교육 운영 실태 분석
- 외국 전문대학의 평생직업교육 운영 현황 분석
- 평생교육 및 평생직업능력 프로그램 운영의 성공 요인 및 제약 요인 도출
- 평생직업 교육대학의 운영 모델 및 역할 제시
- 평생직업교육 프로그램 개발 및 운영 방안
- 평생직업 교육대학 선정 기준 및 방법, 평가지표 개발, 예산 지원 규모 및 방법, 사후관리 방안, 성과관리 및 질 관리 방안 등 설계

3. 연구 방법 및 연구 절차

□ 본 연구의 목적인 '평생직업 교육대학 운영 모델 및 역할 도출'을 위한 연구 절차별 주요 연구 내용 및 방법 그리고 연구 절차별 세부 내용은 다음과 같음.

표 4-1. 연구 절차별 연구 내용 및 방법

연구 절차	연구 내용	연구 방법
국내외 대학의 평생직업능력 프로그램 운영 실제 분석	· 일반대학교, 전문대학 및 한국폴리텍대학 등 고등교육기관의 평생직업 운영 실태 분석 · 외국 전문대학의 평생직업 운영 실태 분석 · 평생직업능력 프로그램 운영의 성공 요인 및 제약 요인 도출 · 선행연구(평생직업능력 서도대학 등)로부터의 시사점 도출	· 문헌분석 · 사례분석 및 벤치마킹 · 전문가협의회
평생직업 교육대학 운영 모델 및 역할 제시	· 평생직업교육 프로그램 개발 및 운영 방안 · 조직 및 네트워크 구축 및 운영 방안 · 시스템 및 지원체제 구축 및 운영 방안	· 문헌분석 · 전문가협의회 · 관계자 워크숍
평생직업 교육대학 선정, 운영 및 관리 방안	· 선정 기준 및 방법, 평가지표 개발, 예산 지원 규모 및 방법, 사후관리 방안, 성과관리 및 질 관리 방안 등 설계	· 개발연구 · 전문가협의회 · 관계자 워크숍

1) 문헌분석

❑ 문헌연구는 평생직업 교육대학 운영 모델 및 역할 도출을 위한 기초 자료를 확보하기 위한 목적으로 국내외 대학의 평생직업능력 개발프로그램, 관련 고등교육기관의 운영 모델 및 역할과 관련된 국내외 문헌을 고찰하였음. 이를 위하여 교육부 등의 정책자료, 한국전문대학교육협의회, 한국직업능력개발원, 한국교육개발원, 국가평생교육진흥원 등의 고등직업교육 관련 연구보고서 및 내부 자료, 관련 기관의 홈페이지 자료, 그리고 각종 통계 관련 DB 자료를 활용함.

2) 사례분석 및 벤치마킹

❏ 평생직업 교육대학의 운영 모델 및 역할 도출의 기초 자료로 활용하기 위하여 국내외 관련 사례를 분석하고 이를 벤치마킹하였음. 국내 사례는 국가평생교육진흥원에서 주관하는 평생학습 선도대학·평생학습 중심대학, 기타 재직자 중심 직업능력개발 프로그램 등을 분석하였음. 국외 사례는 영국, 호주, 일본, 핀란드 등의 주요 선진국 사례를 중심으로 고찰하였으며, 개별 국가별로 고등직업교육에서의 평생직업능력 개발 역할을 중점적으로 분석하였음.

3) 개발연구

❏ 개발연구는 평생직업 교육대학의 운영 모델을 도출하기 위하여 문헌 고찰, 사례분석 및 벤치마킹을 토대로 운영 모델(안)을 도출하고, 수차례의 연구진 회의, 전문가협의회 및 검토 등을 통해 타당성을 확보하여 최종적인 운영 모델을 확정하는 절차를 진행하였음.

❏ 운영 모델은 선정 기준 및 방법, 평가지표 개발, 예산 지원 규모 및 방법, 사후관리 방안, 성과관리 및 질 관리 등의 구체적인 방안 중심으로 도출하였음. 특히 선정 규모 및 절차, 학사운영은 연구진에서 사전 조사한 초안을 발전시켜 최종안을 도출하였음. 평가지표, 사후관리, 성과관리 등은 전문대학 평가지표, 유사사업의 평가지표 등을 분석하고, 평생직업 교육대학의 특성을 반영하여 개발하였음.

4) 전문가 및 관계자 활용 워크숍

❏ 전문가협의회는 연구진에서 개발한 운영 모델 및 역할(안)에 대한 검토를 위한 목적으로 실시하였음. 전문가협의회 참여 대상은 전문대학 관계자, 정부 부처 관계자, 학계 전문가 등으로 구성하여 다양한 분야의 전문가 의견을 수렴하였음. 전문가협의회의 주요 내용은

평생직업 교육대학의 역할과 운영 모델 등에 대한 검토 및 의견 수렴을 중심으로 구성하였으며, 특히 연구진이 개발한 운영 모델(안)의 타당성 검토에 중점을 두어 실시하였음. 이를 통해 도출된 의견과 방안에 대한 검토의견은 연구진에 의하여 종합하여 최종 보고서에 반영하였음.

□ 관계자 워크숍은 연구진에 의해 개발되고 전문가협의회를 통해 수정·보완된 평생직업 교육대학 운영 모델은 타당성 및 적용 가능성을 검토하기 위해 평생직업 교육대학으로 전환이 가능한 후보 전문대학 관계자를 대상으로 실시하였음.

□ 한국전문대학교육협의회의 회원대학 관계자를 활용하였으며, 기관에서 운영하는 세미나 등의 세션을 활용하여 다양한 관계자가 참여하고 의견을 교류할 기회를 제공하였음.

4. 용어의 정의와 관련 법

1) 평생직업교육

□ 평생직업교육(Lifelong Vocational Education)이라는 용어는 이론적으로 정립되어 있지 못한 상황임. 평생직업교육에 대한 정의는 단순한 정의 차원을 넘어 평생직업교육에 대한 교육철학적 함의를 포함하는 보다 확장된 개념임.

□ 여기서는 전문대학 직업교육에 초점을 두어, '학습자가 직업능력향상과 경력개발을 위해 형식적 교육뿐만 아니라 무형식적 교육, 비형식적 교육 등을 통해 언제 어디서나 최신 직업지식, 기술 및 소양을 습득하여 직업 전문성(직무수행능력)을 신장시키는 일련의 재교육 및 계속교육'으로 정의함.

▪ 평생교육(Lifelong Education): 평생교육법의 규정에 의해 학교

정규교육과정을 제외한 학력보완교육, 성인 기초·문자해득교육, 직업능력향상교육, 인문교양교육, 문화예술교육, 시민참여교육 등을 포함하는 모든 형태의 조직적인 교육활동

- 직업교육(Vocational Education): 광의로 보면, 취업을 준비하거나 현재 수행하고 있는 직무를 유지 및 개선하기 위해 수행하는 형식 학습 또는 비형식 학습을 의미함. 협의의 직업교육은 학사학위 미만의 학력을 요구하는 직업교육을 의미(이정표, 2012)

- 형식적 교육(Formal Education): 높은 수준으로 제도화된 상태에서 연령에 따라 초등학교에서부터 대학에 이르는 단계에서 학위를 부여하는 위계적 교육제도

- 무형식적 교육(Informal Education, in the company): 정규학교 이외에서 진행되는 조직적, 체계적인 교육활동으로, 특정 집단을 대상으로 특정 목적을 가진 학습을 제공하는 교육

- 비형식적 교육(Non-formal Education, in the daily life): 평생에 걸쳐 개인들이 일상에서의 경험을 통해 지식, 기술, 태도, 통찰력을 획득하고 축적하는 과정

❑ 정태화 외(2013) 연구에서는 평생직업교육을 UNESCO Institute for Education(1998) 및 UNESCO(2001)의 연구를 근거로 '사회 내에서 누구든지, 언제나, 어디서든지 고용유지 가능성(Employability)을 위해 참여하는 형식적, 비형식적 교육'이라 정의하고 있음.

2) 평생직업 교육대학

❑ 평생직업 교육대학(Lifelong Vocational Education University)이란 '직업생활의 전문성 신장을 필요로 하는 전 국민을 대상으로 근로생활 도중 지식을 최신 수준으로 향상하여 맞춤형 직업능력개발을

위한 평생직업교육을 제공하는 고등직업 교육기관'으로 정의함.

- 2014년부터 전문대학 특성화사업 Ⅵ유형으로 선발·운영될 학위·비학위(비정규과정) 통합의 새로운 형태의 평생직업교육 전문대학을 의미함. 새로운 형태라 함은 대학 내·외부 시스템 변화하고 성인 및 지역을 위한 대학으로 체제를 재구조화하는 것을 의미함.

- 학위과정(학령기 중심의 교육과정)과 비학위과정(학습자의 단기간 학습결과의 누적)의 통합은 물리적 통합을 포함한 화학적 통합으로 성인, 재직자, 미취업자 중심의 학습결과를 어떻게 누적하여 사회적으로 인정할 것인지와 정규과정과 연계한 직업 및 직무수행능력의 확대를 위한 NCS 기반 교육과정 개발 및 운영이 핵심.

3) 관련 법규

❑ 전문대학의 평생직업 교육대학을 위해서는 관련 법규가 제·개정 되어야 함. 관련 법규로는 고등교육법, 평생교육법, 학점인정 등에 관한 법, 독학에 의한 학위취득에 관한 법, 근로자직업능력개발법, 직업교육훈련촉진법, 산업교육진흥 및 산학연협력촉진에 관한 법 등의 법률이 있음.

❑ 미국의 고등교육법(Higher Education Act)이 대학의 지역사회 봉사활동 및 성인교육의 충실을 요구하고 있는 것과 대조적으로 우리나라의 고등교육법은 정규교육과정에 대한 세세한 규정에 비해 성인교육, 직업교육 등에 대한 철학은 부족한 채 규제 위주로 되어 있음.

II. 평생직업 교육대학 도입을 위한 환경 분석

1. 평생교육기관 수

❑ 전체 평생교육기관 수는 3,768개, 프로그램 수는 178,971개, 학습자 수는 17,618,495명, 교·강사 및 사무직원은 각각 71,676명, 17,888명으로 나타남. 기관의 경우 원격형태(23.5%, 887개)가 가장 많고, 유·초·중등학교부설(0.3%, 10개)이 가장 적음. 프로그램은 유통업체부설이 33.8%(60,493개), 학습자는 원격형태가 77.6% (13,669,575명)로 가장 많음. 기관별 프로그램 수는 2011년에는 원격형태가 33.2%(60,789개)로 가장 많았으나 2012년에는 유통업체부설 (33.8%, 60,493개)이 원격형태(26.9%, 48,162개)보다 더 많은 것으로 나타남.

2. 직업교육대학 도입 시 제약 요인

❑ 평생학습은 2001년부터 국가평생교육진흥원 중심으로 추진한 평생학습도시 조성사업과 본 평생직업 교육대학 사업에 대한 유사 사업 문제로 애로사항이 발생함.

■ 평생학습도시 조성사업은 지역의 평생학습 활성화를 위해 2001 년부터 지속되고 있는 사업으로 시·군·구 자치단체가 지역 내 학습자원 간 네트워크를 구축하여 지역주민의 평생학습을 활성화하고 지역사회의 변화와 발전을 도모하는 것을 목적으로 하는 정책 사업. 따라서 본 평생직업 교육대학 사업을 초기 도입 시에 사업 중복성과 차별성 문제로 많은 어려움이 예상.

❑ 평생직업 교육대학의 정부지원 전제조건으로 대학 정원의 50%

감축안을 사립전문대학에서 대학 경영상 관점에서 수용이 가능한지가 중요한 사안임. 국내 처음으로 시도되는 1~4년 단위의 자율 학기제와 시간 등록제 도입 등의 큰 변화에 대하여 대학에서 능동적이고 효율적으로 운용이 가능한지 세밀한 검토가 필요함. 학생 모집과 경영 자립도가 우수한 수도권대학에서는 본 사업을 예측이 어려운 상황으로 기피할 가능성이 있으며, 학생 모집이 열악한 지방 소도시의 대학에서는 평생직업 교육대학의 운용이 부실하게 실시될 수 있는 점이 예측됨. 따라서 평생직업 교육대학 모델을 도입 시 정부 차원의 확고한 의지와 과감한 예산 지원으로 참여대학에 인센티브를 제공할 필요가 있으며, 평생직업 교육에 참여가 가능한 잠재적 수요에 대한 예측 분석이 선행되어야 함.

표 4-2. 평생교육기관 현황[32]

시설 구분		기관 수	프로그램 수	학습자 수	교·강사 수	사무직원 수
총계		3,768	178,971	17,618,495	71,676	17,888
학교 부설	유·초·중등학교 부설	10	59	1,390	54	27
	대학(원)부설	403	26,920	845,860	15,825	1,881
	소계	413	26,979	847,250	15,879	1,908
원격형태		887	48,162	13,669,575	13,434	6,487
사업 장 부설	유통업체부설	320	60,493	991,126	17,548	1,137
	산업체부설	37	1,340	45,784	687	289
	소계	357	61,833	1,036,910	18,235	1,426
시민사회단체부설		495	5,497	186,712	3,602	1,385
언론기관부설		494	4,520	134,454	3,110	1,215
지식·인력개발형태		727	13,108	840,451	8,527	3,499
평생학습관		395[33]	18,872	903,143	8,889	1,968

(단위: 개, 열)

---

32) 교육부, 한국교육개발원(2013). 평생교육통계자료집.

❑ 평생교육기관의 수는 전반적으로 증가, 프로그램 및 학습자 수
는 감소함. 평생교육기관 수는 2007년 2,221개에서 2012년 3,768개
로 매년 지속적으로 증가하고 있는 추세임. 프로그램 및 학습자 수는
전년 대비 각각 3,873개, 11,302,285명이 감소함.

표 4-3. 연도별 평생교육기관 현황[33)]

연도	기관 수	프로그램 수	학습자 수	교·강사 수	사무직원 수
2012	3,768	178,971	17,618,495	71,676	17,888
2011	3,591	182,844	28,920,780	69,016	16,746
2010	3,213	160,249	27,026,042	64,605	15,491
2009	2,807	136,123	22,454,539	57,177	12,873
2008	2,620	107,349	11,403,373	55,292	10,046
2007	2,221	100,989	10,124,305	68,221	7,214

주: 학습자는 프로그램 등록건수로 프로그램별 중복 학습자를 각각의 학습자로 간주하여 합산함.
(단위: 개, 명)

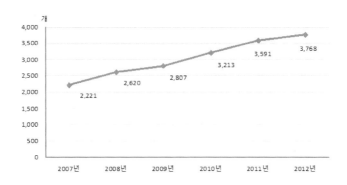

그림 4-1. 연도별 평생교육기관 수 추이

---

33) 교육부, 한국교육개발원(2013). 평생교육통계자료집.

□ 평생교육기관의 수는 3,768개로 2011년 대비 4.9%(177개)가 증가함.

■ 유·초·중등학교부설과 지식·인력개발형태는 감소했고, 나머지 기관유형에서는 매년 증가하고 있는 추세임. 언론기관부설은 494개로 2007년부터 지속적인 증가 추세에 있으며, 2011년 대비 31.4% 증가하여 가장 높은 증가 폭을 보임. 원격형태도 매년 크게 증가하고 있으며, 2010년 이후 가장 큰 비중을 차지함.

표 4-4. 연도별 유형별 평생교육기관 현황[34]

시설 구분		2012년	2011년	2010년	2009년	2008년	2007년
총계		3,768	3,591	3,213	2,807	2,620	2,221
학교 부설	유·초·중등학교부설	10	11	12	11	12	9
	대학(원)부설	403	397	388	380	378	375
	소계	413	408	400	391	390	384
원격형태		887	853	781	674	611	502
사업 장 부설	유통업체부설	320	291	267	239	205	181
	산업체부설	37	37	31	29	39	26
	소계	357	328	298	268	244	207
시민사회단체부설		495	461	386	275	244	166
언론기관부설		494	376	203	107	92	78
지식·인력개발형태		727	774	761	713	681	570
평생학습관		395	391	384	379	358	314

(단위: 개, 명)

□ 기관 특성별로 보면, 직업능력개발 훈련기관은 1,048개, 입시관련시설은 106개, 학점은행제 등록기관은 377개로 나타남.

■ 직업능력개발 훈련기관은 지식·인력개발형태(316개, 30.2%)가

---

34) 교육부, 교육통계, 각 연도.

많은데, 이는 지식·인력개발형태의 기관에서 기업 및 노동부와 연계한 프로그램을 많이 운영하고 있기 때문임.

- 입시관련시설은 대학(원)부설(34개, 32.1%)과 원격형태(45개, 42.5%)가 많았고, 학점은행제 등록기관 역시 대학(원)부설(225개, 59.7%)과 원격형태(105개, 27.9%)가 많음. 이는 학점 이수를 받아 학위를 받을 수 있는 학점은행제 프로그램을 대학(원)부설 및 원격형태 기관에서 많이 운영하고 있기 때문임.

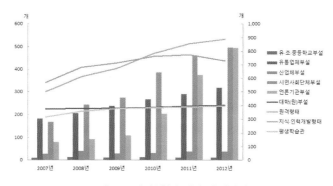

그림 4-2. 시설유형별 평생교육기관 수

III. 평생직업 교육대학 운영 모델 및 추진 과제

1. 평생직업 교육대학 운영 모델

❏ 평생직업 교육대학은 수요자 맞춤형 직업능력개발을 통한 창조경제 선도 인재 육성을 비전으로 설정함. 이를 달성하기 위한 목표로 모듈식 실무형 교육과정을 운영하는 비학위과정 중심의 평생직업 교육체제 구축으로 설정함. 추진전략으로 ① 체제 개편, ② 교육과정

개편, ③ 교수학습체제 개편, ④ 학교 및 학생 지원, ⑤ 네트워크 구축 및 성과관리를 설정함. 이를 달성하기 위한 기반으로는 교육부, 고용노동부를 포함한 정부 부처, 한국전문대학교육협의회, 전문대학, 지역 유관 기관을 설정함.

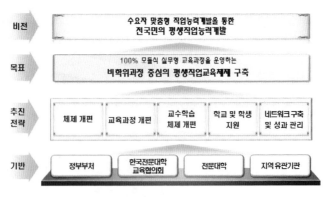

그림 4-3. 평생직업 교육대학 비전체계도

□ 평생직업 교육대학은 학습자를 포함하는 지역사회, 학령기 학생을 포함하는 고등학교를 대상으로 하며, 지역 산업체와 협업을 통해 운영됨. 평생직업 교육대학은 성과 중심 비학위과정과 과정 중심 학위과정으로 운영됨. 지역사회는 취업·창업 과정, 자격증취득 과정, 자기계발 과정 등을 통해 비학위과정에 참여하며, 고등학교는 직업교육과정을 통해 비학위과정에 참여하거나 정규과정 진학을 통해 참여함. 지역 산업체는 재취업·직무·전환 교육, 산업체 위탁교육 등을 평생직업 교육대학을 통해 실시하여 평생직업 수요맞춤형 인력을 양성할 수 있음.

□ 평생직업 교육대학의 추진체계는 교육부와 고용노동부를 중심으로 다양한 부처, 연구기관, 관련 산업체 등을 포함함. 교육부는 사

업을 총괄하는 기관으로 특히, 전문대학정책과, 평생학습정책과, 평생
직업교육정책국 등의 협업을 통해 전문대학으로서뿐만 아니라, 평생
교육의 중심기관으로서의 역할을 수행할 수 있도록 함. 고용노동부는
교육부과 연계 및 협력을 통해 학습자에게 교육비를 포함한 다양한
지원을 실시함. 이 밖에도 모듈식 교육과정 운영을 컨설팅하는 한국
직업능력개발원, RPL 운영을 지원하는 국가평생교육진흥원, 학습자
의 교육을 위탁하고 현장 중심 교육과정 지원을 위한 관련 산업체 등
이 있음.

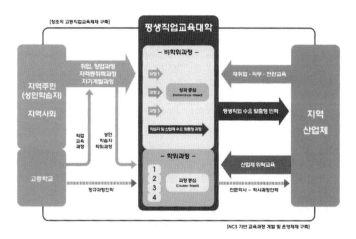

그림 4-4. 평생직업 교육대학 운영체제

2. 평생직업 교육대학 추진 과제

❑ 평생직업 교육대학 선정 및 운영을 위한 추진 과제는 선정부터
운영, 성과관리 및 법령 개정 등을 포함하여 총 14개로 구분해 볼 수
있음. 한편, 각 과제는 과제의 성격에 따라 정부, 대학, 학습자 등 주

요 추진 주체에 차이가 있을 수 있음.

표 4-5. 주요 과제별 추진 주체

구분	정부	대학	학습자
1. 평생직업교육 수요를 고려한 선발	●	◐	○
2. 평생직업교육을 위한 학교 체제 개편	◐	●	○
3. 학위·비학위과정 운영을 위한 학생 정원 개편	●	●	○
4. 학습자를 위한 등록 및 등록금 산정 방식 개편	◐	●	○
5. 모듈식 교육과정	◐	●	●
6. RPL 제도 운영	●	●	●
7. 학위·비학위과정을 위한 교육프로그램 운영	◐	●	◐
8. 현장 중심 교육을 위한 교육프로그램 운영	◐	●	◐
9. 현장성을 반영한 교수학습방법 개선	◐	●	◐
10. 평생직업교육을 위한 학교 지원	●	◐	○
11. 평생직업교육을 위한 학생 지원	●	◐	◐
12. 네트워크 구축	●	●	○
13. 평생직업교육의 질 확보를 위한 성과관리	●	●	◐
14. 평생직업 교육대학 운영 관련 법령 개정	●	◐	○

과제 1　　평생직업교육 수요를 고려한 대학 선정

❑ 평생직업 교육대학은 고등직업 교육기관으로서 전문 직업인 양성을 목표로 운영하는 선진직업교육 추세를 반영한 것이며, 현행 단계에서 전문대학의 존재 의의를 찾을 수 있는 대학 형태.

❑ 평생직장 개념이 무색해진 평생학습시대, 평생직업교육 시대에 부응하는 전문 기술의 재교육, 계속교육, 확대교육, 생애교육 등 평생

교육에 대한 수요 추세를 반영.

❑ 사회구성원의 다양한 기대와 관심이 고용유지 가능성에 맞춰짐에 따라, 이에 걸맞은 선진국형 고등직업 교육제제 도입 및 실질적 활용.

| 과제 2 | 평생직업교육을 위한 학교 체제 개편 |

❑ 대학 학사체계를 평생직업 교육체계로 개편. 평생직업 교육체계로 전환하기 위해서는 기존 대학부설 평생교육원으로는 한계가 있다고 판단되며, 대학 내에 전담 부서 설치하고 해당 부서를 중심으로 전반적인 구조개편이 필요.

❑ 평생직업교육을 위한 학사처 중심의 운영체계로 개편. 효율적인 평생직업교육을 위한 학사처(교무처) 중심의 체계 개편 및 대학 학칙 등의 제반 규정 제정 및 개정 추진. 청년 미취업자, 재직자 직무향상 교육, 중장년 전공 전환 재취업자, 노령자 및 학습자 등의 학습 욕구에 부합되는 평생직업 교육체계로 개편 추진.

| 과제 3 | 학위·비학위과정 운영을 위한 학생 정원 개편 |

❑ 평생직업 교육대학 선정 시엔 '기존 정규학위과정' 입학생 감축에 따라 신설 평생직업 교육대학 비학위과정 학습자 정원을 조정하는 것을 원칙으로 함. 정원 조정의 핵심은 정규학위과정 입학생을 감축하고, 비학위과정의 학습자를 최소 2배 이상 확보하는 것임.

❑ 정원 조정에 따른 국가 차원의 지원 방안의 1차적 목표는 해당 대학의 정규 학위과정 인원 감축에 따른 재정 손실액을 비학위과정 학생을 유인함으로써 확보, 보전하는 데 있음. 이와 함께 비학위과정

의 교육프로그램 특성에 맞춰 교수자(강사료)와 학습자(수업료)를 지원하는 방안 논의 가능.

❑ 평생직업 교육대학 설치의 궁극적인 목표는 평생학습을 기초로 한 평생직업교육 시대에 부응하여 기존의 학위과정에 추가하여 학습자를 비롯한 다양한 취업 기회 요소를 가진 자에게 비학위과정을 탄력적으로 운영하여 직업교육의 시너지 효과를 제고하는 것임.

과제 4 　학습자를 위한 등록 및 등록금 산정 방식 개편

❑ 학습자의 시간과 공간의 편의를 최대한 제공하는 등록방식으로 개편. 성인 학습자의 직무향상, 전공 전환자 및 창업자 등을 위한 시간제 및 학기제 등록 등 등록금 산정방식 개편.

❑ 학습자를 위한 학위과정 혹은 비학위과정, 시간제 혹은 학기제 등 다양한 등록방법 추진. 유무선 인터넷망을 활용한 핸드폰, 컴퓨터 등의 전자기기를 활용한 등록, 수강신청, 성적관리 등의 제반 등록 및 학사관리 지원.

❑ 성인 학습자를 위한 시간제 및 학기제 등록의 등록금 산정방식 개편. 선행학습 이수인정제 및 학점당 등록제 도입, 시간제 등록제 내실화 등을 추진하고, 대학 자율적으로 시간제 및 학기제 등록금 산정. 시간제 학습자인 경우에는 시간당 수강료를 산정하여 성인 학습자의 목적별 수업 다양화 추진.

과제 5 　모듈식 교육과정 운영

❑ 평생직업 교육대학의 교육과정은 현행 전일제 학생 중심의 커리큘럼이 아닌 모듈식 교육과정을 통해 학습자가 원하는 과목만을

이수할 수 있도록 고려.

□ 교과목 개설 시에는 NCS의 능력단위 및 능력단위요소에 기반을 두고 교과목을 편성하여 해당 직무에서 필요로 하는 능력을 현장 중심으로 학습할 수 있도록 교육과정을 개편하도록 고려. 평생직업 교육대학에서 NCS 기반 교육과정 운영을 통해 학습자가 필요한 능력만을 선별하여 이수.

□ NCS 기반 교육과정 개편은 다음 그림과 같이 지역 환경 및 산업체 요구 분석과 해당 직무의 NCS 분석을 통해 실시.

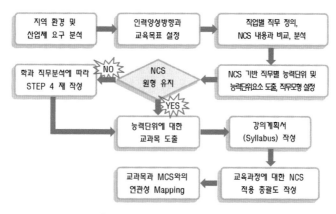

그림 4-5. NCS 기반 교육과정 개발 절차

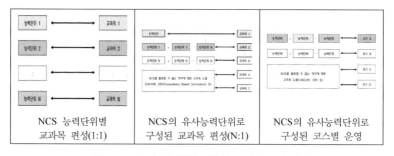

그림 4-6. NCS 능력단위를 활용한 교과목 구성 방안

과제 6 **RPL 제도 운영**

❑ 학습자가 모듈식으로 원하는 특정 과목만을 수강할 경우 직업 능력 향상에 도움이 될 수 있음. 그러나 학습한 결과가 체계적으로 구축되어 해당 직무에서 요구하는 완벽한 하나의 능력군을 형성하였다는 것을 인정받기 위해서는 별도의 인증 기준 필요.

❑ 이를 위해 NCS를 기반으로 한 RPL 제도 도입을 통해 전 생애에 걸친 학습결과를 누석, 관리하는 방안 필요. 생애에 걸친 학습결과 및 현장경력 인정체계 구축.

■ RPL제도 운영을 통해 현장경력이 능력으로 인정되도록 함.

❑ 산업체에서 수행한 직무경험과 교육의 평가인정 결과를 졸업에 필요한 학점의 일정 범위 안에서 이수로 인정. 학점 이수는 전문대학 교육의 질을 저해하지 않는 범위 내에서 설정.

■ 학점 인정 범위는 졸업에 필요한 학점의 1/4로 설정. 단, 입영 또는 복무로 인하여 휴학 중인 사람이 원격수업을 수강하여 학점을 취득할 경우 학기당 6학점, 연 12학점 이내에서 별도로 인정.

과제 7 **학위·비학위과정을 위한 교육프로그램 운영**

❑ 학습자를 위한 유연한 학위·비학위과정 교육프로그램 운영.

■ 산업·기술 발전에 따른 노동시장의 연계 강화를 통한 성인 근로자의 직무교육향상 교육프로그램 운영 .

■ 지역사회와 대학의 여건을 고려한 다양한 목적의 학생을 수용하기 위한 별도 반 또는 혼합반과 정규·비정규반 및 시간제·학점은행제 운영.

❑ 생애단계별·계층별 평생교육 참여 기회 확대.

▪ 국정과제인 100세 시대 국가평생학습체제 구축사업의 일환으로서 생애주기별·계층별로 취업친화적인 평생교육 프로그램을 제공하여 우리나라의 평생학습 참여율을 OECD 평균(40.4%) 이상으로 향상.

❑ 지역 평생교육 운영에서 대학의 역할 강화.

▪ 대학에서 보유하고 있는 인적·물적 인프라를 활용하여 지역 수요에 맞춘 특화된 평생교육 프로그램을 개발. 예를 들어, 통영시-경상대의 통영누비장인과정(비학위) 교육프로그램 운영 등의 사례가 있음.

▪ 대학과 지자체-시·도교육청-지역 평생교육기관 간 연계를 강화함으로써 지역 평생교육에서 대학의 역할 확대.

▪ 기관별 프로그램, 담당 인력, 학습정보 등을 연계·협력·교환·공유함으로써 지역사회 평생학습 자원 활용의 효율성 제고.

| 과제 8 | 현장 중심 교육을 위한 교수자 확보 |

❑ 현재 대학교수=학자 또는 연구자라는 지배적인 전통적 자화상으로 인해서 현실 세계와 연계가 약하다는 사실을 직시할 필요.

❑ 학습자는 과거 형식 또는 비형식 교육에 참여한 경험, 직장 경험, 삶에의 경험이 많으므로 개인의 경험, 실생활에 직접 도움을 줄 수 있는 다양한 강의 경험과 현장경험이 풍부한 교수자가 필요.

❑ 과거 제1세대의 단선형 생애계획, 제2세대의 순환형 생애계획 교육에서 탈피하여 현재는 일, 여가가 전 생애의 모든 단계와 동시에 연계되는 제3세대 혼합형 미래 생애계획 단계라는 이해가 필요.

❑ 평생직업 교육대학의 핵심은 학습자와 직접 대면하는 교수자임.

이에 교수자는 단순한 강의자의 역할이 아닌 촉진자(facilitator), 롤모델(role model), 멘토(mentor), 동반자(partner)로서 다양한 역할이 강조됨.

□ 제3세대 혼합형 생애계획 단계를 맞이하는 평생학습시대에 능동적으로 대처할 수 있는 지식, 기술, 능력을 평가하는 방법을 숙지해야 함.

□ 학습자의 지적, 신체적 특성을 이해하고 학습자의 눈높이에서 함께 호흡할 수 있는 성인학습 전문교육을 수행할 수 있는 전문가 양성이 필요.

과제 9   현장성을 반영한 교수학습방법 개선

□ 평생직업 교육대학에 참여하는 학습자는 과거 형식 또는 비형식 교육에 참여한 경험, 직장 경험, 삶의 경험이 많으므로 학령기 학생을 대상으로 한 이론 위주의 강의방식을 지양.

□ 학습자의 수요에 눈높이를 맞춘 다양한 교수법, 강의법과 토의법, 소집단 활동, 학습활동 참여동기 유발, 사례연구교수법, 역할연기법에 대한 이해와 경험이 필요.

□ 학습자의 일과 학업이 병행 가능하도록 오프라인 수업과 온라인 수업을 혼용 가능한 제도 마련, 산업체와 대학에서 일-학습이 병행 가능한 코스 및 직장 경험을 학점으로 인정하는 RPL 제도 적용에 대한 구체적인 방안 마련이 필요.

□ 학습자의 특성과 성인학습의 원리를 이해하여 학습자의 경험을 강의실 내에서 공유하고 학습자가 필요로 하는 교육내용과 방법을 파악하며, 현업에 복귀해서 학습한 내용을 바로 사용할 수 있고 학습동기를 최대한 유발하는 강의기법을 사용.

❏ 오프라인 수업과 온라인 수업을 혼용한 블렌디드 러닝(Blended Learning) 활성화를 위한 평생직업 교육대학 간 M-Learning(Mobile-Learning) 체제 구축 및 온라인 콘텐츠 상호 공유.

❏ 산업체와 대학에서 수업이 병행 가능한 듀얼코스 및 직장 경험을 학점으로 인정하는 RPL 제도 적용을 위한 학내 전담기구 설치 및 제도 정비.

| 과제 10 | 평생직업교육을 위한 학교 지원 |

❏ 대학의 운영체제를 기존의 학령기 학생 대상 체계에서 성인 학습자 중심의 성인 친화형 체제로 전환하기 위해서는 관련 정부 부처, 지방자치단체 등과의 유기적 협조하에 다양한 행정적·재정적인 지원이 요구됨. 전문대학 본연의 목표인 직업교육체제를 확립함으로써 평생직업 교육대학으로 성공적으로 정착이 가능.

❏ 대학체제를 성인 친화형으로 개편하기 위해서는 학습자의 입학, 재학, 졸업 단계별로 제도적으로 상충하는 현행 제도의 대폭적인 개선이 필요.

❏ 평생직업 교육대학을 통해 산업체 유경험자가 최신 기술 및 숙련 형성 후 최고 과정인 산업기술명장 대학원으로 연결하거나 수업 연한 다양화 등 각종 평가 시 인센티브를 부여.

❏ 평생직업 교육대학을 통해서 학습자의 개인역량과 전문성을 체계적으로 개발하고 뒷받침함으로써 지역사회에 대한 사회적 책무를 강화하고 고용안정의 선순환 구조를 확립함으로써 국가발전에 기여.

과제 11　평생직업교육을 위한 학습자 지원

❏ 평생직업 교육대학에 참여하는 학습자는 평생교육 관점에서 교육비를 지원해 줄 필요가 있음. 한편, 교육비는 해당 학습자가 재직자, 취업예정자, 구직희망자 등이므로 고용보험기금을 활용. 현행 법제도 등을 활용하거나 별도의 조항을 신설하여 고용보험기금을 활용한 학습자의 교육비 지원을 실시.

❏ 고용보험기금을 통을 통해 학습자의 평생직업 교육대학 등록금 지원 가능. 이는 재직자 평생직업교육 관점에서 지원 근거를 찾을 수 있으며, 고용노동부와의 협의를 통해 고용보험기금으로 재원 마련 가능. 단, 고용보험기금의 원활한 활용을 위해 고용보험법 및 동법 시행령에 평생직업 교육대학 등록금 지원에 관한 내용을 명시.35)

과제 12　평생직업 교육대학 운영 관련 법규 개정

❏ 수업연한의 자유화, 졸업학점 이수제 시행

▪ 1979년 전문 직업교육을 목적으로 하여 전문대학이 출발한 이후 30여 년 간 줄곧 수업연한이 2~3년으로 묶여 있어, 고도화된 산업구조에 맞는 창조경제 핵심인력을 양성하는데 한계가 있음. 현재 전문대학 학제는 2년제(70.6%)와 3년제(27.4%)가 총 98%를 차지하고 있으며, 극히 일부의 4년제 간호학과(0.8%)와 학사학위 전공심화과정(1.2%)이 운영. 이에 NCS 기반 및 산업수요에 따라 필요성이 인정되는 학과에 대해 수업연한에

---

35) 고용보험법 제4조1: 고용보험법의 목적을 이루기 위하여 고용보험사업(이하 "보험사업"이라 한다)으로 고용안정·직업능력개발 사업, 실업급여, 육아휴직 급여 및 출산전후휴가 급여 등을 실시함.

모듈식 교육과정을 도입, 1~4년까지 다양한 수업연한 운영을 위해 관련 법(고등교육법) 개정을 추진.

❑ 진출입이 자유로운 선순환적인 교육체계를 도입. NCS 기반 교육과정에 기반을 둔 수시 등록·이수가 가능한 신축적인 수업연한 운영을 통해 전문대학에 진출입이 자유로운 선순환적 고등직업 교육제제를 도입함으로써, 졸업 전이라도 조기 취직이 가능한 새로운 형태의 전문대학을 육성.

❑ 수업연한 자유화에 대한 사전심의체계 구축. 수업연한이 3년 이상인 경우에는 교육여건과 NCS 기반 교육과정 운영 등에 대해 엄격한 심사 후 교육부장관의 사전인가 방식으로 사전심의제 도입. 4년제 학과의 경우 NCS 기반 교육과정과 산업현장의 인력수요에 근거하여 극히 제한적으로 인가할 방침.

IV. 마무리

1. 논의의 요약

❑ 본 연구는 평생직장 개념이 사라지고 평생직업이 대두되는 지식정보화 시대, 직업교육 선진국 흐름에 걸맞은 평생직업대학 구축 및 선순환을 위한 모형 설계에 주목하여 다음과 같은 결과를 도출하였음.

❑ 선정 대학 규모 및 절차: 시·도별 지역거점 전문대학 139개교를 대상으로 하여 총 16개교(2014년 8개교, 2015년 8개교) 선정. 선정 대학 심사 기준은 사업계획의 타당성, 적정성 관련 정성지표 역량과 정보공시제에 등록된 대학 정량지표 역량을 활용. 즉 전담 부서 및 교직원(교수, 직원) 등 인적 자원, 교사, 교지, 수익용 기본재산 등

물적 자원, 입학 희망자 수요, 산업체의 인력공급 수요, 맞춤형 교육과정 개발 및 편성, 산학연계 협력 성과 등 해당 지역의 거점적 적절성과 관련한 거점 역량, 고등직업교육평가인증원 인증 여부, 기존 재정지원사업의 수행 정도, 국가장학금 2유형 집행 여부 등.

❑ 학사운영 기조: 교육대상, 교육연한, 교육과정 및 방법, 교육 이수 후 자격인정, 교수자 및 학습자 지원 등에 관하여 다음과 같음.

- 교육대상은 신규 고졸자 등 정규 입학생 외에 재직근로자(후 진학자, 비징규직 근로자, 전직 희망사 등), 실업자, 성부지원 사각지대에 있는 취업 취약계층 발굴 지원. 신규 고졸자 등 정규 학생 대비 성인 학습자 비율을 단계적으로 확대.

- 교육연한은 프로그램별 학습목표에 따라 정규학위과정(2~4년) 외에 중단기 비학위과정(수 주~1년 이상)을 적절하게 설계하며 학위과정의 경우에도 선행경험학습인정제(RPL) 적용을 통해 수업연한은 단기 1개월에서 장기 3, 4년까지 신축적으로 조정.

— 정규교육과정: 학사과정 4년, 전문학사과정 2~3년

— 선취업모형 Skill-Up 교육(특성화고, 마이스터고): 전문학사 2년

— 청년실업자 · 실직자 · 이직자 등 재취업교육: 과정 특성에 따라 6개월, 1년

— 미숙련자 및 저숙련자 등 재직자 교육: 과정 특성에 따라 6개월, 1년

— 제3연령기 대학(U3A): 중고령 은퇴(예정)자의 선행학습 인정, 1~1.5년

— 창업예정자 등 자격증 취득: 과정 특성에 따라 1일~3개월

— 삶의 질 향상 위한 교양교육: 과정 특성에 따라 1일~6개월(농촌지역 중심)

- 교육과정 및 방법은 NCS 기반 교육과정으로 운영하되 대학 ·

학과의 특성, 학습자의 수요 등을 고려하여 다양한 학위과정 및 비학위과정으로 구성하며 선택적 이수할 수 있도록 교과운영을 모듈식으로 수준화. 현장실무교육의 특성과 강점을 발휘할 수 있는 프로젝트 수업 및 PBL, 캡스톤 디자인, 현장실습 및 실무교육 등 적극 활용. NCS 기반 학습모듈 조합방식으로 교육과정 편성.

- 교육이수 후 자격 인정은 프로그램의 적용 대상 및 내용에 따라 학위취득, 취업 및 창업 지원, 직무향상 등 다양하게 설정. 학점 및 학위 부여, 국가자격, 국가공인 민간자격, 민간자격 이수증 등 발급. 정부 지정 민간자격 금지 과목에 해당되는 자격 과정은 개설을 제한. NCS 기반 교육과정에 기반한 과정이수형 자격제도는 추후 정부의 제도 운영 방안과 연계하여 시행.

- 교수자 지원 역량 강화는 교육과정 운영 및 교수기법 역량강화, 강의 및 사업 참여자는 인센티브 제공. 산업현장 전문가(전임교원급) 교원으로 적극 임용해 활용, 가디언스 및 멘토링-튜터링 제도 적극적으로 도입 활용.

- 학습자 지원 역량 강화는 선행경험학습인정제(RPL) 및 학점당 등록제 도입 운영, 대학 내 평생직업능력 선도교육 관련 전담부서 및 전문인력 배치(평생교육사, 직업상담사 등), 기초학습능력 취약자 보충교육 프로그램 운영.

- 취업자 지원 역량 강화는 고용보험기금을 활용한 재직자 교육비 지원, 실직자, 청년실업자 등 취업 취약계층 무상교육 범위 확대, 취업 취약계층 복지지원시스템 구축, 성인 학습자의 학습·진로·취업상담 및 사후관리 강화, 소도시 및 농촌지역 지원 강화, 구직 산업계 홍보 및 정보제공 기능 강화.

- ❑ 협력 네트워크 구축: 지역 유관 기관과의 협력 체계 구축. 지역

유관 기관(지방자치단체, 지역산업체 등)과 협력관계를 공고히 하여 지역사회의 산업구조와 부합하는 직업교육 운영 시스템 구축, 지역의 전략산업과 연계 유도.

- 지역사회 고용 및 일자리와 연계한 사업 추진: 지역 실정을 고려한 고용 및 일자리와 연계 추진, 지역 경쟁력 제고를 위한 일자리 창출 중요성 강조.
- 중앙정부·지방자치단체 및 지역 특성을 고려한 연계 강화: 교육부·여성가족부·고용노동부 등 중앙정부와의 협업 강화, 지방자치단체, 지역인재 육성조직(RHRD)과 연계한 자체 사업추진 역량 확보.

2. 한계 및 과제

❏ 본 연구에서 평생직업 교육대학(Lifelong Vocational Education University)이란 '직업생활에 필요한 전문성 신장을 필요로 하는 전 국민을 대상으로 근로생활 도중 지식을 최신 수준으로 향상하여 맞춤형 직업능력개발을 위한 평생직업교육을 제공하는 고등직업 교육기관'으로 정의한 바 있음. 이를 전제로 다음과 같은 내용을 포함함.

- 미래 연구를 통해 평생직업 교육대학의 정의 속에 '고용 가능성'(employability)에 대한 개념이 포함되어야 기대지평을 확장할 수 있다고 판단함.
- '고용 가능성'이란 '개인의 고용안정을 획득할 가능성이 높아지거나 선택한 직업에서 성공할 수 있게 해주는 성취, 이해 그리고 개인 속성의 집합'으로 정의됨.
- 고용 가능성의 차원은 직장으로의 접근과 현장실습을 위한 탐색 과정, 직장으로부터의 필요조건과 개인의 역량 간 매치, 미래 직장에서 요구하는 것과 개인의 역량 간 적절성 유무, 특정

학습자들을 위해서 직장으로의 안정적 접근성을 확보하기 위한 기업의 사명, 개별 학습자의 학습능력 유연성, 자아촉진과 경력 관리 스킬과 같은 개인 속성의 개발, 학습에 관한 반영과 학습 의지 등을 포함하는 개념임.

❑ 지식사회로의 전환 및 기술의 급격한 발전에 따라 인적자원 개발이 학령기의 정규교육과 직업교육훈련 간 계속적인 이동(transition)을 통해 이루어지기 때문에 직업교육 선진국의 흐름을 좇아 원하는 학습 수요자들에게 생애에 걸친 평생학습 및 평생직업교육의 기회를 제공해야 함. 특히 OECD 국가들은 최근 평생학습을 중심으로 다음과 같은 4가지 영역에 초점을 두고 있음.

- 다양한 학습결과의 인정: 프랑스에서는 1985년부터 비형식적 학습과 경험적 학습을 파악하고 평가하는 체제의 도입을 위한 법적 토대를 마련하고, 근로자가 그들의 동기와 태도 및 직업적·개인적 능력을 평가받을 수 있는 권리(Bilans De Compétence)를 제공하고 있음.

- 생애에 걸친 학습을 위한 성인 학습자의 동기화 마련: 일반적으로 성인은 학습이 자신의 경험과 관련되거나, 그들의 생활맥락과 연계되거나 스스로 학습내용을 선택·통제할 수 있을 때 동기화가 이루어진다는 점이 확인되고 있음. 스웨덴 국민고교(Folk High School)에 의하면, 성인은 학생이 사용하지 않는 시설을 선호함. 스웨덴의 국민고교, 덴마크의 AMU 및 VUC 센터, 호주의 TAFE(기술 및 계속교육; Technical and Further Education) 등은 성인 중심 학습의 장을 별도로 만들어 성인 참여를 높일 수 있음을 보여주는 사례임. 호주는 대규모의 성인 친화적인 비대학 수준의 제3차 교육체제를 갖춘 TAFE대학이 주축임.

─ 대부분의 학생은 정시제로 등록하고, 학생당 연평균 200시간 정도 참여하며, 주간과 야간에도 개설하며, 주말반도 운영됨. 코스는 모듈식으로 개설되며, 학생들은 전체 과정뿐만 아니라 특정 모듈에 등록할 수도 있음. 3분의 2 정도의 학생만이 국가자격 프로그램에 등록하며, 나머지는 국가자격과 관계없는 프로그램을 선택함. 입학요건이 탄력적이며, 일반적으로 고교졸업장뿐만 아니라 직업경험도 인정됨. 평가 절차도 단력적이어서 전체 평가의 6% 정노는 이전 학습이 평가와 다른 곳에서 이수한 교과의 학점 인정을 통해 이루어짐.

■ 성인 대상 학습기회의 형평성 제고: 성인의 경우 OECD 국가에서 3분의 2 정도가 조직된 학습활동에 참여하지 못하고 있으며, 이러한 직무관련 훈련이 정규교육수준의 불균등을 강화하는 경향으로 작용함. 이는 정규교육의 높은 수준과 균등한 분포가 성인의 학습 참여를 장려하는 중요한 기반이 되기 때문임. 작업장 등에서 학습기회를 높이기 위해서는 근로자 훈련프로그램과 함께 직무 및 기업의 조직과 구조가 능력개발과 학습을 장려하는 방향으로 되어 있는지에 초점을 맞추어야 함. 캐나다 및 미국과 같이 다양한 세 번째 단계의 교육체제를 가지고 있는 국가는 세 번째 단계의 교육 참여율도 높음. 스웨덴에서 1996년 중퇴자나 직업경험자에게 개방되는 단기의 제3차 교육직업과정이 도입되었고, 핀란드에서는 더욱더 직업 중심적인 세 번째 단계의 교육을 제공하기 위해 폴리테크닉을 도입함.

■ 재원 유입 및 활용 효율화: 영국과 프랑스, 미국에서는 세 번째 단계 수준의 학습과 성인학습에서 새로운 개념을 도입하고 있음. 영국의 개인학습계좌(ILAs, Individual Learning Accounts)

는 개인이 학습을 위해 공공예산에서 보조하거나 할인해주며, ILA 지원을 받는 학습자는 중개 및 정보제공 조직체인 Learn direct 서비스를 통해 학습 옵션을 선택할 수 있음. 미국에서는 교육 세금공제를 크게 확대하여 학습자들이 직업교육 경비 일부를 그들이 세금에서 공제받을 수 있도록 하고 있으며, 학습자가 직업교육기관에서 단 하나의 과정 모듈에 등록하는 경우에도 혜택을 받을 수 있도록 되어 있음.

❑ 평생학습 차원에서 개인이 하나의 자격을 성취하려는 목적을 가지고 있을 때, 학습성과를 평가하여 이를 학점으로 축적하는 방안을 마련해야 함.

■ 학점의 축적과 이전: 학점 축적이 하나의 학점체제 안에서 학점의 수집을 언급하는 것이라면, 학점 이전은 하나의 학점체제 안에서 혹은 다른 학점체제에 대한 제도 그리고 특정 자격을 얻기 위해서 학점의 주어진 양을 성취하는 목적을 가진 제도에 있어 학점을 이전하는 과정을 언급함. 성공적인 학점이전은 협약을 통해 이루어짐.

❑ 학습자는 모듈 혹은 교육프로그램의 성공적인 이수를 하게 되면 학점을 얻게 됨.

■ 비형식과 무형식 학습의 인정에 관한 공통원칙 마련이 시급함. 유럽연합에서는 2004년 공통유럽원칙을 마련함. 유연한 학습경로를 허용하고 운영하는 것이 필요함.

❑ 선행학습 인정(Recognition of Prior Learning, RPL)이란 학습공동체(Communities of Practice, CoP) 중심의 상황학습(Situated Learning)이라 할 수 있음. 이때 중요한 것은 '합법적인 실체의 참여'로부터의 성공적인 학업 이수임. 선행학습 인정은 공식적 인정과 사회적 인정으로 구분됨. 공식적 인정은 자격의 수여 혹은 학점을 통해

지식, 스킬, 역량의 공식적인 지위를 획득하는 과정이며, 사회적 인정이란 경제 및 사회 이해당사자에 의한 스킬 혹은 역량의 가치를 얻는 것임.

❑ 직업교육을 위한 모든 협의체 안에서 질 보증을 위한 협력이 더 촉진되어야함. 또한 산업체에서 주도되는 현장실습의 학점화, 산업체 근무경력 등을 학점으로 인정하는 방안을 마련하여야 함.

- 고등교육법 23조: 학점 인정 관련 법령이나 평생교육 관련 법령에 따라 취득한 학점과 다른 힉교·연구기관 또는 산업체 등에서 수행한 교육, 연구, 실습 또는 근무경력 등을 재학 중인 학교에서 취득한 학점으로 인정할 수 있도록 하는 방안.

❑ 평생학습 관련 프로그램인 코메니우스(Comenius), 레오나르드 다빈치(Leonardo da Vinci), 에라스무스(Erasmus), 그룬투비(Grundtvig) 등의 관련 프로그램을 벤치마킹할 필요성이 있음.

❑ 전문대학은 학령기의 학생을 교육대상으로 하는 학생대학에서 사회 일반인을 대상으로 하는 성인대학(Adult university)으로 전환할 시기에 놓여 있음.

- 대학은 사회엘리트를 양성하는 교육기관이라기보다는 성인 학습자들을 위한 대중고등교육(mass higher education)을 실시하는 교육기관임(Bourgeois et al., 1999). 대학의 사회교육과 관련된 개념으로는 대학확장(University Extension), 대학개방(University Open), 대학성인교육(University Adult Education), 성인계속교육(Adult Continuing Education) 등을 들 수 있음.
- 향후 전문대학은 지역주민을 대상으로 하는 기능, 대학의 지역사회로의 공헌 등을 강화함으로써 지역주민의 역량도 강화시키는 방안을 함께 연구해야 함. 그 이유는 개별 전문대학이 처한 지역산업의 인재 양성이 더욱더 중요해지기 때문임.

❏ 전문대학에 설치되어 있는 평생교육기관은 대학의 평생교육원과 같은 형태임. 그러나 이러한 기관들이 평생교육 본래의 목적보다는 재정 수입원으로 인식되는 상업주의적 경향을 보인다는 비판을 받고 있으며, 받을 가능성이 높아지고 있음.

■ 대학 정규교육 프로그램에 비하여 대학 평생교육원 프로그램을 비하하는 경우가 있음. 즉 대학 평생교육원 강의를 그 대학교수가 담당하기를 꺼려하거나, 별도의 교육시설 및 기자재를 확보하지 않은 채 유휴시설과 장비를 활용하는 것을 당연하게 여기고 있음.

■ 평생직업 교육대학은 독학학위제, 학점은행제, 시간제 등록제, 취업자 특별전형, 평생학습 중심대학, 사내대학, 산업에 위탁교육, 대학부설 평생교육원, 방송통신대학교, 산업대학교, ICT 활용 이러닝 등 매력적인 고등직업교육 차별화를 항상 염두에 두어야 함.

❏ 평생직업 교육대학은 저소득층 등 사회적 약자계층의 학습 의지나 수요가 어떠한지를 파악하여 정책우선대상(Target Group)을 선정하고, 이들을 위한 프로그램 제공보다는 다양한 프로그램을 이들이 수강했을 때 학습비를 지원하는 방안도 함께 연구해야 함. 성인 학습자를 위해 시공간적 제약을 완화해줄 수 있는 출장강의 허용 등의 학점은행제 관련 제도의 개선도 필요함.

❏ 성인(25~64세) 학습자(OECD 기준)의 자유로운 입학이 가능한 유연한 시스템을 만드는 방안이 필요함. 더불어 대학생들이 본인이 필요로 하는 교육을 평생교육원에서 수강하여 학점으로 인정받는 방안, 평생교육원 수강생의 일정 수준 이상의 학점과 평점을 이수할 경우 대학 정규과정에서 수강하는 기회의 부여, 대학생과 성인 학습자의 학점 호환 과정, 재직자의 일터학습을 통한 선행학습경험의 학점

인정 방안 등도 함께 제안될 필요가 있음. 성인 학습자를 비롯한 다양한 학습자를 어떻게 받아들여 어떠한 프로그램을 제공할 것인지, 성인 학습자의 학습권 회복 및 이미 대학을 나온 직장인들의 직업적 필요를 어떻게 충족시켜 교육복지를 실현할 것인지도 분석되어야 함.

❑ 기존 대학이 평생직업 교육대학으로 변화하기 위해서는 다음 내용을 참조하면 시사점을 제공받을 수 있음(37th EUCEN European Conference). 학습자를 위한 지속적인 지침의 제공, 유연한 학습경로의 제공, 지나친 분절을 피하고 학문 간 고취를 허용하며, 생애에 걸친 연속과 진전을 보증하기 위해 코펜하겐 프로세스(예, 학점체계, 학습결과, 사전 학습인정, 비형식과 무형식 학습 등) 등을 원용하여 제안된 기회를 탐색해야 함.

- 학습자에게 제공되는 서비스에 대한 투자를 늘려야 함. 지도와 상담, 비형식과 무형식 학습의 인정, 지원 프로그램, e-러닝 등에 대한 투자도 확대되어야 함.
- 담당 직원에 대한 투자: 이러한 활동에서 이해당사자의 관여를 포함하여 경영자(변화에 대한 조언), 교수자(적용 규정의 정교화), 직원(접수, 지도, 상담을 담당하는 사람에 대한 특별한 조치)에 대한 지원과 투자가 이뤄져야 함.
- 지식활동을 독점하지 않으면서 지식 공유와 교수법 공유에 있어 상이한 이해 당사자(기타 교육기관, 노조, 전문기관, 기업과 지역 권위기관)가 참여하는 네트워크를 구축하고 관리해야 함.

(2012. 5)

제5장

선진 교육복지
패러다임에 부응한
고등직업교육(전문대학
교육) 현안의 재구조화

Ⅰ. 문제 제기

2015년 기준 전문대학 수는 4년제 일반대학(189개교) 대비 41% (137개교, 입학정원 기준 37.5%)다. 하지만 평균 취업률은 일반대학에 비해 5% 정도 높다. 정부재정지원 규모는 4년제에 비해 10% 수준으로 매우 낮은 편이다. 재정지원의 경우, 일반대 9조, 폴리텍 2조 8천, 전문대 1조 1천억 원이고, 학생 1인당 국고지원액은 일반대학 550만, 폴리텍대학 1,650만, 전문대학 240만, 평균은 460만원 수준이다. 고용보험기금 확보도 논의에 비해 진전이 없는 경우다. 이러한 취약 기반을 상쇄하기 위해 현 정부는 전문대학을 고등직업교육 중심기관으로 양성하겠다는 의지를 보여 왔다.

2013~2017년 특성화사업 100개교, 산업기술명장 대학원 설치, 평생직업 교육대학 운영, 세계로사업, 파격적인 재정지원 확대 등의 계획을 내놓았다. 하지만 NCS에 기반한 평생직업 교육대학 운영프로젝트도 비학위과정 운영, 학점은행제, 선행학습인정제, 민간기업 모듈식 교육 인정 여부 등이 쉽지 않은 상황이다.

그림 5-1. 전문대학과 일반대학의 규모 차이[36]

---

36) 교육부 대학발전기획단, 2013.

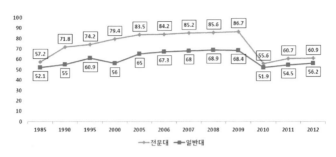

그림 5-2. 전문대학과 일반대학의 취업률 추이[37]

정책적 기조에 편승한 외형적, 단편적 진전은 있었으나 내용이 튼실한 입체적 성장에는 여전히 미흡하다. 지속가능성을 보장받지 못하고 있는 실정이다. 나라 살림이 어려운 관계로 정책의 일관성이 지켜지지 못하는 측면도 있다.

특성화사업 100개교 육성사업도 결국 취업률 위주 학과로의 구조개편을 통한 '구조조정+취업률 80% 달성' 전략의 일환으로, 지역 성장동력 확보와 연동하는 진정한 의미의 특성화 대학 육성과는 일정한 거리가 있는 측면도 있다.

구미 선진국이 세계적인 불황의 파고에 대한 해법을 직업교육에서 찾고 있지만, 우리의 경우는 여전히 4년제 일반대학 중심으로 운영되고 있다. 미국의 경우 버락 오바마 정부는 2010년부터 한화 13조원 규모를 10년 계획으로 4년제 일반대학이 아닌 전문대학(community college) 직업교육에 쏟아붓고 있다. 수업연한도 대학 특성과 강점, 직업수요에 대한 탄력성, 직업교육적 기능과 역할에 따라 1년제에서 4년제, 심지어 석사과정에 이르기까지 다양화하여 자율적으로 시행하고 있다.

예컨대 자동차학과의 경우, 기초정비기능은 1년제, 조립기술까지는

---

37) 교육부 대학발전기획단, 2013.

2년제, 캡스톤설계 과정은 3년제, 디자인과 마케팅까지는 4년제로 운영하는 식이다. 12시간 30분 걸리던 자동차 한 대의 조립공정이 1시간 30분대로 줄어든 첨단기술시대에 우리의 고등직업교육 운영 행태는 70년대 전문대학 출범 시기에서 크게 벗어나지 못하고 있다.

이번 정부의 전문대학 집중육성 방안에는 구조조정과 관련된 내용이 포함되어 있다. 2014년부터 실행에 들어간 특성화 전문대학 100개교 육성사업 이면에는 나머지 39개교에 대해 재정지원을 하지 않겠다는 전제가 깔려 있다. 이는 역 인센티브를 활용하여 구조조정을 실현하려는 취지다. 이런 사정을 반영하여 저출산, 고령화에 따른 학령인구 감소 추세로 인해 교육체제가 당면하게 될 문제를 예측 진단하고 이에 효과적으로 대응하기 위한 교육 부문 구조조정 방안 모색에 주목한 "학령인구 감소 대비 교육 부문 구조조정 전략에 관한 연구"(한국교육개발원, 2011)는 설득력을 갖고 있다. 이 연구는 산업변화에 부응하는 인력 양성 체제 구축을 기반으로 대학 구조조정 추진 현황과 문제점 분석, 개선방안 제안, 학령인구 감소에 대비한 입학자원 다변화 방안, 외국인 유치 확대 정책 등을 제시하고 있다.

평생직장이 사라진 평생직업시대에 고등교육이 감당할 또 하나의 몫은 평생학습과 성인교육이다. '일터에서 학교로'의 역할과 기능을 대신할 '평생직업 교육대학' 프로젝트에도 입학정원 감축이 연동되어 있다.

최근 연간 전문대학 정책의 초미의 관심사는 수업연한 다양화다. 이는 2년제에서 4년제로의 단순한 양적 연한 확대에 있지 않고 산업수요에 부응하는 맞춤형 교육과정인 NCS(국가직무능력표준, National Competency Standards)구현을 통해 질적으로 심화된 전문교육과정을 만드는 데 그 취지가 있다. 모듈(module) 단위의 세분화한 교육과정을 단기간에 어떻게 실현할 수 있을지, 교양 정신과 인성

함양은 어떻게 담보할 수 있을지는 과제다. 새 정부의 고등교육정책의 기조는 지방대학과 전문대학을 축으로 대학의 강점과 기회 요소를 정성적으로 고려하고, 부처 간 협조(collaboration) 체제를 구축하는 데 두고 있다. 전자는 대학 평가와 재정지원을, 후자는 취업을 염두에 둔 개념이다.

미래 사회 변화에 부응하기 위한 한국교육 비전과 목표에 관한 키워드는 다음과 같이 크게 인적자원 개발, 평생학습사회 구축, 교육복지사회 지향 등에서 찾을 수 있다.

표 5-1. 미래 사회 변화에 부응하기 위한 교육 비전과 목표[38)]

미래 사회 변화에 부응하기 위한 교육 비전	인적자원 개발	개인이 생애에 걸쳐 다양한 학습과 경험을 거치면서 능력과 역량을 증진하고 교육적 자산을 축적하여 스스로 가치를 높이는 것을 의미
	평생학습사회	사회 구성원이 언제 어디서나 원하는 학습을 통해 스스로 능력과 역량을 키워나갈 수 있는 기회를 제공하고 제반 조건을 지원하는 사회
	교육복지사회	인적자원 개발을 위한 학습기회에 있어 누구도 소외되지 않는 사회
교육 비전과 목표 실현을 위한 과제	고등교육 재구조화, 질 관리	수요자 중심의 교육체제 구축, 고등교육 지배구조 혁신, 고등교육 질 관리 체제 구축
	유연한 교육체제 구축	학교교육과 학교 밖 교육의 경계 허물기, 생애교육과정과 능력인증제 구축
	교육복지 강화	소외 계층을 위한 조기 개입과 가정교육 기능 개선 지원, 부처 간 통합적 정책 추진

상기 내용을 요약하면, 대학 평생교육체제 개편(학령기 교육 중심에서 평생에 걸쳐 학습하는 체제로 전환), 수요자 중심의 교육체제 구축 및 고등교육 질 관리 체제 구축, 사회취약계층(소외계층) 대상

---

38) 한국교육개발원, 2007.

교육프로그램의 설계 및 운영 확대 등으로 구분할 수 있다.

특히 교육 비전과 목표 실현을 위한 과제 중 '교육복지 강화'는 최근 들어 그 중요성이 부각되고 있다. 고등교육 부분만 보더라도 교육 격차 해소를 위해 대입전형과 취업 시 사회적으로 불리한 계층을 배려하는 적극적 차별 시정 정책 도입, 소외계층 성인을 위한 평생학습 기회 확대, 교육격차 완화 정책 추진을 위한 교육복지 법제 구축, 고등교육 재정지원 제도 구축 등 굵직굵직한 현안이 추진 과제로 등장하고 있다.

본고는 이러한 정부 정책 기조를 바탕으로 40여 년을 목전에 둔 전문대학의 현재 위상을 더듬어 보고, 현안 위주의 재구조화를 통해 활성화의 출구를 제시하는 데 목표를 둔다.

II. 전문대학의 발전 도정과 현재적 위상

고등교육 실현기관으로서 직업교육을 담당하고 있는 전문대학은 40여 년을 목전에 두기까지 명실공히 5백만 산업인력을 양성한 중추기관으로서 소임을 다해 왔다. 전문대학 교육 30년의 콘텐츠를 주요 항목으로 분류하면 교육이념과 목적, 학사 및 교육과정, 정원정책 및 입학전형, 교수, 학생, 교육재정, 산학협력, 평생교육, 평가와 재정지원사업, 행정 및 시설지원 등으로 구분할 수 있다. 2010년 1월 발행한 ≪한국 전문대학교육 30년사≫(2010.1)에 의거해 그간의 족적을 10여 개의 의제로 설정하자면 다음과 같다.

우선 통합 명칭으로서 '전문대학' 체제로의 개편이다. 1979년 3월, 문교부는 초급대학을 일반대학으로, 혹은 전문대학으로 개편하고 실업고등전문학교와 전문학교를 전문대학으로 통합 개편했으며, 각종 5

년제 대학은 폐지했다. 이로써 2년제 단기 고등직업 교육제제가 통합, 출범되었다.

두 번째는 한국전문대학교육협의회 설립이다. 1988년 5월, 문교부로부터 한국전문대학교육협의회(약칭 전문대협의회)가 사단법인으로 설립 허가를 받았다. 전문대협의회는 전국사립전문대학장연합회(1979. 4), 전국전문대학장협의회(1986. 12), 전국전문대학교육협의회(1987. 4)로 명칭을 변경해 왔다. 1987년 11월, 서울시 영등포구 여의도동 24의 2(월드비진 빌딩)에 사무실을 개소했고, 2002년 8월, 서울시 중구 중림동 500번지 대우 디오센터 7층으로 이전해 현재에 이르고 있다. 1995년 12월엔 특별법인으로서 '한국전문대학교육협의회법'을 제정하였다.

세 번째는 ≪전문대학교육 10년사≫ 발간을 손꼽을 수 있다. 1994년 8월 전문대학체제로 전환한 지 10주년을 기념하여 ≪전문대학교육 10년사≫를 발간했다. 이 책은 전체 4편으로, 1편-전문대학의 전사, 2편-전문대학의 발전, 3편-전문대학 교육활동, 4편-전문대학의 미래상으로 구성돼 있다. 권상철 당시 전문대학교육협의회장(당시 안양과학대학장)은 발간사에서 "이 책자는 새로운 역사를 만나면서 온고지신의 거울 앞에 새롭게 조명될 것이며 내일로 향하는 새로운 도약의 나침반이 될 것"이라고 그 배경을 밝히고 있다.

넷째는 전문대학 졸업자에 대한 '전문학사학위' 수여다. 전문대학 졸업생에게 1996년 12월 전문학사학위 수여가 결정됐다. 종전에는 4년제 대학 졸업자, 석사 및 박사학위 수여자에게만 학위가 주어졌었다. 이듬해인 1997년 2월, 안병영 교육부장관이 동양공업전문대학 졸업식에 참여해 전문학사학위를 직접 수여하기도 했다.

다섯 번째는 국가 단위의 전문대학 특성화를 위한 재정지원사업이 실시된 점이다. 1997년 이후 교육기본법·고등교육법·사립학교법에 근거하여 국가재정 지원사업이 수행되었다. 특성화사업, 향토기반사업, 우수공업계대학 지원사업, 실업계고교 연계사업, 산학협력취업 약정제, 주문식사업 등이 대표적이다. 전문대학 특성화사업은 4년제 대학에 비해 20% 수준이었지만 직업교육의 내실화·전문화·다양화를 유도하는 데 기여했다. 2008년부터는 '교육역량 강화사업'이라는 명칭으로 변경해 직업교육 역량, 조직운영 역량, 성과창출 역량으로 구분했다.

여섯 번째는 고등교육법 제정 및 전문대학 교육목적의 혁신, 변경이다. 기존 교육법 중고등교육 관련 조항을 분리하여 내용과 체계를 정비하기 위해 1997년 12월 '고등교육법'을 제정하였다. 이때 전문대학 교육목적이 중견 기술인 양성에서 전문 직업인 양성으로 변경되었다. 이와 함께 전문대학 명칭을 대학별로 자율적으로 사용하게 되었고, 전공심화과정도 도입되었다.

일곱 번째는 4년제 일반대학과 동등한 교수자격, 호봉 등 단일화가 추진된 것이다. 2002년 1월, '교수자격기준등에관한규정'(대통령령 제17486호)이 제정되면서 전문대학 교원과 4년제 일반대학 교수의 교수자격 및 호봉 등이 단일화되었다. 2004년 5월엔 전문대학 교원 보수 규정 및 여비 규정이 마련되었다.

여덟 번째는 전문대학의 위기와 문제점을 진단하고 새로운 활로를 모색하는 데 초점을 두고 출범한 '전문대학 교육혁신운동본부'이다. 이는 2005년 5월, 산업인력 양성을 위한 고등직업 교육체제 혁신방안 일환에 목적을 두고 출범됐다. 이때 핵심 현안은 대학교육을 학문중심대학과 산학중심대학으로 나누고, 전문대학의 수업연한 다양화(1~4년), 학사학위 전공심화과정 도입 등이었다.

아홉 번째는 비로소 전문대학에도 학사학위 과정이 도입된 것이다. 2007년 7월, 고등교육법 개정에 따라 2008학년도부터 학사과정을 설치하게 됐다. 1998년 비학위 전공심화과정(1년) 개설을 거쳐, 10여 년의 노력 끝에 66개 대학, 242개 학과에 6,830명을 모집하게 됐다. 이 제도의 도입은 고등교육의 보편화 시대를 맞이하여 학생들의 기초학습능력 저하, 산업사회의 요구 다양화, 일반 4년제 대학의 하급 교육기관이라는 낙인효과, 능력보다는 학력위주의 사회적 인식, 일반 4년제 대학의 전문대학 특성화 학과 개설로 인한 전문대학 고유의 역할과 기능 붕괴 위기 등에서 그 이유를 찾을 수 있다. 이미 2002년 엔 3년제 학과가 도입, 운영되었다. 한편 2011년엔 대다수 전문대학 간호학과가 4년제를 도입하였다.

열 번째로 전문대학 기관장 명칭이 총장으로 격상되었고, 학교 명칭도 대학교를 병행하여 사용할 수 있게 되었다. 2009년 2월, 종전의 전문대학 기관장 명칭인 학장이 총장으로 변경돼 사용되었다. 2009 년 1월 13일 국회 본회의에서 통과되었다.

표 5-2. 고등직업교육 중심기관으로서 전문대학 육성 방안[39]

특성화 전문대학 100개교 육성	전문대학이 산업기술 인력, 서비스산업 인력 등 산업 분야별 핵심인력을 길러낼 수 있도록 대학·학과별 특성화 유도
학위과정 및 수업연한 다양화	전문대학 학제의 유연성을 확대하고 고령화 사회에 대응한 평생직업교육 강화 등 기능 다변화 도모
산업기술명장 대학원 설치	전문기술, 기능 보유자 등을 대상으로 특수대학원 과정을 설치, 운영하여 숙련 기술의 발전 기회 제공
평생직업교육 대학 육성	전문대학 중 일부를 100% 실무형(평생직업 교육대학)으로 전환하여 평생학습 핵심기관으로 육성(창업보육, 자격취득 지원, 중소기업 공동 교육실습 제공 등 비학위 과정을 중심으로 성인 친화적 교육과정 운영)
세계로 프로젝트 추진	국내 학생과 외국인 유학생을 대상으로 해외산업체 맞춤형 교육을 실시하고 해외산업체에 취업하는 GHC(Global Hub College) 사업 확대 (전문대학생 해외연수사업의 경우 해외취업과 연계성 제고)

---

39) 교육부 대학발전기획단, 2013.

현 정부 들어 고등단계 직업교육, 전문대학에 대한 관심 증대와 지원 확대가 실질적인 차원에서 이루어진 것은 사실이다. 이는 구체적으로 각종 대학 평가지표 관리체계의 구축, 대학 및 학과 특성화 추진, 산업체 및 지역사회와의 협력관계·연계성 강화를 통한 맞춤형 교육과정의 설계 및 운영, 지속적 교육품질 관리시스템의 구축 및 운영, 대학 평생교육체제 확립, 교육과정 및 학사제도의 다양성 추구와 맞물려 있음을 파악할 수 있다.

이렇듯이 전문대학의 역사에 힘입어 현재적 관심으로 부상하는 고등직업교육의 미래는 대학 무한경쟁시대와 구조조정 국면에 들어서면서 기회와 위협을 동시에 안고 있다. 요컨대 전문대학의 기회 요소는 오로지 '고등직업교육의 질 관리 강화'에서만 찾을 수 있다. 고령화, 개인주의, 질적 행복, 개성, 평등, 문화(레저 및 여가), 웰빙 추구 등 시대적 키워드가 요구하는 계속교육과 평생교육 기능 강화, 산학협력 활성화 정책 추진, 의료보건, 복지, 서비스 산업 성장, 과학기술의 발전에 따른 고등교육 방법론 혁신 요구, 국제적 수준의 교육 체계 구축 등에서 활력을 도모할 수 있다.

표 5-3. 전문대학의 현안 문제와 개선방안[40)

	문제점	개선방안
정책 내용	▪ 학령인구 감소, 입학자원 부족 ▪ 낮은 사회적 인식 및 관행 분야 차별 ▪ 자격제도, 고용분야 차별사항 존재 ▪ 4년제 대학과 비교 재정지원 차별 ▪ 고등직업 교육정책, 평생교육정책 미비	▪ 재정지원 등 교육 관련 법 제·개정 ▪ 고등직업교육 학제 개선 ▪ 규제 및 채용, 선발, 임금, 승진 차별 철폐 ▪ 국가직무능력표준 체제 구축 ▪ 성인 학습자 행·재정적 지원 강화
교육	▪ 전공·교양, 이론·실습 교육내용 부실성	▪ 교육과정 운영 모듈화, 다양화

40) 한국교육개발원 외 요약, 2014.

내용	▪ 학사운영, 수업연한 경직성 ▪ 교육과정 모방성, 획일성, 형식성 ▪ 현장실습 질 관리 미흡 ▪ 산업체 맞춤형 교육과정 부재 ▪ 입학생 수학능력 저하 ▪ 성인 학습자 등 입학자원 발굴 노력 부족	▪ 수요자 중심의 주문식·맞춤형 교육과정 전환 ▪ 직업교육 질적 수준 제고 ▪ 교양과정 및 기초학습능력 강화 ▪ 성인 학습자 수용 체계 구축 ▪ 주말, 계절, 사이버 교육 활성화 ▪ 교수의 실기지도능력 강화
산학 관계	▪ 산학연관협력 부진 ▪ 기업체 참여의사 부족 ▪ 산학연관 협력체계 구축 미흡	▪ 산학협력 중심 기능으로 전문대학 체계구축 ▪ 대학 간 상호협력체계 구축 ▪ 지역사회 중심대학으로 기능 강화
재정 지원	▪ 재정 및 시설·설비 부족으로 교육여건 악화 ▪ 재무구조 취약	▪ 유휴시설, 공간 효율적 활용방안 마련 ▪ 발전기금 유치, 교육 인프라 개선

전문대학을 위협하는 요소로는 학령인구 감소에 따른 입학자원 감소, 구조조정 및 퇴출 가능성 심화를 근간으로 야기되는 대학 간 자율경쟁 유도를 통한 시장원리 적용, 획일적인 발전 모델의 적용으로 인한 경쟁 과열, 경기침체, 산업구조 변화, 실업률 증가, 취업률 하락, 대학교 및 대학원 졸업자 등 전문가 수요 증대, 등록금 인상 억제, 교육원가의 상승, 학벌주의, 직업교육 경시 풍조 만연, 전문대학의 교육과정을 모방한 일반대학의 대체교육체제 증가 등을 꼽을 수 있다.

이러한 제반 현황을 기초로 현 단계 전문대학의 문제점을 짚어 개선사항을 대안으로 제시하면 다음과 같이 요약할 수 있다.

Ⅲ. 전문대학 현안 우선순위 설정과 재구조화

현 정부 정책의 전문대학 정책 내용은 교육체제 개선(대학운영 자율화), 구조조정(재정지원제한, 학자금 대출제한, 경영 부실 대학 지정), 교육여건 개선(특성화사업, WCC), 교육의 질 관리(정보공시, 평가인증, 자체평가, 구조개혁평가, 전공심화평가), 산학협력(LINC, 학교기업육성), 국제화(GHC, 유학생 유치 관리역량 인증제), 평생교육(평생직업 교육대학, 평생교육 활성화 지원) 등으로 분류할 수 있다. 그런데 경쟁이 과열하다 보니 차별적 지원이 가속화해 대학 간 부익부빈익빈 현상이 심화되는 운영상의 문제점을 드러내고 있다.

표 5-4. PEST 기법에 의거한 전문대학 정책 환경

정치·정책·법률적 환경 (Political-Legal)	▪ 대학 평가 및 구조개혁에 관한 법률안 국회 계류 중 ▪ 세계적인 대학 구조개혁 추세
경제 환경 (Economic)	▪ 학력별 전공별 중장기 인력수급 전망에서 고등교육 부문의 초과공급 전망 ▪ 대졸자의 노동시장 진입 어려움으로 인한 사회적 비용 발생 ▪ 대졸자의 학력 및 스킬 미스매칭 현상으로 인한 노동시장 영향
사회문화 환경 (Social)	▪ 학령인구 감소로 인한 고등교육 충원율 지속적 감소 ▪ 학생 등록금 부담 완화를 위한 대학재정투명성 및 학교법인 책무성 대두
과학기술 환경 (Technological)	▪ 과학기술 변화에 따른 대학·산업계 간 미스매칭 현상 야기 ▪ 창조경제 구현을 위한 산업간·학문간 융복합 필요성 대두 및 그에 따른 대학교육의 학제, 학과 단위 등 개편 필요

향후 세계 명문 직업교육기관을 육성하고 계속직업 교육체제를 구축하려면, 정책은 전문대학의 사회 안전망 기능 강화, 지식기반 산업 핵심인력 양성 지원, 산업현장의 요구를 반영한 교육목표와 교육과정 수립 및 운영 지원, 지자체-지역산업 간 연계 특성화 연계 지원, 평생 직업능력 향상, 평가지표 개선 및 지원방식의 변화를 추구해 나가야 한다.

요컨대 고등직업 교육기관으로서의 정체성 확립을 위해서는 지속적인 교육품질 개선 시스템 구축, 대학 평생교육체제 확립, 국제적 수준의 교육과정, 방법 도입-운영, 지방자치단체 및 지역산업과 밀접

한 연계 체제 구축, 산학협력 활성화 추진, 교육과정의 다양성 추구 (성인 학습자, 유학생) 등을 통해 고등직업교육의 혁신을 도모해야 한다. 전문대학 정책환경을 분석하는 체크리스트로서 PEST 기법을 원용하면 다음과 같이 도식화 할 수 있다.

고등직업 교육기관으로서 전문대학에 관한 가장 최근 연구 성과인 "능력중심사회 실현을 위한 전문대학의 역할과 과제"(경남정보대학교 건학 50주년 기념 춘계학술대회, 2015. 5. 22)와 구자길의 "NCS 기반 과정평가형 자격제도 운영방안"은 현 단계에서 전문대학의 위상을 점검하고 미래 비전을 문제적으로 제시하고 있다는 점에서 주목을 요한다.

그는 우선 전문대학이 안고 있는 내외부적 환경요인으로 ① 고등직업 교육기관 간의 경쟁 심화 및 정체성 확립, ② 학령인구 감소에 따른 전문대학의 역할 변화로 평생직업교육 역할 수행을 들고, 이는 교육내적 질적 개선을 도모해 극복해야 한다고 역설한다. 교육내적 질 개선은 ③ NCS 기반 교육과정의 도입 및 현장성 제고, ④ 수업연한 유연화(다양화)의 체계적 추진, ⑤ 원격교육에 대한 수요 증가 반영에 초점을 모으고 있다. 여기에 더해 전문대학이 근본적으로 안고 있는 문제인 4년제 일반대학에 비해 턱없이 열악한 사회정책 역학적인 구조가 가미되어야 할 항목으로 제시된다. 즉 ⑥ 전문대학 국제화의 전략적 접근, ⑦ 일관된 정부 정책과 재정지원의 확대 및 안정화, ⑧ 전문대학 및 전문대학 졸업생에 대한 사회적 인식 및 제도 개선 등이다.

정 교수는 전문대학의 비전을 "개인의 직업역량을 극대화하고, 능력 중심 사회를 선도하는 고등직업 교육기관"으로 설정한다. 여기에는 현 정부 정책의 흐름과 기조, 선진직업 교육체제의 패러다임을 포함하고 있다. 그 구체적인 목표는 NCS에 기반한 현장 중심의 교육 강화, 능력 중심 사회의 도래에 따른 평생직업 교육기관으로의 발전, 인구감소·산업발전·국제화를 대비하는 다양한 직업교육 수요 창출로 설정하고 있다.

정 교수가 제시한 여덟 가지 이슈 중, 현 단계 초미의 관심사는 수업연한 자율화와 재정지원 확대에 관한 어젠다다. 2003년 1월 참여정부 때 의제로 설정된 '전문대학-대학 통합운영 1~5년 수업연한 자율화'는 2005년 5월 전국 158개 전문대학 5백여 명의 교수들이 서울시 세종로 프레스센터에 결집해 '전문대학 교육혁신 결의대회'를 열어 본격화한 바 있다. 이 자리에서 전문대학 구성원들은 4년제 일반대학에 편중된 정부의 고등교육정책과 재정지원으로 전문대학이 위기상황을 맞고 있다며, 수업연한 자율화와 함께 재정지원 확대를 주장했다.

그런데 이 의제(agenda)는 그 태생과 역사성에 비춰 진부하고 케케묵은 테마임에도 10여 년이 지난 2015년 여전히 '풀리지 않는 뫼비우스의 띠'와도 같이 현재진행형 과제로 남아 있다. 현 정부 국정철학이자 이념적 기조로 분류되는 두 가지 가치인 사회과학적 상상력에 기초한 '창조'와 각계각층의 부문 간 시너지 제고에 기반한 '협업'(collaboration)이 전문대학 현안 정책에 한해서는 무색해지는 대목이다.

기존 연구성과가 보여준 수업연한 자율화(다양화)의 근거는 대학형태 간 무차별성, 원격교육 확대(Massive Open Online Course, MOOC), 성인 학습자의 감소(2010: 16.8%, 2011: 14.3%, 2012: 12.4%, 2013: 11.2%), 외국인 유학생 감소 등 외적 요인에 의해서 찾을 수 있다.

주지하다시피 수업연한 다양화란 NCS 기반 및 산업수요에 따라 전문대학의 수업연한을 1~4년까지 다양화하여, 선순환적 고등직업

교육제제를 확립하고자 하는 정책이다. 즉 1년은 비학위자격증, 2~3년은 전문학사, 4년은 학사로 운영하며, 단, 4년 학사과정은 산업체에서 요구하는 NCS의 해당직무 분야로 국한하고, 교육부장관이 정하는 별도의 인가심의 절차를 거쳐 개설하는 게 골자다.

대학 구조조정 국면에 들어선 작금의 상황에서 4년제 일반대학의 거센 저항이 실질적으로 작동해 2015년 말 예정된 입법화가 무산된 실정이다. 이 문제에 관해서는 선진국의 흐름을 좇아 지속적으로 정책 역학적인 측면에서 노력을 강구해야 하지만, 현 상황에서는 전문대학의 제도적, 본질적 국면에 대한 접근으로 신뢰성과 타당성을 제고해야 할 필요가 있다.

이를테면 직업교육 선진국의 사례(대만, 일본, 독일, 캐나다 등 성공 사례)에 초점을 맞춘 대국민 홍보, 기존 2년제·3년제, 2+2 전공심화과정, 3+1 전공심화과정의 난점과 한계 설명회, 기존 제도의 쇄신 노력 및 이를 충분히 활용한 4년제 과정 시험 운영, 현장실습학기제의 실질적 운영, NCS와 연계한 2~4년 학제에 대한 명확한 기준 마련 및 차별화된 교육과정 운영 시안 마련, 간호과-유아교육과 등 일부 학과의 1차적 진입로 마련, 기존 제도의 일부 구조조정에 편승한 타협 등 복합적인 방안을 마련할 수 있다.

구자길의 "NCS 기반 과정평가형 자격제도 운영방안"에 관하여는 2012~2015년 전문대학 교육과정의 잣대로 대변되는 NCS 체제가 NCS-NQF 하이엔드(high-end) 버전으로 업그레이드하는 도정이다. 2015년 1월 12일 정부가 "학벌이나 스펙이 아닌 능력으로 평가받는 사회를 만들기 위해 국가직무능력표준(NCS)을 기반으로 하는 채용을 공공기관부터 선도적으로 대폭 확대해 가겠습니다"라고 밝힌 이후, NCS 작동체계가 보다 탄력을 받고 있다. 초기 단계인 국가직무능력표준(NCS) 구축 및 NCS 기반 교육과정 개편 추진을 넘어, 교육훈련,

자격, 경력, 학력 등이 상호 인정되는 통합적 국가역량체제 구축 추진
과 함께 능력에 따른 인사(채용 및 승진)시스템 구축과 일·학습병행
및 계속교육 활성화 기반 조성으로 급속한 변화 추이를 보이고 있다.

표 5-5. NCS 기반 교육과정의 지속적인 개발 및 운영의 핵심 내용 및 문제점

NCS 현안	개발 및 운영의 핵심 내용	문제점
교육기회 제공	NCS 기반 교육과정의 도입 취지 및 의미 이해 제고를 위한 주기적인 세미나 및 컨퍼런스 개최	세미나는 이루어지나 다수 구성원의 참여와 공유 의지는 미흡
인적, 물적 시스템 작동	NCS 기반 교육과정 운영을 위한 시스템, 인적 및 물적 자원 확보	아직 초기여서인지 확보하기가 쉽지 않음. 공유 매뉴얼 및 원격 집체교육의 필요성도 절감
개발 및 운영	대학 특성화 영역 중심의 NCS 기반 교육과정에 대한 지속적 개발 및 운영	정부 주도로 대체로 무난하게 진행되는 것으로 파악하고 있음
직업기초능력 교육과정	직업기초능력향상을 위한 NCS 기반 교육과정 개발 및 운영	현 교재는 내용적, 형식적으로 시급한 수정 보완이 요청됨
표준 매뉴얼 주기적 개선	NCS 기반 교육과정 개발, 운영, 평가 등에 대한 명확한 지침 및 표준 매뉴얼 개발	우수사례집을 제공하여 보급 및 확산 노력 필요, 현장 전문가의 의견 반영도 필요
교수자 역량 강화	NCS 기반 교육과정 담당교수 역량 강화를 위한 정기적 워크숍 및 사례 공유	산업계가 주도하는 방향에서 단계적이고 지속적인 보완 노력 필요

　　NCS 기반 교육과정 도입으로 2018년까지 국정 정책 목표인 취업
률 80%를 달성할 수 있을지는 의문이다. 2011(60.7%), 2012(60.8%),
2013(61.2%), 2014(61.4%)의 전문대학 취업률 상승률 추세를 감안한
다면, 3년 후인 2018년 80%에 근접할 수 있을까. 자유로운 국가 간
왕래, 동일한 통화 등 다자간 유연성에 기초한 유럽과는 NCS 환경이
다르므로 세계적 수준의 직업교육 흐름 추세를 반영한 선진직업 교
육제제 도입 및 국가 역량체계를 구축하여 능력 중심 인재 양성 사회
로 교육과정의 축을 변환한다는 의미가 있다.

아울러 NCS의 본질적 취지를 살리기 위해서는, 입직 및 취업지원의 핵심인 직업별 수요 발굴과 인력 요청 및 공급은 노동부와 한국산업인력공단이 주무부서가 되고 교육부가 협조하는 체제로, 일선 대학의 교육과정 운영에 대한 평가는 고용노동부와 교육부가, 그리고 훈련과 교육을 기초로 한 인력 양성은 교육부와 일선 대학이 협업 연계하는 체제가 바람직하다. 요컨대 NCS 교육과정이 성공하기 위해서는 전문대학에는 직무능력수준(4, 5수준: 작업감독, 준전문가)에 걸맞은 적재적소의 인재를 양성하는 '교육내용의 질적 수월성'만 문제 삼는 구조로 탈바꿈해야 한다. 취업률을 대학 평가의 잣대로 들이대는 구조가 지속된다면 NCS 교육과정(과정평가형 자격제도는 제외)은 통과의례로만 역할을 다해, 최적의 직업교육 안전판인 NQF와 연동하는 질적 성취를 기대하기 어려울 수 있다.

그는 특히 NCS 정책방향 및 과제, NCS와 NQF 상관관계를 비롯하여 최근 관심사로 대두되고 있는 NCS 기반 채용 및 보상전략, 과정평가형 자격제도 운영방안 등에 관하여 비교적 소상하게 청사진을 제시하고 있다. 특히 일란성쌍생아로 맞짝을 이루는 NCS-NQF 메커니즘이 학벌 중심 사회에서 능력 중심 사회로 변전하는 바로미터(barometer)가 될 수 있음을 시사하면서, 이러한 연장선상에서 일-교육-훈련-자격을 연계한 '과정평가형 자격제도 도입 운영'은 국가역량체계(학위-자격-근무경력-교육훈련의 이력관리 시스템)를 강화하는 것과 직결되는 바람직한 정책모델이 될 것이라 역설하고 있다.

국가직무능력표준 교육과정의 도입과 운용은 가위 전문대학 교육과정의 혁명이라 할 만큼 전문대학에 가공할 만한 위력으로 다가오고 있다. 대학에 따라 시행시기, 운영방법, 교수자 간, 학습자 간, 교수학습자 간 인식 차이 등 편차가 적지 않지만 1차적으로 2015년 1월 NCS 기반 교육과정 가이드라인(개발, 운영, 평가, 질 관리)이 일선 대학에 제공되면서, 2차적으로는 4월말 제출한 구조개혁평가를 위한 자체평가고서의 항목으로 포함된 바 있다.

NCS 시행의 주관기관이라 할 수 있는 고용노동부(한국산업인력공단 포함)와 교육부는 박차를 가하여 외형(정책 홍보)과 결과(취업률 제고)를 향해 내달리고 있지만, 과연 전문대학 구성원들이 내용(능력단위 및 능력단위 요소)과 과정(교수학습체제의 선순환 시스템)에 관해 기대 이상으로 인지-체득하여 선순환시킬 수 있을지는 과제다. 적정 수준의 합리적인 절차와 진행 속도, 교육과정은 바람직하게 작동하고 있는지, 점검-환류 체계는 구비되어 있는지에 대해서도 지속가능한 관심이 요청된다.

고등직업교육을 구현하는 특별법인으로서 전문대학 정책과 운영을 지원하는 한국전문대학교육협의회는 연례적인 총장 간담회(2015. 8)에서 ① 전문대학이 고등직업교육의 중심은 물론 평생직업교육의 중심 역할을 다할 수 있도록 정부의 강력한 정책적 의지를 촉구하고 이끌어내야 하며, ② 어지럽게 펼쳐진 고등교육의 정책적 방향을 점검하고 올바른 방향을 정립해야 하며, ③ 고등직업교육과 평생직업교육의 중심으로서 역할을 할 수 있도록 정부의 강력한 정책적 의지를 끌어내겠으며, ④ 경쟁력 있는 역량 확보를 위해 협의회를 구심체로 정보를 공유하고 공동의 사업을 다각화해야 한다고 밝히고 있다. 기조발제에서 이호성은 전문대학 위기의 구조적 문제를 일곱 가지 한계로 지적했다.

- 정부의 고등교육정책에서 직업교육에 대한 순위의 한계
- 전문대학 입학생의 자기 주도적 학습능력과 가족 지원의 한계
- 수업연한이 짧은 관계로 연령 차이에서 발생하는 인생 가치관 정립의 한계,

- 대기업 인사 관행상 전문대학 졸업생은 고졸 대우를 받는 한계
- IMF 이후 산업체 인력수급은 단순기능인력과 고급인력으로 이원화돼, 전문대학 수준의 중간 단계 인력수요의 급감
- 전문대학 교육정책의 수립과정에서 전문대학의 의견을 수렴하는 통로와 참여 저조

이를 해결할 만한 바람직한 대안을 다음과 같이 제시한다.

교수 및 대학운영자의 리더십
대학 특성화 집중, 지역거점 학과 발전계획 모색, 노동시장 친화적 학과 포트폴리오 구성
인성 및 직업윤리 교육 강화, 전공심화과정 정착 확대, 중등교육 이탈자 계속교육 프로그램, 직업교육 중심의 평생교육 실현
산업단지별·업종별·기업별 산학협력의 순기능 집중
전문대학 직업교육의 질보장을 위한 패러다임 변화 및 수업연한 다양화

상기 의견을 종합하면, 고등직업 교육기관으로서 전문대학의 현 단계 주요 현안은 10여 개로 요약될 수 있거니와, 시행 성격에 따라 비전과 전략(정책 포함), 교육운영, 교육여건, 교육성과 등으로 구분할 수 있다.

표 5-6. 고등직업 교육기관으로서 전문대학 주요 현안

	시행구분	고등직업 교육기관으로서 전문대학 주요 현안
1	비전과 전략	전문대학의 정체성 확립 및 시대 흐름 반영한 재조정 ▪ 지역 교육기관과의 협력 증진, 산학협력 중심체계 구축 ▪ 대학 브랜드 강화, 차별성 도모, 대학 평판, 이미지 제고, 홍보 강화
2	비전과 전략	학령인구 감소 및 구조조정에 따른 전문대학의 기능과 역할 변화 모색 ▪ 산업수요를 반영한 지속적 전공(학과), 정원조정 등 대학 구조조정 ▪ 평생교육 중심의 체제 개편, 성인대상 평생교육과정, 학습체제 개발 ▪ 대학 특성화, 차별화 추구, 역량 집결
3	교육운영	NCS 기반의 교육과정 구현과 현장 적응능력 배양 ▪ 지속적 교육품질 개선 시스템 구축, 직업교육 질 관리 체계 구축 ▪ 교육과정의 모듈화, 현장 중심의 직업교육 강화 ▪ 산업수요 맞춤형 교육체제 구축, 취업지원체계 강화 ▪ e-learning, 적시학습 등 교육방법론 혁신, 정보자원관리 체계 구축
4	교육운영	1~4년형 수업연한 다양화(자율화)의 체계적 추진
5	교육운영	원격교육체제(MOOC) 구축 및 활성화 방안 마련
6	교육운영	선진직업 교육체제의 반영과 국제화에 관한 전략적 접근 ▪ 국제적 수준의 교육과정, 방법 도입, 외국대학 및 기관 교류확대 ▪ 외국인 유학생 유치, 관리 역량 강화
7	교육여건	정부 정책의 재인식과 재정지원의 실질적 확대 ▪ 대학재정 원천 다양화 추구, 일반대학과 비슷한 수준의 지원 확대 ▪ 교육부 전문대학 정책과 및 전문대학 관련 부서 확대
8	교육성과	각종 평가의 과학적, 합리적 방안 마련 및 평가제도의 창구 일원화 ▪ 정보공시, 자체평가, 기관평가인증, 구조개혁평가 ▪ 각종 정부재정지원사업 평가
9	비전과 전략 교육성과	전문대학에 관한 사회적 인식 고양 및 제도 개선 ▪ 기초학습능력 신장, 인성 및 가치관 교육 강화 ▪ 다문화가족, 장애우 등 학생지원체계 세분화 ▪ 교육 및 복지 인프라 첨단화
10	비전과 전략	행-재정적 투명 경영 및 대학의 책무성 강조와 윤리의식 고취 ▪ 기관평가인증 매뉴얼(대학의 사명과 발전계획, 경영 리더십, 대학의 책무와 교육개선)에 걸맞은 윤리-투명경영 기반 마련

전문대학 현안의 우선순위는 비전과 전략 → 교육여건 → 교육운영 → 교육성과 등 순차적으로 구현되어야 한다. **비전과 전략**(4개 항목)은 비전과 목표, 리더십, 대학의 책무를, **교육여건**(1개 항목)은 교직원, 학생, 교지 및 교사, 실험실습실, 재정, 정보자료자원을, **교육운**

영(4개 항목)은 교육, 산학협력, 평생교육, 학생 지원, 운영시스템, 국제화를, **교육성과**(2개 항목)는 신입·재학생충원율, 중도탈락률, 취업률, 학생 개별 스펙, 교육재정(교육 외 수익, 산학협력 수익, 국고보조금 수익, 교육비환원율), 교육만족도(학생, 교직원, 산업체, 졸업동문, 지역사회), 명성(인지도, 이미지)을 의미한다.

전문대학의 경우 비전과 전략이 부재한 상황이어서 그 중요성이 부각된다. 비전과 전략은 재정이라는 구체성이 동반될 때 유의미한 교육내용으로 이어지질 수 있다. 아울러 경영 시대 흐름에 걸맞은 교육운영 부분이 관건으로, 이 부분이 연착륙-선순환할 때 교육성과를 기대할 수 있다.

Ⅳ. 맺는말

현 단계의 고등교육이 안고 있는 환경 변화 요인은 입학자원의 지속적 감소 및 미충원 학생 증가, 급격한 산업구조 변화와 이에 따른 인력수요 고도화, 4년제 대학의 직업교육 강화로 인한 전문대학의 정체성 혼란과 경쟁 심화, 낮은 경쟁력 및 수요자 경쟁력 제고 요구, 교육시장 개방 및 고등교육 분야 국제화 추구 등으로 집약할 수 있다.

그 범위를 전문대학 직업교육으로 좁혀보자면 전문대학이 수행할 주요 기능과 역할은 전문 직업기술인 양성 기능, 지역사회의 다양한 요구를 반영한 평생교육 지원 기능, 지역산업체와의 공동연구 및 기술이전 기능, 직원교육 등 산학협력 기능, 취약계층을 위한 직업기술교육지원 등 사회통합 기능, 한국형 직업기술교육 대외 수출 및 개도국 지원 기능 등을 손꼽을 수 있다.

40년 성상을 앞둔 전문대학이 위기 국면을 맞은 이유는 전문대학

자체만의 문제가 아닌 구조적이고 외부적인 문제에서 기인한 바가 크다. 김영삼 정부의 대학교육 개혁방안(1994)에 따른 대학 정원 자율화, 대학 설립 준칙주의로 많은 전문대학이 설립된 데서 구조적 원인을 찾을 수 있다. 최근엔 전문대학의 인기학과를 일반대학에서도 신설하는 등 대학 간 차별성이 약해지고 있다. 폴리텍대학, 산업대학 등 대학 형태상 설립 근거가 다르지만 교육내용상 유사한 중복성이 존재한다. 따라서 NCS 기반 교육의 정교한 도입, 국제화 규격에 맞는 직업교육제제 준비, 원격교육(MOOC) 체제 도입 및 평생교육의 강조 등을 위시한 중장기적 관점에서 전문대학의 역할 변화, 고등직업 교육정책의 재조정을 포함한 재구조화가 요구되고 있다.

표 5-7. 2020년 전후 전문대학 규모 예측 시나리오[41]

2020년 존속가능성이 높은 대학 형태	산업사회 요구를 반영한 특화된 대학, 취업률 우수 대학, 수도권 소재 대학, 구조조정 통해 경쟁력을 확보한 대학, 성인 대상 평생 직업교육을 확대한 대학
2020년 전망이 밝은 분야 또는 계열	간호, 보건 계열 / 사회복지, 노인복지, 실버 마케팅 분야 / 관광, 호텔, 식음료 서비스 분야 / IT, BT, CT 등 신성장 동력 분야 / 방송, 영상, 연극 분야
2020년 평생교육 활성화 분야	전직자, 실직자 직업기술교육 / 원격교육 / 시간제, 학점당 등록제 / 야간반, 주말반 등 탄력적 학습시간 편성 / 학점은행제
전문대학 존속 규모	예측 : 100.8개 대학, 적정규모 : 82개 대학
적정 취업률	전체 : 84.88% / 정규직 : 62.36%

초미의 관심사였던 수업연한 자율화 정책에 대해서도 '이미 물 건너 간 정책'이라 경원시하지 말고 2~3년 학제에 대한 명확한 기준 마련 및 차별화된 교육과정 운영, 특정 전공 분야 중심의 4년제 수업연한 도입을 통한 직업교육 강화, 4년제 수업연한 도입이 가능한 학과 및 전공에 대한 명확한 기준(고숙련 전문 직업 인력양성) 연구 등

---

41) 한국교육개발원, 재인용.

이 지속적으로 필요하다.

재정지원 확대도 전문대학이 직업교육의 일익을 담당하는 만큼, 선진국의 전폭적인 지원 사례를 들어 폴리텍대학 못지않게 지원받아야 하는 당위성을 제시해야 한다. 즉 능력 중심 사회 실현을 위한 직업교육정책의 예산 확대, 정부 차원의 기업체 기반 재정지원사업의 개발 및 확대, 교육부 재정 외 고용노동부의 고용보험기금 재정을 위한 법적 근거 마련, 산업체의 직업교육 지원을 위한 법적 근거 마련, 지역인재의 양성 및 지역산업개발을 위한 지방자치단체의 전문대학 지원 강화 및 법적·행재정적 노력도 강구되어야 한다.

대학 무한경쟁시대, 구조조정 국면에 들어서면서 대학들은 적자생존이라는 둥우리에 갖혀 재학생충원율과 취업률 지표 제고에 안간힘을 쓸 뿐, 직업교육의 선진 패러다임을 외면하고 있는 실정이다. 전문대학이 전문 직업인 양성이라는 고등직업교육의 목적에 부응하기 위해서는 교육시장 환경 및 사회적 요구 변화를 수용하여 선진직업교육에 걸맞은 교육콘텐츠를 구성할 수 있어야 한다. 고등교육 부문의 질 평가 강화는 이와 맞물려 있기 때문에 불가피한 문제이기도 하다. 이미 실시하고 있는 대학정보공시, 자체평가, 외부기관 평가인증 등 대학교육 품질의 질 평가·개선에 대한 요구 증대를 비롯하여, 교육부 및 감사원 감사, 특정 학과 평가지표 점검, 사회 및 언론의 관심 증대 등 보다 엄격한 학사관리 및 투명한 지표관리체계가 요구되는 시점이다.

전문대학 재정지원사업과 관련해 보면 WCC, 특성화 대학, 링크사업, 유니텍사업, IPP(일학습병행사업), 정부재정지원제한대학, 학자금 대출제한대학, 경영 부실 대학 등 선택과 집중의 원칙에 따른 대학 구조조정 정책 등이 추진되고 있다. 특히 개별대학이 체계적·합리적 계획에 입각해 교육품질을 담보하려면 PDCA, BSC, CSF, KPI 등을 활용한 전략적·체계적·계량적 접근이 요구된다. 한편 높은 수준의 고등직업교육 질 확보를 위해서는 추가적·부가적인 재원 마련이 필수적이다.

여기에는 대학운영의 효율성이 반영된 장단기 발전계획(재정운영계획 포함)을 주축으로 비용 발생 구조의 개선, 전략적 투자 우선순위 등이 포함되어야 한다. 무엇보다도 중요한 일은 대학 내부의 변화와 혁신에 대한 노력이다. 특히 각종 평가로부터 직간접적으로 받게되는 외부적 압박을 구성원 간 신뢰와 협업에 의한 커뮤니케이션 극대화로 극복할 수 있어야 한다. 대학 내부 교직원 관리 및 운영 체계 개선, 학생 지원과 교육과정 운영 등 크고 작은 문제점의 구체적 원인 및 대안 부재는 대체로 구성원 내부의 소통 부족에서 기인한 경우가 많다. 소통이 극대화한다면 정확한 현황 진단을 통해 대학의 문제점을 파악하고 미래 청사진을 설정하여 달성하기 위한 계획을 수립할 수 있다. 이러한 체제가 확립될 때 정부 등 각종 지자체 단위가 추진하는 다양한 정책 사업(산학협력, 취업지원체계, 현장실습교육 등 포함)에 대한 참여 의지가 고조되고 지역거점 고등직업 교육기관으로서 존재감과 위상을 굳건히 할 수 있을 것이다. 전문대학이 상생과 공존이라는 지혜로운 해법을 마련해 정체성 유실(foreclosure) 및 유예(moratorium)를 딛고 일어서, 정체성 성취(achievement)를 이뤄내야 할 시점이다.

(2015. 12)

\<칼럼\> 정부 내 협업으로 풀어야 할 고등직업교육 현안

출범 40주년을 앞둔 전문대학이 전방위적으로 '혁신과 도약'을 내세우고 있다. 하지만 유관부처인 국회-기획재정부-교육부-고용노동부-중소기업청-일자리위원회가 눈을 크게 뜨고 지켜보고 있는지 의문이다. 이들 유관부처의 독려와 지원이 없다면 절반의 고등교육인 전문대학은 설자리가 없게 되며 국가적 소모로 이어진다.

전문대학은 1979년 개명 이후 일반대학과 또 다른 한 축으로 고등교육 중 직업교육 부문을 떠맡으며 5백만 명 이상의 산업역군을 양성해 왔다. 최근의 사회적 하이엔드(high-end) 화두인 융복합으로 불리는 4차산업혁명 시대를 견인하는 데도 결정적으로 이바지했다. 특히 학문적, 이론적 측면보다는 실용적, 기능적인 전문 직업인을 배출하는 등 우리 산업의 생산적인 활력 시너지를 창출해 왔다.

그런데도 전문대학은 법적인 규제에서, 재정적 지원에서, 사회인지적 측면에서 차별적 열패 구도를 여전히 비껴나지 못하고 있다. 전문대학은 최근 들어 자체적으로 새로운 교육 패러다임이 요구하는 직업교육 콘텐츠의 혁신적 도입(국가직무능력표준, NCS), 직업교육 선진국이 신축적으로 운용하는 수업연한 매트릭스를 실험적으로 운용하려는 등 혁신의 몸부림을 치고 있지만, 법적, 제도적 차원에서 뒷받침을 받지 못해 공허한 일과성 메아리에 그치고 있다.

국가의 근간인 직업교육 부문은 민간이 아닌 국가가 책임지고 지원하는 체제로 재조정해야 한다. 1995년 준칙주의 이후 우후죽순격으로 설립된 대학이 구조조정 단계에 돌입한 만큼, 교육 선진국의 추세에 맞춰 국공립 비율을 점진적으로 확대하고, 일부 부실한 사립은 공영형으로의 변환을 유도해야 한다. 선진국의 전문대학 격인 '커뮤니티 칼리지'(community college)는 OECD기준 85% 이상이 국공립

형태인데 우리나라는 겨우 3%에 불과하다. 대학 수업연한(1, 2, 3, 4 년제)도 시공간을 뛰어넘는 융복합 시대에 걸맞게 일선 전문대학 자율선택에 맡겨야 한다. 일반대학, 원격대학, 직업훈련대학, 평생교육원, MOOK 등 교수-학습형태가 다양하게 변주되고 학과 설치 경계가 무색해진 판국에 전문대학에만 연한을 강요하는 것은 선진직업교육 추세에도 한참 뒤떨어지고, 교육기관 운영 형평성에도 어긋난다. 대학에 자율권을 부여하면 자체 경쟁력이 없는 대학은 학습 수요자에게 외면당해 자연도태하게 되므로, 인위적인 대학 구조조정이 불필요하다.

특히 기획재정부 및 고용노동부는 4년제 일반대학 졸업생과의 임금 격차를 해소하고, NCS 연착륙을 위해 고용보험기금 유인 및 확충에 협업해야 한다. NCS는 직업교육 기반이자 흐름이므로 지속가능성을 담보해야 마땅하지만, '특성화사업에 이끌려 가는 수단'이 되지 않으려면 그 수준과 범위를 조정할 여지가 있다는 게 전문가들의 진단이다.

일반대학에 대비되는 전문대학 규모에 걸맞게 정부의 재정지원사업도 현재의 10% 수준에서 적어도 30% 수준까지 확대되어야 한다. '직업교육 백년대계'라는 거시적 관점에서 일과성 프로젝트 방식을 넘어 학생 등록금 및 장학금 충당, 취창업 및 창직(創職) 예비 프로그램 등 실질적인 투여가 요청된다. 예를 들면 반값등록금이 아니라 선진국처럼 전액 국고로 지원할 필요가 있다. 이는 일반대생에 비해 상대적으로 취약한 전문대생의 사회경제적 계층적 지위, 경제적 지위를 보전하여 사회안전망을 강화하는 요건으로 작용할 수 있다.

요컨대 관련부처의 협업에 의해 직업교육 부문에 파격적인 지원을 해야 한다. 그래야 사회 기간(基幹)을 이루는 노동 건전성이 확보되고 평생직업 교육제제인 '일터에서 학교로, 학교에서 일터로'가 실질적으로 구현될 수 있다. 한편 전공 및 스킬 미스매칭으로 사회적 비용이 가중되는 상황에서, 학력 및 전공별 중장기 인력수급 계획이 정부 차원에서 마련되어야 한다. 대학은 인력수급에 부합하는 전문 직업인을 만드는 데 집중해야 한다. 각종 평가 및 재정지원사업 때문에 본업인 교육이 실종되는 '본말전도' 사태가 이어진다면 직업교육의 수월성은 기대하기 어렵다.

전문대학 구성원의 새 정부에 거는 기대가 여느 정부에 비해 높고 크다. 고등직업교육의 건전성을 회복하고, 선진직업교육 흐름을 좇아 가고자 하기 때문이다. 그간 선진직업교육 추세 반영도가 지지부진했기 때문이기도 하다. 정부 차원의 전문대학에 관한 혁신적 발상과 정책적 지원을 요구하는 제일의(第一義)는 전문대학의 자구적 생존권을 넘어서 평생직업교육시대 국가의 동력을 고등직업교육에서 찾아야 한다는 당위성에서 찾아진다. 국회-기획재정부-교육부-고용노동부-중소기업청-일자리위원회가 함께 팔을 걷어 부칠 중차대한 시점이다.

(한국대학신문, 2017. 10)

<칼럼> 고등직업교육이 왔던 길, 가야 할 길

지난 세기, 지난 밀레니엄을 보내고 새로운 세기이자 새로운 밀레니엄을 여는 해넘이와 해맞이로 분주했던 기억이 엊그제인 듯하다. 그런데 벌써 20년을 넘어서고 있다.

주지하다시피 우리의 20세기 근현대사는 기묘하게도 10년 단위로 정치·사회사적 파장을 드리우며 변전을 거듭해 왔다. 일제강점기를 겪고 광복을 맞이한 후인 1960년대는 구시대와의 결별을 4.19와 5.16으로, 1970년대는 본격적인 산업화 시대의 가속화로, 1980년대는 5.18과 6.29라는 민주주의 본격화로, 1990년대는 이념이 거세되면서 신자유주의 체제의 도정을 밟았다. 새로운 세기 이후엔 신자유주의를 기조로 다양성과 융복합이 전자적 일렉트릭으로 구현되는 6차산업 시대-4차산업혁명 시대로 접어들었다. 다양성 못지않게 속도 또한 비약적이다.

서울대 인구학연구실 추계에 의한 인구 피라미드로 살피자면, 2020년대인 동시대는 1차 베이비부머(57~66세)의 고령자 편입이 본격화하며, 2차 베이비부머(47~56세)가 정년연장 혜택을 누리며, X세대(37~46세)가 중간관리자가 돼 기존 세대의 매너리즘을 거부하며, 밀레니얼 세대(25~36세)의 사회 진출이 가속화하며, 초저출산이 현실화하고 있는 Z세대(6~24세)가 출현하는 것으로 파악된다. 우리의 고등교육 또한 이러한 역사적 추이, 세대적 변곡점을 거치며 학문·이론 중심으로는 4년제 일반대학이, 실용·직업·산학 중심으로는 2~3년제 전문대학이 그 역할을 감당해 왔다. 최근 취·창업이라는 시대적 소명에 부응하다 보니 영역 간 경계가 무색해지긴 했다. 하지만 양자가 부단히 교호작용하며 국가발전의 견인차가 돼온 게 사실이다.

고등직업교육만을 들여다보자. 전문대학교육은 1979년 '교육기본법'과 '고등교육법'이 제정되면서 전문대학이란 명칭을 달고 '전문 직업인 양성'이라는 목표를 구현하기 위해 올곧게 매진해 왔다. 4년제 일반대학의 서자 취급을 받기도 하고, 일반대학과 차이가 나는 정부 재정지원 규모와 졸업생의 임금 격차 등에서 '기울어진 운동장'이라는 취약한 구조를 감내하기도 했다. 전문대학 자체 내의 대오각성으로 인해 현안에 대한 결기도 남달랐다. 2005년 5월에는 고등직업교육 혁신본부를 처음으로 결성해 전문대학 최대 현안을 상정하고 제도권과 대국민을 바라보며 머리띠를 두르기도 했다.

최근 3차 혁신본부가 꾸려진 것도 이러한 유전자를 공유하고 있기 때문이다. 이와 같은 단속적인 노력의 결과 대학(College)이 대학교 (College & University)로, 학장이 총장으로, 2년제 위주에서 3년제 내지 4년제 학과 및 전공심화과정으로 바뀌었고, 교수자격 및 호봉단 일화라는 개가를 올렸다. 그중에서도 가장 값진 성과는 '전문학교'로 홀대받던 대학에서, 일반대학을 마치고 실질적인 취업을 위해 유턴 (U-turn)하여 다시 입학하는 명실공히 직업교육대학으로 환골탈태했다는 사실이다. 1백세 장수시대의 교육공학적 측면의 큰 화두는 누가 뭐래도 직업교육과 평생교육이다. 이 두 기둥이 날줄이 되고 씨줄이 되어 교직해야 하며, 왼쪽 수레바퀴와 오른쪽 수레바퀴로 병치돼 다이내믹하게 굴러가야 직업교육입국을 기대할 수 있다.

요컨대 전문대학 40년(개칭 이전부터 기산하면 70년)의 족적은 태동과 정착(1948~1978년), 성장과 발전(1979~1996년), 혁신과 도약 (1997~2019)이라 호명할 수 있다. 그렇다면 지금, 2020 전문대학의 아젠다는 무엇인가? 어떠한 표제어를 붙여야 할 것인가? 고등직업교육으로서 '전문대학의 혁신과 도약에 수반되는 지속가능성에 대한 해답'은 '융·복합 시대에 걸맞은 대학 형태의 재구조화'에서 찾아야 바람직할 것이다. 강조하건대 선진직업교육의 패러다임을 기꺼이 받아들여야 할 때다.

교육부와 한국전문대학교육협의회가 미래의 산업수요에 부응하는 직업교육의 질적 성장을 위해 추진하는 마이스터대학 도입은, 만시지탄이 있지만 시의적절하고도 바람직하다.

(한국대학신문, 2020. 3. 3)

제6장

전문대학
교양과목으로서 글쓰기
교육의 현실과
개선방안

Ⅰ. 문제 제기

우리나라 '고등교육법'에서 규정하는 '대학 교육'으로서 교양교육 (cultural education)의 제일의(第一義)는 시민의 교양의식 함양을 위한 일반교육에 있다. 그 범위는 문학, 언어, 역사, 철학, 교육 등 인문사회과학 분야에서부터 수학, 생물학, 컴퓨터 등 자연과학 분야에 이르는 기본소양교육에 걸쳐 있다.[42] 특히 교양과목은 21세기 지식정보화 사회, 글로벌 체제가 들어선 이후, 외국어, 컴퓨터와 인터넷, 취업과 창업, 교직과목으로까지 확대되고 있는 추세다. 요컨대 다양한 학문 분야의 지식을 소개하는 단순한 차원을 넘어서 전공 기초로서의 교육적 특성을 강화하는 방향, 바꿔 말하자면 목표와 효율성을 극대화하는 데 초점이 모아지고 있다. 전문대학 교육과정을 실례로 대입해 보자면 직업능력 기초강화교육, 전공능력 강화교육으로 변화하는 추세다.[43]

최근 연간 교양교육이 강화되고 있는 배경은 21세기 지식정보화 사회에서 요구하는 전체를 폭넓게 보려는 융·복합적 안목, 급변하는 시대적 상황에 대처할 만한 통섭적 지식(knowledge convergence)의 필요성과 함께 민주 시민사회의 책임과 의무를 이행할 수 있는 전인적(全人的) 교육에 관한 요청이 있는 것으로 파악된다. 즉 다양한 학제간 교섭과 상호작용을 통하여 시대적 변화(paradigm shift)에 능동

---

[42] 이러한 본질적 속성 때문에 교양교육은 일반교육(general education), 자유교육(liberal education)이라 통칭되고 있다. 교양교육은 직업기술이나 전문적 기능을 가르치는 교육과 대비된다는 점에서 전통적인 '자유교육'(liberal education)과 유사한 의미를 가진다. 1945년 하버드 대학교의 "자유사회에서의 교양교육"(A General Education in Free Society)에 의하면, "모든 시민을 위한 교육이어야 하며, 전통적인 자유교육이 소수의 엘리트 계층에게 제한된 것과 달리 현대의 자유교육은 모든 젊은이를 대상으로 하는 보편적, 일반적 교육(general education)이어야 한다"라고 교양교육을 규정하고 있다. 노관범, "대학 교양교육 진흥을 위한 정책 제언", 경제인문사회연구회, 2009. 3.

[43] 1990년대 후반 이후 교육부 재정지원정책이 연동되면서 4년제 일반대학을 중심으로 (기초)교양학부, 교양교육원, 학부대학 등 여러 형태의 교양교육이 시행되고 있다.

적으로 대처하는 능력 있는 인재 양성을 목표로 하기 때문이다.44)

하지만 작금의 전문대학의 현실은 이러한 흐름과 동떨어진 측면이 있다. 고등교육법상 '전문 직업인 양성'을 목표로 하는 전문대학의 교양과정은 단기(短期) 학제라는 특성으로 인하여 학위 이수에만 초점을 맞춘 나머지 소홀히 여겨지는 등 단편적인 정보와 지식을 획득하는 교과운영에 머무르고 있다. 게다가 전공교육과 연계한 정체성이 명확하게 구분되지 않고 단순한 기초교육으로 평가절하되고 있다. 전임교수 중심의 전공교육과는 달리 다수 학생을 대상으로 하는 대규모 강의이며 시간강사 의존율이 높은 형태로 진행되고 있다는 점도 지적할 수 있다.

이러한 현실에 비춰 전문대학 교양교육의 실상을 분석하고, 시대가 요구하는 능력 위주의 전문 직업인 시대에 걸맞은 인식과 변화를 촉발하는 일은 시의적절한 과제라 할 수 있다. 주지하다시피 교양교육은 인간과 사회와 자연에 대한 폭넓은 이해와 그것을 통한 세계관의 확립과 분석적이고 창의적인 사고능력을 배양하는 데 무게 중심을 두어야 한다. 본고에서는 교양교육으로서 언어교육(글쓰기와 말하기)을 중심으로 살펴보기로 한다.

대학에서 교양교육의 새로운 흐름으로 글쓰기 교육이 강조되고 현상은 고무적인 일이다. 교양교육의 필요성이 구체적으로 확대되는 시점에서 교육부가 2009년 시행한 "학부 교양교육 강화를 위한 국가수준 지원방안 연구"라는 정책과제는 저간의 사정을 잘 반영한 사례다. 제안서는 "글로벌 창의인재 육성을 위한 대학 수준의 기본 교양(핵심역량)에 대한 분석 필요, 세계 수준 학부교육 우수대학 육성이라는 정책기조에 부응하는 교양교육 강화방안 필요, 기초교양교육에 대한 국가수준 지원방안 필요"라는 요구사항을 담고 있다. 연구 내용으로는

---

44) 권재술 외(2011), 《학문적 글쓰기의 이해》, "대학교육과 교양교육", 교육과학사, 3쪽 참조.

사회, 대학, 학생이 요구하는 글로벌 창의 인재의 기본 소양 분석, 기초교양 교육과정에 있어 학문 융복합 현황과 교과과정 외(extracurricular activity) 기초교양교육, 대학 내 행정, 제도적 지원 현황, 해외 대학 기초교양교육 최근 동향 등 대학 기초교양교육 실태 파악을 요구하고 있다.

대학의 글쓰기 교양 과목은 대체로 '대학국어'(국어강독), '국어작문'에 연원을 두는바, '사고와 표현', '말하기와 글쓰기', '논리적 사고와 글쓰기', '문장의 이론과 실제', '자연과학적 글쓰기', '공학도를 위한 글쓰기', '사회과학적 글쓰기', '글쓰기와 상상력', '독서와 토론' 등 다양한 세부과목으로 변전해 왔다. 강독 위주의 읽기에서 시작해 작문이라는 과정을 경유하여 현재는 읽기와 쓰기, 말하기와 듣기 교육 등이 해당 대학의 특성에 맞춰 혼재하는 양상을 보이고 있다. 이렇듯이 지식기반사회를 맞아 다양한 이론적 모색과 실용적 활용 방안에 대한 인식과 이해가 제고되고 있다.

대학 교양교과목으로서 글쓰기 교육의 목표는 다양한 학문 활동에 필요한 논리적 사고능력을 함양하고 표현능력을 향상시키는 데 있다. 교양교과목으로서 글쓰기 교과목이 강조되는 이유는 정보의 홍수 속에서 그 의미를 제대로 파악할 수 있는 사실 파악 능력, 비판적 사고력, 정보를 분석하고 종합하는 논리적 사고력, 다양한 문화적 연관을 검증할 수 있는 문제해결능력이 요구되고 있기 때문이다.

서정혁(2006)은 "교양교과로서 글쓰기 교과의 종국적인 목표는 비판적 사고의 유인을 전제로 한다. 비판적 사고는 어떤 견해나 사태를 종합적이고 맥락적인 사유를 바탕으로 논리적으로 분석하고 파악하는 능력을 의미한다"라고 밝힌 바 있으며, 원진숙(2005)은 "글쓰기를 통한 논리적 사고함양이란 글쓰기 행위가 의미를 구성하는 행위임과 동시에 글쓰기 목적에 맞게 지식을 변형하고 구성하는 인지적 과정이며, 다양한 가능성 가운데 특정 대안을 선택하는 협상의 과정을 인지하는 것을 포함한다. 즉 단순히 글을 기술적으로 잘 쓰는 방법이 아닌 담화 공동체에서 소통되는 담화양식과 방식으로 아이디어를 생성하고 전개할 수 있는 사고능력 신장에 초점을 두고 진행되어야 한다"라고 밝히고 있다.

이러한 진술에 비춰 글쓰기 교과목이 기존 교육체제와 차별성을 갖는 대목은 기존 방식이 단순한 작문에 두어졌다면, 현 단계 흐름은 논술적 글쓰기를 요청받고 있다는 점이다. 이는 공학인증제나 기관평가인증제가 요구하는 세부 점검 사항에서도 확인할 수 있다. 따라서 실무 중심의 실용적 글쓰기로서 이력서 및 자기소개서 쓰기는 물론, 대학 및 대학원의 학술보고서와 논문 작성에 비중을 둔 학문적 글쓰기, 일반적인 의사소통능력에 초점을 맞춘 프레젠테이션과 커뮤니케이션 스킬, 면접 요령 등 다양한 교과과정으로 도입, 적용하고 있다.[45] 특히 학제적(interdisciplinary) 융복합 특성에 걸맞게 전공 간 소통을 촉발하는 연계 교과라는 측면에서도 선순환 기제로 작동하고 있다. 하지만 교양과목으로서 글쓰기 교육에 내외부적 문제가 도사리고 있는 것도 엄연한 현실이다. 정희모(2005)의 언급처럼, 대학 글쓰기 교육의 문제점을 해결하기 위해서는 전문 연구자의 저변을 넓히고 교육과정을 개편하는 일이 시급하다. 즉 교수학습 방법, 평가 방법, 글쓰기 능력 진단과 치료 방법, 첨삭과 교정 방법, 글쓰기 협동학

---

45) 실례로 대학입학시험 수시 전형에서 대학 측이 요구하는 자기소개서 작성은 이러한 실용적 글쓰기 사례라 할 수 있다. 그 표준 양식으로 많은 대학이 1) 자신의 성장과정과 이러한 환경이 자신의 삶에 미친 영향, 2) 지원동기와 지원한 분야를 위해 어떤 노력과 준비를 해 왔는지, 교내·외 활동 중 본인에게 가장 의미 있다고 생각되는 활동이 무엇인지, 3) 입학 후 학업 계획과 향후 진로 계획, 4) 자신이 겪었던 가장 큰 어려움은 무엇이며 그것을 극복하는 과정을 통해 자신의 어떤 부분이 성장하였는지에 관해 기술하라고 제시하고 있다. 그리고 1)의 경우는 자기주도성과 리더십, 경험을 통한 성장 및 발전 가능성으로, 2)와 4)의 경우는 봉사활동의 내용과 동기를 통한 봉사정신, 역경 극복을 통한 성취와 발전 가능성을, 3)의 경우는 지원 전공에 대한 열정과 전공 적합성을 5분위 점수로 구분하여 평정하고 있다.

습, 튜터링 시스템, 범교과적 쓰기 방법, 디지털 글쓰기 등 바람직한 대학 글쓰기 교육을 위해 다양한 글쓰기 프로그램을 개발하고, 수준별 교육 및 단계별 학습과 같은 교육과정을 설치할 필요가 있다.

두 번째는 의사소통능력 과목의 실질적 운영을 들 수 있다. 진정일 (2011)의 주장처럼, 지식정보화 사회에서 성공적인 삶을 영위하려면 구성원들들은 의사소통능력을 갖춰야 한다. 의사소통이 화자와 청자 간에 이루어지는 메시지의 전달 과정임을 고려할 때, 소통의 성패는 화자와 청자의 정보 입출력 능력 그리고 정보를 이해하고 생산하기 위한 사고능력에 달려 있다. 따라서 읽기 교육 강화, 글쓰기 교육의 강화, 교양과 전공이 유기적으로 결합된 글쓰기 교육의 체계화가 요구된다.

II. 전문대학 기관평가인증제와 직업능력 기초 과목으로서 '글쓰기'

세계적인 공과대학인 미국의 매사추세츠 공과대학(MIT ; Massachusetts Institute of Technology)이 글쓰기 교육에 심혈을 기울이는 이유는 기술자와 과학자 등 테크놀로지 분야 종사자 업무 역시 35% 이상이 글쓰기와 관련이 깊다고 여기기 때문이다. 특히 대학 졸업생들의 "글쓰기를 필수과목으로 지정하라"라는 건의를 반영, 많은 예산을 들여 글쓰기 교육을 체계화한 것이다. 이미 모범적으로 실행하고 있는 퍼듀대의 지침 등을 참고로 하여 1982년 '글쓰기와 의사소통센터'를 만들고 글쓰기 강좌를 필수과목으로 채택했다. 공업대학임에도 불구하고 인문학 8개 과목 이상을 이수해야 하며 과목별 보고서 쓰기를 필수로 포함시켰다.[46]

과학기술을 발전시킬 수 있는 창의적 아이디어가 있어도 이를 정확하게 표현하여 널리 알리지 않으면 소용없다. 아무리 창의적인 생각이 있어도 보고서화하지 못하면 무용지물이라는 점을 유념한 것이다.47) 1990년대 중반에 도입하여 운영하는 프로그램 중 하나인 '글쓰기와 인문학 과정'(PWHS ; Writing and Humanistic Studies)은 글쓰기를 활용하여 인문학적 지식을 효과적으로 정리할 수 있도록 학문적인 기초를 쌓는 것을 목표로 하고 있다.

한편 학부 필수로 의사소통 집중과목(CI : Communication Intensive)을 두어 전공을 공부하는 데 가장 기본적이고 실제적인 도구인 의사소통능력, 즉 글쓰기와 말하기, 토론 및 시각적 의사소통(Visual Communication) 등을 학습하는 프로그램도 운영하고 있다. 학기당 최소 20쪽 이상의 보고서를 써야 하고, 최소 하나 이상의 교정본을 제출한 뒤 구두로 발표하는 프로그램이다. 특히 MIT의 글쓰기 교육 시스템은 학부에서 개별적으로 운용하지 않고 여러 학과와 센터, 기구가 연합하여 진행한다.

우리의 경우, 수학능력시험 언어영역 문제를 보면 지문에 대한 내용을 파악하는 데 초점이 모아져 있다. 영어 학습에서도 지문을 읽고 중심 사고를 찾아내려는 내용이 많다. 그럼에도 불구하고 한국 학생들의 단점은 독해력 부족이다. 우리 학생들이 미국 대학원 진학 시험인 GRE(Graduate Record Examination)에서 많이 실수하는 게 독해력(Reading) 문제다. 독해력이 중요한 이유는 지식정보화 사회에서는 글쓴이의 진정한 의도가 무엇인지를 파악하는 일이 비즈니스의 관건이 되기 때문이다.

---

46) 이글은 임재춘의 "기술적 글쓰기"(2006) 보고서의 논리와 자료에 힘입어 작성되었다.

47) 이 센터의 스티븐 스트랑 소장은 "MIT는 학생들의 글쓰기 능력 향상을 위해 1년에 약 2백만 달러를 투입하는 것으로 알고 있다. 글쓰기와 의사소통센터'는 2학생들의 문장 표현 능력을 끌어올리는 데 도움을 주고 있다"라고 언급한다.

그런 의미에서 신선경(2009)의 "대학 글쓰기 교육과 계열별 글쓰기; 공학인증과 공학 글쓰기 교육의 새로운 모델"은 시사하는 바가 크다. 그는 과학기술 분야의 시대적 변화와 이를 반영한 대학에서의 공학교육 방향에 대해 생각하고, 변화하는 새로운 시대의 공학도를 위한 글쓰기 교육의 합리적 모델을 작성하고 있다. 그의 소론의 초점은 실용적 글쓰기와 맞닿아 있다. 즉 1) 기초 실용문 쓰기에 대한 내용은 과학기술자의 학문과 직업 활동상의 글쓰기 특징을 고려하여 설계 교육을 바탕으로 하는 문제 중심적(problem-based) 방법으로 재구성해야 하며, 2) 자기 설명력을 갖춘 과학기술자 양성을 위해 학습 포트폴리오의 작성과 활용에 대한 내용이 보충되어야 하며, 3) 다학제적 상황에서의 협력과 소통을 위한 교육내용이 보충되어야 한다고 그는 밝힌다.

우리 전문대학의 경우, 평가인증제도가 시작되면서 직업기초능력 교과 속의 글쓰기, 구체적으로 '의사소통능력'에 대한 교과목 개설의 필요성이 제기되었다.[48] 이는 교육부장관의 인정(Recognition)을 받은 인정기관이 대학의 신청에 따라 대학의 운영 전반(기관평가), 또는 교육과정 운영(프로그램 평가)을 인증(Accreditation)하는 시스템을 구축하는 데 그 취지가 있다.[49] 전문대학 교육과정의 수월성을 담

---

48) 전문대학기관평가인증제는 고등교육법 제11조의 2(신설 2007.10.17.), 고등교육기관의 평가인증 등에 관한 규정(제정 2008. 2. 17. 대통령령 제21163호)이라는 법적 근거에 의거하여 고등직업 교육기관인 전문대학 교육의 질을 제고하고, 기관의 책무성을 증진시키며, 지속적인 직업교육의 품질 개선을 위해 2011년부터 시행되었다. 인증 기준으로는 9개 기준, 27개 세부기준, 72개 평가요소로 구성된다. 일선 대학의 신청을 받아 대학 스스로 실시한 자체평가를 토대로 ① 대학의 사명과 발전계획, ② 교육, ③ 산학협력, ④ 학생, ⑤ 교원, ⑥ 도서관 및 정보자원, ⑦ 경영 및 재정, ⑧ 교육시설 및 자원, ⑨ 대학의 책무와 교육개선 등 대학운영 전반에 대한 질 보장 여부를 심사하여 인증을 부여하는 제도이다.

49) 여기서 인정(recognition)은 '정부가 전문 평가·인증기관의 기본 적격성, 평가·인증 역량, 평가·인증 기준과 절차 등의 적절성 여부를 검토하여, 당해 기관이 평가·인증을 수행할 수 있는 기본 요건을 충족하였음을 확인하는 행위'이고, 인증(accreditation)은 '전문 평가·인증기관이 대학운영 전반 또는 교육과정에 대한 질 보증 및 질 개선을 위한 일정 기준의 충족 여부를 확인하는 것'을 의미한다.

보하기 위한 정책으로 기존에는 학과 평가가 있었다.

그런데 기관평가인증제는 학과 평가와는 달리 전문대학 교육의 질을 지속적으로 향상시키며, 계속적인 사후점검을 통해 인증 기준을 유지하게 하여 대학교육의 질을 지속가능하게 데 목표가 있다. 학생, 학부모, 산업체 등 교육 수요자 측에서 보자면 대학에서 제공하는 올바른 정보를 통해 교육품질을 보장받을 수 있다. 그밖에도 선진화된 대학경영 체계 구축을 통해 국내외 경쟁력 제고와 교육 및 행정 서비스 만족도 향상, 전문대학 교육의 신뢰도 제고를 통한 직업교육 수요의 확산 유도, 학생과 산업체 등의 의견 수렴을 통한 수요자 중심 직업교육의 질적 수월성 제고, 국제적인 등가성 및 통용성 확보 등을 기약할 수 있다.

전문대학기관평가인증제도 세부평가지표에서는 교양과목으로서 직업기초교과 운영의 적절성을 정성지표로서 문제 삼고 있다. "2.2.2 직업기초 교양 및 기초학습 교육"에서는 정책에 따른 규정과 지침, 활동 내용, 위원회 활동, 기획운영-개선점검-환류개선 결과를 평가하고 있다.50)

---

50) 이를 테면 인증원 평가팀에 제출한 자체평가보고서(전남도립대학교 사례)에 해당 대학의 인증 충족내용을 다음과 같이 적시하는 형태다. 1. 교양교육운영 정책은 전남도립대학교 중장기발전계획 제1장 대학의 교육목표와 인재상과 연계하여 '학칙 제7장 교과 및 수업 제29조 교육과정의 규정'에 따라 교양교과 교육과정 편성 및 운영에 관한 사항을 포함하여 갖추고 있고, 교양필수, 교양선택(전공), 교양선택(일반)의 교양교과목 편성 및 운영체계에 따라 교양교과목이 편성되어 운영되고 있음. 2. 교양교과는 2013, 2014, 2015학년도 교과과정개발 계획안에 따라 일반교육, 직업기초능력, 전공기초로 구성하고, 교육과정위원회의 심의를 거쳐 총장이 정하여 운영하였으므로 충족 판정함.

표 6-1. 전문대학 교양교육 중 <언어와 문학> 관련 정규과정 과목(2011~2012년)

대학	과목명	강의내용	채택학과	학점	시수
가 대학	대학국어	문학사+문학개론	전 학과	2	2
나 대학	대학국어	문학사+문학개론	전 학과	2	2
	비즈니스문서	실용문작성법	일부 학과(개선안)	2	2
	커뮤니케이션	의사소통기술	일부 학과(개선안)	2	2
다 대학	대인관계, 의사소통	의사소통기법	일부 학과	2	2
라 대학	글쓰기	글쓰기와 어법	일부 학과	2	2
마 대학	기획보고서작성법	기획서작성실무	일부 학과	2	2
바 대학	엑셀, 프레젠테이션	기법실무 익히기	전체 학과	2	2
	글쓰기와 말하기	글쓰기와 말하기	전체 학과	2	2

표 6-2. 전문대학 교양교육 중 <언어와 문학> 관련 비정규과정 과목(2011~2012년)

전문대학	과목명	강의내용	대상 학과
가 대학	취업서류 작성	이력서, 자기소개서 포트폴리오	전 학과
나 대학	취업캠프	취업서류 작성법 & 면접지도	전 학과
	기초학습능력향상	국어기초학습능력향상	일부 학과
다 대학	기초학습능력향상	이력서 및 자기소개서 작성법	전 학과
라 대학	기초학습능력향상	NIE 글쓰기 과정	전 학과
		인성개발독서경진대회	전 학과
마 대학	기초학습능력향상	삼성직무적성검사(SSAT)과정	전 학과
바 대학	프레젠테이션	프레젠테이션 기법실무 익히기	전 학과
	글쓰기와 말하기	글쓰기와 말하기	전 학과

* 비정규 과목은 전문 컨설팅 업체에 외주 혹은 비전임 특강 형식으로 운영

위 표 6-1과 6-2는 기관평가인증의 인증 기준을 충족한 모범 사례다. 정규/비정규 과목으로 구분하여 교양과목을 운영한 대학의 자체평가보고서 사례다.

III. NCS 체제 도입과 전문대학 교양교과로서 '글쓰기'

국가직무능력표준(NCS ; National Competency Standards)이란 학벌이 아닌 능력 중심 사회를 지향하기 위한 교육공학적 메커니즘으로, 모든 직종에 종사하는 사람에게 요구되는 지식이나 능력을 국가 차원에서 표준화한 직무능력 능력단위(unit of competency) 및 능력단위요소로 구성된 교수-학습 명세서이다.[51]

NCS는 현장 업무와 교육훈련 및 자격의 동일성 차원에서 요청된다. 즉 일자리 중심 교육훈련의 요체로 인재 선발이나 채용 시 능력을 판단할 수 있는 잣대로 활용된다. 또한 직종 간 차이를 명확히 하고, 경력개발을 위한 기준이 되며, 개인의 능력을 합리적으로 비교하고 측정하기 위해서도 필요하다. 나승일(2013)은 이 외에도 현재의 일자리에서 최고 전문가로 성장 발전하는 경력개발 사다리를 기업 또는 국가 차원에서 제시할 수 있는 자료로서, 인력 이동 시 개인이 지닌 능력이 어느 정도인지를 판단하고 학력, 자격, 경력 등의 등가성을 판가름할 수 있는 잣대 역할을 하기 위해서도 불가피하다고 파악한다.

NCS와 NCS 학습모듈을 동시에 개발하는 Working Group은 현장 종사자 및 전문가, 교육훈련 전문가, 자격전문가, 직무분석가, 학습모듈 전문가, SC관계자, 고용주, 유관 기관 관계자 등으로 구성된다. 아

---

51) 하나의 NCS는 여러 개의 핵심 능력단위로 구성된다. 이때 유사한 명칭의 능력단위라고 할지라도 NCS의 성격에 따라 내용의 차이가 있다. 예컨대 동일한 '테이블 정리' 능력단위라도 카페의 테이블 정리와 음식점의 테이블 정리는 수행준거의 차이가 발생할 수 있다. 한편 NCS는 학습 수준으로 결정된다. 핵심능력단위별 수준(level)은 그 수행 범위, 난이도, 복잡성 등에 따라서 대체로 8수준, 10수준 혹은 12 수준으로 구분한다. 숫자가 높을수록 높은 수준을 의미하는데, 최고 수준을 의미하고 흔히 박사 혹은 최고 전문가로 간주한다. 또한, 각각의 핵심능력 수준은 곧 교육훈련 수준을 나타내고, 개개인 지닌 능력을 평가하여 그 성취 수준을 평가하는 데 하나의 기준점이 될 수 있다. 유럽은 대체로 8단계 혹은 12단계로 구분하고 있다. 8단계 기준 시 8수준 박사, 7수준 석사, 6수준 학사, 4-5수준 전문학사, 3-4수준 특성화고졸, 2수준 반숙련 인력 등으로 구분한다.

울러 표준화한 교재인 NCS 학습모듈을 만들기 위해서는 NCS 개발 과정에서 검토되고 수집된 작업 지침, 매뉴얼, 품질 평가 기준, 장비 사용법 등이 활용된다. NCS 개발에는 현장 전문가뿐만 아니라 NCS 표준교재(학습모듈)로 만들 교육훈련 전문가까지 포함된다.

나승일(2013)은 NCS는 인력 양성과 채용, 경력개발 등 개개인의 전 생애 직업능력 개발 및 향상에 활용될 수 있다고 파악한다. 구체적으로 교육 분야에서 교육과정 개편, 교수학습 개선을 통해 일자리 중심으로의 변화를 이끌고, 직업훈련에서도 실무 중심으로 직무능력을 향상시킬 수 있도록 활용할 수 있다. 자격 분야에서는 산업수요에 맞게 자격을 개편·관리할 수 있다. 기업에서 근로자 채용 시 직무능력평가제를 통해 직무에 적합한 인재를 채용할 수 있으며, 근로자는 입직 후 평생에 걸친 경력개발 및 관리에 활용할 수 있다. 종국적으로는 개인의 능력이나 인력의 상호 인정 기준으로서의 국가역량체계(NQF)를 확립하는 기제가 될 수 있다.

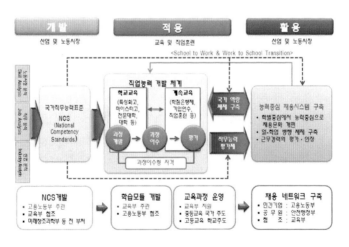

그림 6-1. 국가직무능력표준 개발 및 활용 체계

김영일(2014)은 "능력과 동떨어진 교육·훈련의 취업준비-능력과 상관없는 채용방식-능력과 관련 없는 승진체계-능력급이 아닌 임금체계라는 악순환이 반복"되고 있으며, NCS는 이런 악순환을 끊어내고 능력 중심 사회를 실현하기 위한 것이라 규정한다. 그 파급 효과는 사회 전반을 스펙이 아닌 능력 중심 사회로 혁신(Inovation)하는 데 핵심적인 역할을 할 수 있다고 첨언한다. 구체적으로 "교육훈련기관(특성화고, 마이스터 고교, 직업학교, 폴리텍, 전문대학, 대학 등)에서는 NCS에 따라 산업현장에서 바로 쓸 만한 인재를 키우는 현장 중심의 맞춤형교육을 할 수 있을 것으로 기대된다"라고 덧붙이고 있다. 그림 6-1은 NCS 시행 주체인 교육부-노동부-산업인력관리공단이 국가직무능력표준 개발 및 활용 체계를 도식화한 체계도다.

NCS는 교육훈련이 일자리, 자격제도 등과 상호 연결되도록 견인하는 핵심 수단이 될 수 있다. 하지만 NCS는 일자리 중심의 개념이지 특정 학문의 타당성이나 실용성을 평가하는 준거가 아니기 때문에 일자리 창출에 직접적으로 연결되지 않는 특정 학문 분야까지도 NCS 관점에서 평가하거나 판단하는 것은 아전인수를 범해서는 안된다. 교양국어나 교양영어, 외국어 등 어문학 분야, 인간심성 계발과 관련한 인문학 분야 등에 까지 적용하는 것은 다소 무리가 있다. 다음은 NCS 방법적 체계를 원용하여 전문대학 교양과목에 도입한 직업기초능력 10개 교과목이다. 일선 대학은 시행 초기여서인지 대체로 기존 교양과목을 폐지하고 이중 2~3개 과목을 학과별 전공 특성에 부합하는 방향에서 선택하고 있다.

표 6-3. 전문대학 직업기초능력 교양과목 및 하위 능력단위요소

연번	직업기초능력	하위 능력단위요소
1	의사소통능력	문서이해능력 / 문서작성능력 / 경청능력 / 언어구사력/ 기초외국어능력
2	문제해결능력	사고력 / 문제처리능력
3	자원관리능력	시간관리능력 / 예산관리능력 / 물적자원능력 / 인적자원관리능력
4	정보능력	컴퓨터활용능력 / 정보처리능력
5	조직이해능력	국제감각 / 조직체제 이해능력 / 경영이해능력 / 업무이해능력
6	수리능력	기초연산능력 / 기초통계능력 / 도표분석능력 / 도표작성능력
7	자기개발능력	자아인식능력 / 자기관리능력 / 경력개발능력
8	대인관계능력	팀웍능력 / 리더십능력 / 갈등관리능력 / 협상능력/ 고객서비스능력
9	기술능력	기술이해능력 / 기술선택능력 / 기술적용능력
10	직업윤리	근로윤리 / 공동체윤리

한편 NCS 체제에 기초한 직업기초능력 교양교육과정 개편 또는 개발은 다음과 같은 절차에 의하여 수행된다. 대학교양과목으로서 기존의 '글쓰기와 말하기' 관련 과목은 직업기초능력 교과목 도입과 함께 전격적으로 '의사소통능력 향상'으로 단일화한 형국이 되었다. 현재 '의사소통능력 향상' 과목은 의사소통능력, 문서이해능력, 문서작성능력, 경청능력, 의사표현능력, 기초외국어능력 등 6개 하위 능력단위요소로, 하위 능력단위요소의 세부 내용은 학습목표, 사례, 활동, 내용, 학습평가 순으로 구성되어 있다.

그런데 기존의 '글쓰기' 과목에서 일반적으로 초점을 두고 있는 핵심적인 교육전략과 방법이 보다 합리적이고 체계적으로 심화한 형태로 '의사소통능력 향상' 과목으로 변화하고 있는지에 대해서는 의문의 여지가 많다.

학습모듈 중 사례, 활동, 내용, 학습평가 등도 시의적절성, 지식암기 위주, 일반적인 내용, 진부한 평가방식으로 문제점을 내포하고 있다. 이 학습모듈의 한계와 난점, 개선 방향에 관해서는 별도의 논의

가 필요하다.

표 6-4. 전문대학 직업기초능력 교양과목 개발 체계

단계	개발 및 도입 절차
1단계	직업기초능력에 대한 산업체 요구 분석: 산업체 요구 수준, 신규 채용인력의 능력 수준이 기업의 요구에 부합하는 정도, 기업에서 필요한 인재의 육성 여부, 일자리의 업무 수행 여부
2단계	기업 요구 직업기초능력 분석: 대기업과 중소기업의 학습내용 요구도 비교
3단계	직업기초능력 평가 영역, 수준의 개념적 정의 이해
4단계	직업기초능력 수준 설정
5단계	직업기초능력 교육과정 개발 과정
6단계	직업기초능력과 학업성취도간 관계
7단계	NCS 직업기초능력 교육과정 개발: 설문지 조사 및 분석
8단계	NCS 직업기초능력 교육과정 개발: 결과분석 및 학과별 선정
9단계	NCS 직업기초능력 교육과정 운영: 운영 시행 및 점검
10단계	NCS 직업기초능력 교육과정 운영: 환류 및 개선

Ⅳ. 맺는말: 전문대학 글쓰기 교육의 한계와 개선방안

21세기 지식정보화 사회에서 커뮤니케이션의 효율성을 극대화하는 교수학습체제는 시의적절하다. 여기서 커뮤니케이션의 두 축은 글쓰기와 말하기로 규정할 수 있다. 그간 고등교육(대학교육)체계에서 글쓰기인 사고 요인과 말하기인 표현 요인의 실질적 활성화를 위해 많은 노력을 기울여 온 게 사실이다. 공학인증제를 비롯하여 학부 중심 대학, 교양기초교육원 등을 개설했고, 최근에는 대학평가인증제, 직업능력표준제를 시행하기에 이르렀다.

대학의 글쓰기 교육은 일반교양강좌로 개설되었던 과거와는 달리 필수교양과목이나 전공글쓰기과목으로 개설되는 경우가 많다. 글쓰기 교육의 내용이 체계적이고 전문화되고 있음에도 그 효과성은 확연히 드러나지 않고 있다. 이는 글쓰기 이론적 원리나 방법론에 치중하는 경향이 많기 때문이다.

이를테면 기존 교과의 글쓰기 전략인 1단계-배경지식의 활용과 연결하기(글의 내용, 전개 구조, 구조형식, 문체 등을 개인경험과 연결하기, 다른 텍스트 내용과 연결하기, 텍스트와 시사적인 화제와 연결하기 등), 2단계-적극적으로 질문하기(이 글은 무엇에 대한 이야기인가, 이 글은 누구에 대한 이야기인가, 이 글의 중심 내용(요지, 주제, 결론)은 무엇인가, 이 글은 어떻게 설명(논증, 주장)하고 있는가, 이 글은 전체적으로 혹은 부분적으로 사실에 바탕해서 쓰여졌는가, 이 글은 진실한가, 이 글의 중요성(초점, 의미)은 어디에서 찾을 수 있는가) 등이 있다.

한편 3단계-시각화와 추론하기(배경지식과 텍스트 속에 포함된 단서를 통하여 머릿속에 그림그리기), 4단계-중요한 내용 가려내기(핵심적인 문장, 어휘, 단어 가려내서 우선순위 정하기, 테마 문장 만들기), 그리고 5단계-읽기를 점검하고 수정하기(바르게 읽었는지 점검하기, 오류 지적하기, 적절한 읽기 방법 제시하기, 단어, 문장, 문장과 문장 간, 전체적인 이해 살펴보기), 6단계-요약하고 종합하기(자신만의 문장으로 간략하게 재진술하기, 종합의 핵심은 창조적 조합으로 새로운 지식을 추가하기도 하고 새로운 아이디어를 생성하는 최종 과정임을 인지시키는 것) 등 글쓰기 학습의 필요충분요건이 합리적인 수준에서 연계되어 있지 않다.

이런 면에서 황성근(2005)의 "글쓰기 교육이 학생들의 기초능력교육으로써 실무적인 접근보다는 이론적인 접근이 적지 않고 이론과 실무를 병행하고는 있지만 효과적인 수업지도가 되지 못하는 부분이 있다. 일부 대학에서는 글쓰기 교육의 실무에 중점을 두고 있지만 아직 과거 글쓰기 교육의 틀에서 크게 벗어나지 못하고 있다. 글쓰기 교육은 무엇보다 하나의 통합적인 큰 틀에서 이루어져야 한다"라는 지적은 설득력이 있다.52) 특히 대학의 글쓰기 교육은 지식의 생산 차원에서 이루어져야 한다는 게 소론의 핵심이다. 단순히 한 유형의 글쓰기에 머무는 것이 아니라, 다양한 글을 쓸 수 있는 전방위적인 글쓰기가 가능하도록 유인해야 하기 때문인 것으로 파악된다.

한편 바람직한 학문적 목적의 글쓰기 교육을 원만희(2009)는 "특정한 학문 분야의 탐구 과정 전반을 글쓰기를 통해 구현하는 방식이 최선이다. 즉 '전공 학습과 글쓰기를 통합하는' 형태, 즉 '범교과 글쓰기'(WAC)이다. 이는 대학이 추구하는 학문적 전문성과 고도의 의사소통 능력을 동시에 배양시켜 교육경쟁력을 강화해야 한다는 시대적 요구와 일치하는 글쓰기 교육 방법론"이라 언급하고 있다. 이 역시 시대 흐름과 걸맞은 안목이라 이해된다.

다음은 고등교육기관으로서 전문대학 단위에서 시행할 만한 글쓰기 교과목의 운영방법 개선을 제안하거니와, 이는 고등직업교육평가인증원이 제시한 제도적 측면에 부합하는 합목적성을 담보하는 것이기도 하다.

우선 대학 교육과정의 선순환 연착륙을 책임지는 콘텐츠 싱크탱크인 교수학습센터의 활성화와 관련한 제안이다. 즉 글쓰기센터의 활성화, 글쓰기 교과의 교과과정 편입 및 시스템 구축, 글쓰기 전담 전임교원의 확충, 글쓰기 교육의 단계별 수준별 설계, 개발, 적용을 재정

---

52) 황성근(2005)은 글쓰기 교육은 교수자의 글쓰기 교육에 대한 노하우와 방법론, 지식 전달의 방식에 따라 다르지만, 글쓰기의 이론과 실습, 평가의 3박자가 이루어져야 효과적인 교육이 가능하다고 말한다. 그는 이어 "특히 글쓰기 교육은 다른 교과목과는 달리 순수한 학문적인 접근보다는 실습적이고 응용적인 접근이 강한 만큼 세부적인 내용보다는 개괄적인 내용의 이론적 학습이 필요하다. 글쓰기의 실습적 지도 또한 실무적인 접근이 필요하다. 글쓰기의 실습적 지도에는 규칙을 중시하는 실습적 지도와 내용을 중시하는 실습적 지도가 있다. 규칙을 중시하는 글쓰기 지도는 문법적인 규칙이나 문장 규칙 또는 표현규칙을 중시하는 글쓰기 지도를 의미한다. 내용을 중시하는 글쓰기 지도는 문법적인 규칙이나 표현 규칙보다는 글의 내용을 생산하는데 더 무게를 둔다. 그러나 글쓰기의 실습적 지도는 규칙을 중시하기보다 내용을 중시하는 글쓰기 지도가 되어야 한다"라고 역설하고 있다.

립할 필요가 있다. 두 번째는 기관평가인증내용에 관한 보완, 향상 노력이다. 현재 직업기초능력 교과 내용을 혁신적으로 수정·보완하여 산업현장에서 이를 실질적으로 활용할 수 있는 지침이 담긴 학습 모듈로 변환해야 한다. 이와 함께 실제적 프로그램을 포럼, 세미나, 심포지엄 등을 통해 환류·개선해야 한다.

세 번째는 교수력, 학습력을 제고하기 위한 다양한 학습법을 차용하여야 한다. 기존의 발견적 해결방법인 'PBL', 담당 교수 및 산업체 전문가의 멘토링을 받아가면서 전공 관련 자유 주제에 관해 문제해결방식을 지향하는 'ABL' 방식 등도 상정할 수 있다.[53]

필자는 현행 시행하고 있는 '의사소통능력' 교과[학습모듈]의 문제점 진단에 관한 논의는 후일의 과제로 남긴다.

---

53) 토의법(Discussion Method), 문제해결법(Problem Solving Method), 협력학습(Collaborative Learning), 구안법(Project Method: 프로젝트 학습), 인지적 도제학습(Cognitive Apprenticeship), 자기주도학습(Self-Regulated Learning) 등도 능력단위요소에 따라 탄력적으로 적용되어야 한다.

제7장

4차산업혁명시대
고등직업교육의
역할체계 규정과 혁신
방향

I. 문제 제기

전문대학은 1979년 명칭 개편 이후 2017년 현재 전례 없는 혁신과 도약의 중차대한 시점에 도래해 있다. 지난 정부는 2017년 취업률 80% 달성을 목표로 지식기반산업 및 창조경제를 이끌 핵심 전문 직업인 양성 도량으로 '전문대학을 고등직업 중심 교육기관으로 집중 육성'이라는 기치 하에 ▲ 특성화 대학 100개교 육성사업(SCK), ▲ 평생직업능력 선도대학(평생직업 교육대학) 육성사업, ▲ 학위과정 및 수업연한 다양화, ▲ 산업기술명장 대학원 설치, ▲ 능력 중심 교육인 직업능력표준(NCS) 학습 모듈 정착화를 구체적인 정책과제로 설정했다.

이러한 정책의 목표는 ▲ 학벌이 아닌 능력 중심 사회를 실현할 수 있도록 사회·산업수요에 기반한 특성화로 전문대학의 경쟁력 강화 및 우수 전문인력 양성, ▲ 일자리·현장 중심 교육과정 개발·운영으로 전문대학의 산업계 수요 중심의 교육체제 개편 유도, ▲ 성인 학습자 등 신 직업수요에 적극 대응, ▲ 글로벌 고등직업교육 역량 강화를 위한 수업연한 다양화 등에 두어졌다.

2017년까지 이어진 진행 과제로서 특성화 전문대학 육성사업, 직업능력표준 기반 교육과정 운영 확대, 평생직업 교육대학 육성사업, 수업연한 다양화 근거 마련을 위한 고등교육법 개정 추진, 전문대학의 국제화 역량 강화를 위한 WCC의 지속 추진, 취업보장형 고교·전문대 통합교육(Uni-Tech)과정 사업, 전문대학 사회맞춤형 학과 운영 및 기능 확대 등의 정책·홍보 추진을 통해, 다행스럽게도 전문대학에 대한 사회적 인식이 지속적으로 개선되고, 재정지원 규모가 확대되고 있다.

전문대학 유턴 입학 지원자 수가 해를 거듭할수록 증가하고 있고

(2014년 4,984명 → 2015년 5,489명 → 2016년 6,122명), 특성화사업 지원 규모 역시 확충되었다(2014년 78교, 2,696억원 → 2015년 79교, 2,969억원 → 2016년 83교, 2,972억원). 표 7-1에서 보듯이 품목을 바꾼 현안 과제 실적은 상향 수준으로 진행되고 있지만, 초기 프로젝트는 빛을 바랜 형국이다.

물론 부정적인 현실과 여건도 있다. 대학구조개혁 추진에 따라 전체 정원의 9.2%를 감축해야 하기 때문에 대학 운영의 어려움이 예상되고 있다. 장기불황에 따른 경제상황 악화로 1999년 이후 역대 최고치인 청년실업률이 12.5%(2016년 2월 기준)에 달하는 등 청년고용절벽 현상이 계속될 것이라는 우려도 있다.

표 7-1. 고등직업 중심 교육기관으로서 전문대학 육성사업 과제 및 성과지표[54]

성과지표	측정산식 (또는 측정방법)	최근 2년간 실적		2016년 목표치 및 실적		
		2014년	2015년	(A) 목표치	(B) 12월말 실적	달성도 (B/A)
특성화 전문대학졸업생취업률	KEDI 고등교육기관 졸업자 취업통계조사 (12월 기준)	61.4 (61.4)	69.8 (67.8)	72	72	100%
고등교육법 개정(수업연한 다양화 근거 마련)	국회 의안정보 시스템 확인	미개정	미개정	법 개정	미개정	-
평생직업 교육대학 비학위과정 이수자 수 증가율	(당해 연도 전체 비학위 과정 이수자 수 / 전년도 비학위 과정 이수자 수) *100 ('15년 비학위 이수자 수	신규	114	125 (10% 증)	139	111%
세계적 수준의 전문대학 (WCC)	글로벌역량지수 (WCC대학 외국인 유학생유치수/전문대학전체 외국인	24.5	38.6	39.95	40.11	100.4%

54) 교육부 자체평가보고서, 2016 하반기.

글로벌 교육 역량 지수	유학생 유치수× 0.3)+(WCC 대학 해외취업자/전문대학 전체 해외 취업자수×0.7)					
전문대학-폴리 텍 연계과정 운영대학 수	전문대-폴리텍 연계과정 운영 대학 수	신규	15	17	17	100%
취업보장형 고교·전문대 통 합 교 육 (Uni-Tech) 참여학생 수	960(16개사업단 고1~2학생수))* 0.9	신규	432	864	960	111%
특성화 전문 대학 육성사업 정 책 수 요 자 만족도	수혜대상자(학생,교직원 등) 만족도 조사는 리커드 5점 척 도 방식을 활용하여, 점수측 정 후 100점 기준으로 환산	신규	-	83	86.6	104%

한편 고등직업 교육기관으로서 전문대학 관련 추진 사업은 이전 정부 때 가졌던 높은 관심과 의욕에 비해 대체로 소강국면에 들어서 있다. 다만 특성화 재정지원대학에 해당하는 83개교(1유형 단일산업 23개, 2유형 복합산업 43개, 3유형 프로그램 7개, 4유형 평생직업 교 육대학 10개)의 평균 취업률이 70%대를 약간 상회하고 있을 뿐이다. 평생직업 교육대학은 선행학습경험인정제, 실질취업률 제고, 학생 모 집 등에서 난항을 겪고 있다. 게다가 일반대학이 유사한 형태를 만드 는 등 동종교배(同種交配)하는 지경에 이르렀다. 수업연한 다양화는 법안이 계류 중인 상황이다.

2016년 11월 교육부가 내놓은 '창의혁신 인재 양성을 위한 대학 학사제도 개선 방안'을 일별하면, ▲ 학사제도 유연화(모듈형 학기제 도 운영, 학년별 학기제, 집중이수제 도입, 통합과정 동시학위취득 허 용), ▲ 다양한 학습기회 보장(융합전공제, 졸업유예제, 선행학습경험 인정제 적용 확대, 국내 대학 간 복수학위 허용, 4년제 전과 허용), ▲ 시공간 제약 없는 이동-원격수업 제공(교육과정 순회 운영, 대학 원 원격 수업 허용), ▲ 석사과정 수업연한 단축 및 졸업 요건 자율화 등을 골자로 하고 있다. 교육부는 일선 대학에 이를 선도적으로 실행할 것을 주문하고 있다.

이처럼 일반대학 대상 교육과정은 전시장, 실험장이라 할 만한 단계까지 진입하고 있음에도 불구하고, 전문대학은 여전히 '수업연한 다양화'가 계류된 상태다. 직업교육대학원으로서의 한껏 기대가 높았던 '명장 대학원'도 사실상 물거품이 되었다.

여전히 일반대학이라는 거센 파고(波高)에 공정한 룰이 만들어지지 않고, 게임이 공평하게 치러지지 않고 있다. 언필칭 고등직업교육 선진학제 패러다임과 직업교육의 수월성을 위한 절대적 솔루션이라는 점을 거론해도 일반대학 권역에서 막무가내다 보니 전문대학은 속수무책인 상황이다.

'과연 NCS가 100% 정착되었는가' 하는 의구심도 현실로 나타나고 있다. 철저한 준비 과정 없이 재정지원이 당근 정책으로 이뤄지다 보니, 현장학습과 실습훈련이 병합된 실질적인 교육과정의 선순환이 어려워 보인다.

특성화고교-전문대학-기업체 간 삼위일체식 5년간 통합교육과정사업(Uni-Tech)인 교육부-노동부 간 고용보험기금 첫 수혜사업이라는 장점을 가졌음에도 불구하고 부처 간 이견으로 사업 지연과 차질을 빚어 왔다. 3년차에 접어드는 최근에야 이견이 조정된 것으로 파악되고 있다. 한편 '사회맞춤형학과 사업'이 과연 '저성장 시대의 청년실업 장기화'라는 구조적인 난제를 걷어낼 수 있을지 의문이다.

II. 고등직업 교육체제의 혁신 방향

고등직업교육연구소를 비롯하여 한국전문대학교육협의회, 고등직업교육학회 등의 의견을 집약적으로 반영하여 작성된 최신 방안이 이정표(2016. 3)에 의해 제시되었다. 여기에는 고등직업 교육제제 혁신의 배경과 필요성을 ① 시대적 변화 흐름(4차산업혁명시대, 인공지능 시대, 6차산업의 실질적 연착륙, 사회적 기업 및 사회적 협동조합 등 공동체적 가치의 요구와 확산)에 걸맞은 고등직업교육의 체질 개선, ② 저출산-고령화 사회를 맞아 학령인구 급감을 극복할 만한 대안으로서 평생직업 교육체제[School to works, works to school] 마련, ③ 학벌 중심 사회에서 능력 중심 사회로의 전환 요청, ④ 경제적으로 저성장시대와 청년실업의 장기화에 대비한 실무 위주 현장교육, ⑤ 선진직업교육 패러다임에 초점을 둔 질적 글로벌 경쟁력 강화, ⑥ 사회적 취약계층의 사회안전망 통로로서의 직업교육 내실화 등 여섯 가지로 요약하고 있다. 비교적 전문대학 혁신 방향을 소상하게 제시하고 있는 편이다.

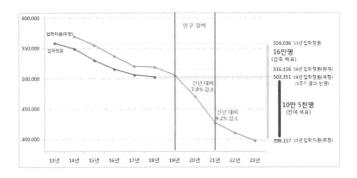

**그림 7-1. 저출산-고령화 시대를 맞아 '인구 절벽'에 맞닥뜨린
대학 입학자 수 급감 도래 현황**[55]

이 안은 전문대학 교육의 실태에 관해 ① 행정제도적 측면에서 컨

---

55) 교육부 자체평가보고서 자료, 교육부 대학평가과, 2017. 1.

트롤 타워 기능의 비효율성, 비합리성을 지적하고 있다. 교육부 관련 부서의 업무 분장과 역할 조정이 요청된다는 얘기다. 또 선진국 고등 직업교육 형태에 비해 국공립 대비 사립대학 의존도가 지나치게 높다는 점도 적시하고 있다. 이는 국가가 직업교육의 주체로서 책임을 방기하고 있다는 맥락으로 이해할 수 있다.

② 재정운영적 측면에서는 OECD 국가 평균 대비 정부 재정지원이 매우 미흡하다고 파악하고 있다. 특히 대학 수, 학생 수 등을 고려할 때 일반대학에 비해 전문대학 지원이 턱없이 미흡하다고 판단하고 있다. 게다가 대다수 전문대학은 등록금 동결로 인한 수입 감소에 따라 경영 여건이 악화일로에 있어, 교원확보, 실험실습비, NCS 교육과정을 실현할 설비 구축 및 기자재 도입에도 그 여파가 미치는 것으로 파악하고 있다.

고등교육법상 전문대학의 설립 목표는 '전문 직업인 양성'이다. 고등교육을 현재의 대학 형태로 이론-학문 중심과 실무-직업 중심으로 2대분하여 2개 트랙으로 구획하는 방안은 현 단계에서 합리적인 의견이다. 다만 '수업연한의 자율성(다양성)'을 전제로 한 투 트랙이라야 의미가 있다. 특히 "2017년 2월 현재 교육부는 3개 실, 3개 국, 11개 관, 49개 과(담당관)로 구성되어 있고, 전문대학 관련 모든 업무는 교육부 대학정책실 소관 12개 과 중 전문대학정책과가 담당하고 있다. 한편 평생직업교육국은 초·중등 학생, 성인 학습자 등에 대한 직업교육정책을 관장하고 있어 전문대학 관련 지원 정책은 제한적"이라고 밝히고 있다.

표 7-2에서 볼 수 있듯이 과(팀) 단위에서 전문대학 정책을 제한적, 부분적으로 담당하고 있고, 대다수 정책은 전문대학정책과가 전담하고 있다.

표 7-2. 교육부 대학정책실의 구성 및 역할(2017. 1)

부서명	역할	비고
대학정책과	국립대 위주의 정책, 인사, 지원 등	대학정책관 소관
대학평가과	**고등교육평가인증, 대학구조개혁 등**	
대입제도과	대입제도, 고교교육정상화, 수능 등	
사립대학제도과	사립대학 관리, 지원 등	
산학협력정책과	산학협력단, LINC육성 등	대학지원관 소관
전문대학정책과	**전문대학 관리, 지원 등**	
지역대학육성과	지방대학 지원, 대학특성화 등	
취창업교육지원과	**취창업지원, 대학진로, 계약학과, 사내대학, 글로벌현장실습, 장기현장실습**	
학술진흥과	대학도서관, 인문학진흥, CORE, 인문사회기초연구	학술장학지원관 소관
대학재정과	ACE+, BK21, K-MOOC, 재정지원 등	
대학학사제도과	대학 학사제도, 대학원, 전문대학원, 약학대학, 법학전문대학원	
대학장학과	**국가장학금, 학자금대출, 대학등록금 등**	

표 7-3. 국정 관리과제 위주 고등교육 현황[56]

담당과(팀)	관리과제(번호는 과제번호)	성과지표
대학정책과	25.국립대학 총장 후보자 선정 대학구성원참여제 안착 지원	①국립대학 총장후보자 선정 시 대학구성원 참여제 안착 지원
국립대학 자원관리팀	26.국립대학 자원 관리선진화 시스템 구축	①국립대학 자원관리시스템 개발 진척률(%)
대학평가과	27.교육의 질 제고 노력 유도를 위한 대학평가 및 인증제도 운영	**①2주기 대학구조개혁 방안 마련** ②공대여학생 학업및 취업준비지원 만족도 ③유학생의 학업 및 생활 적응지원 만족도
대입제도과	28.대입전형 간소화착 추진 : 국정과제	**①대입 수시전형 모집요강 기한 내 발표율 (공통)** ②정원 내 고른기회전형 모집인원 ③대입정보포털 이용 만족도
사립대학제도과	29.건전한 사학 지원을 위한 신뢰성 및 투명성 확산	①실태점검 및 회계감리 이행률(%) ②현장지원서비스(대학수) ③임시이사 선임 법인 중구 성원 갈등 없는 정상화 추진 법인 수

---

56) 교육부, 2016년 하반기 자체평가보고서.

		④현장의견을 수렴한 제도개선(규제해소 포함) ⑤국내 대학 해외진출 기반 조성을 위한 제도 개선
사 분 위 지 원팀	30.정상화 협업 체제 구축	①정상화를 위한 협업 체제 구축
산학협력정책과	31.일자리 창출을 지원하는 산학 협력 선도모델 성과확산	①산학협력 선도대학 교수 1인당 기술 이전 수입료 (천원) ②산학협력 가족회사로의 취업률(%) **③산학협력 선도 전문대학 참여학과 취업률 (%)**
지역대학육성과	32.지방대학 지원 확대 **: 국정과제**	①NASEL 활용 교수학습 역량진단점수 ②공공기관 지역인재 채용 권고 비율 미준수 기관 수 감소 ③지역인재 추천채용(7급) 인원 확대
	33.창조경제를 견인할 학생 중심 산업 연계 선도대학 육성	①PRIME사업 선정대학 정원 이동 수(명) (공통)
전문대학정책과	**34.전문대학을 고등직업 중심 교육기관으로 집중육성 : 국정과제**	**①특성화 전문대학 졸업생취업률 ②고등교육법 개정(수업연한 다양화) ③평직대학 비학위 과정 이수자 수 증가율 ④세계적 수준의 전문대학 글로벌 교육역량 지수 ⑤전문대학-폴리텍 연계과정 운영 대학 수 ⑥취업보장형 고교·전문대 통합교육과정 참여학생수**
취업창업교육 지원과	35.현장 적합형 대학 인력 양성	**①사회맞춤형학과 참여 학생수** ②장기현장실습 시범대학 선정
	36.대학생 취·창업 지원 인프라 구축 **: 국정과제**	①졸업후 취업진로정보 홈페이지 게시 **②대학 취·창업지원 관련 연계대학 수** ③창업유망팀 300개 육성 ④창업유망팀 만족도 조사
학술진흥과	37.연구윤리 및 학술연구 기반 확충 강화	①연구윤리 교육 수요자수 (백명) ②학술자원 공동활용 건수(만건) (공통) ③국내 학술지의 해외 학술지 DB등재 종수 (종, 누적) ④외국학술지 지원센터 이용자만족도(점)
	38.학술·연구역량 강화 및 인문학 대중화 확대	①인문사회 연구지원 금액 1억원당 성과 ②인문학 대중화 사업 만족도(점) ③한국학진흥사업 연구 성과물 DB구축(만건, 누적) ④표준화된 순위보정 학술지 영향력 지수

		(mrnIF) (공통)
		⑤등록 특허지수 평균 (K-PEG기준) (공통)
대학재정과	39.대학재정지원 확대 및 교육·연구 역량 강화 : **국정과제**	**①GDP 대비 고등교육 재정지원 비율** ②학부교육 선도대학 육성사업(ACE) 학생 만족도 (점) ③K-MOOC 수강신청 수(건) ④참여대학원생 1인당 논문 IF(인용지수)
대학학사제도과	40.대학원 제도 개선을 통한 교육역량 강화	①평가 시뮬레이션 참여 대학원 수(개) ②전문대학원 관련 규제 완화(건) ③경제적 환경을 고려한 장학금지급률
	41.대학 학사운영 자율성 및 책무성 강화	①학사관련 규제 개선 ②학사관리 컨설팅 만족도
대학장학과	42.대학등록금 부담 완화 : **국정과제**	**①등록금 부담 경감 효과(공통)** **②학자금 대출 이자율** ③교외 근로 비율(%)(공통) ④우수학생 장학금 계속 수혜율(%)(공통) **⑤카드납부 가능 대학 수(개교)**

표 7-2, 7-3에서 보듯이 전문대학은 교육부 대학정책실 산하 전문대학정책과로서 일반대학 정책과는 별도로 전문대학의 모든 업무를 총괄하고 있다. 일반대학이 수 개의 과에 걸쳐 업무 분장이 이뤄지고 있는 데 반해, 전문대학 운영 전반은 전문대학정책과가 독자적으로 관장하고 있는 행태다.

이에 전문대학이 가진 직업교육의 특수성, 고유성을 인정해 독립된 전문대학정책과는 융복합 거버넌스 패러다임에 부응하고 교육 정책의 거시조정 국면에서 대학정책실로 환원, 통합되어야 한다는 시각도 있다. 즉 일반대학과의 단일한 체계하에서 운영될 필요가 있다는 얘기다. 대학재정, 학사제도, 학술지원, 장학제도를 통합하는 대학정책실이라는 큰 틀에서 운영되어야 작금의 사각지대에서 벗어날 수 있다.

직업교육 부문이야말로 선진국의 경험과 지혜가 요청되는 시대다. 현재 전문대학 교수는 직업교육을 테마로 하는 해외연수와 학술활동 지원 혜택을 거의 받지 못하고 있다. 요컨대 일반대학과는 별도의 대학으로서 전문대학이 아닌, 고등교육체제하의 일반대학과 한 축을 이루는 고등직업 교육체제가 되어야 한다. 정부 차원의 고등교육체제의 재조정, 재구조화가 요청되는 시점이다.

물론 고등직업교육정책실로의 확대 개편도 가능하다. 하지만 고등직업 교육기관인 전문대학만을 관장하는 부서로서 기능과 역할, '역할체계'를 이루기보다는 이 역시 일반대학과 전문대학의 해당 사업, 필요학과, 취업 관련 업무를 관장하는 방식이라야 한다. 요컨대 단일한 체계하에서 일반대학과 전문대학이 융복합 체계를 구축하여 양축이 부단히 교호작용해야 한다. 그래야 대학이 감당하는 역할과 가치가 동반상승하면서 비전이 창출될 수 있다.

지난 정부 초기 높은 관심과 의욕으로 자체평가에서도 높은 평가를 받은 '34. 전문대학을 고등직업 중심 교육기관으로 집중육성' 과제는 2016년말 중간 정도의 평가에 머물렀다. 초기 기획이 의욕만큼 진행되지 못하거나 성과지표로 연착륙하지 못해 일정 부분 위축된 상태다.

지금까지 일관되게 고등교육 부문에서 높은 평가를 받은 관리과제는 '42. 대학등록금 부담 완화', '39. 대학재정지원 확대 및 교육-연구 역량 강화', '33. 창조경제를 견인할 학생 중심 산업 연계 선도대학 육성(PRIME)','28. 대입전형 간소화', '31 일자리 창출을 지원하는 산학협력 선도모델 성과확산 사업(LINC)' 등으로 전문대학 과제보다는 일반대학에 무게 중심을 두고 평판도 높게 받고 있다. 우수한 성과를 보인 관리과제를 분석하면 과제 명칭부터가 일반대학을 기준으로 하고 있으며, 전문대학을 고려하지 않고 있다.

특히 상당수 과제가 전문대학이 같이 참여하여야 함에도 불구하고 애시당초 '전문대학정책과' 사업이 아니라는 이유로 차단되어 있는 경우가 많다. 대학지원관 소관 사업, 학술장학지원관 소관 사업이 대체로 그렇다. 자체에 고등직업 교육대학(전문대학)의 설립 및 운영 활성화, 관련 법령 총괄화, 수업연한(학제)의 유연성 확보를 위한 '고등직업교육육성법' 제정이 필요하다. 다만 재정집행의 가변성이 큰 우리 현실에서 재원투자조항 등이 명시되는 게 바람직하다.

고등직업교육에 필요한 재정의 안정적 확보를 위한 '고등직업교육 재정교부금법' 제정은 고등직업 교육기관으로서 전문대학이 혁신적으로 발전할 수 있는 안전판으로 작용하리라 판단한다. 다만 교부금의 적정 용처 및 배분 방법 등에 관한 논의가 디테일하게 진행돼야 할 것이다. 전문대학 구성원, 교육 전문가, 각계 의견, 연구 용역, 공청회 등을 통해 구체적이고 정교한 방안이 강구될 필요가 있다.

III. 고등직업 교육기관의 역할체계

고등직업 교육기관의 역할체계 조정이란 일반대학과 전문대학 간 기능조정 문제가 핵심 테마다. 일반대학과 전문대학 간에 이견이 노정되는, 즉 교육내용, 학위 형태, 수업연한 등 이해 당사자 사이에서 평행선을 긋고 있는 예민한 문제에 관하여 '기능조정 및 역할체계'라는 필터링을 통하여 객관적 시각(타당성과 신뢰성)을 확보하는 것이 관건이다.

신현석(2017. 3)은 단선형을 기조로 한 '절충식 분기형 학제'를 전제로 고등교육체계 및 역할을 다루고 있다. 즉 6-3-3-4의 기본 학제를 중심으로 한 단선형 구조이지만 각급 학교 단계별로 특별학제에 속하는 학교들을 두고 있는 행태로 파악하고 있다. 이러한 학제에 관한 이해를 기반으로 미국, 독일, 일본 등 교육 선진국 사례를 중심으로 '고등교육기관의 학사 및 교육과정'을 일별하고 있다. 그에 의하면 시급한 사안으로 '수도권과 지방대학 간 유의미한 차이', '고등단계부터 트랙 분리', '현 체제 유지가 적합', '통합형보다는 분리형, 즉 일반대학교육과 직업기술교육 2개 트랙에 적합한 학사 및 교육과정 운영의 차별화'가 나타났다. 요약하자면, 전문대학은 직업기술교육을 위한 차별화, 전문화한 교육과정이 필요하므로 직업, 자격 체계와 긴밀히 연계하여 입직(入職) 가능성을 높이는 고도화한 교육과정 운영이 필요하다고 밝히고 있다.

전문대학 특성화는 대학 특성화에 관해 평가지표를 통해 특성화를 유도하는 방식이 아닌, 대학이 자율적으로 특성화 전략을 모색하는 'project or program-based supporting system'으로 전환하는 것이 필요하다고 밝혔다. 마지막으로 고등교육 관련 법 체계를 명확히 하여, 체제 개혁의 기틀을 마련해야 한다는 의견을 제시하고 있다.

표 7-4. 미국, 독일, 일본의 대학 운영 특성 비교[57]

구 분	미 국	독 일	일 본
고등교육기관 관련 법규 및 학제	▪ 주 단위 고등교육법 제정 ▪ 2년제, 4년제	▪ 볼로냐 프로세스 이후 유럽통합체제 ▪ 3~4년제	▪ 학교교육법 및 고등교육법 근간 ▪ 2년제, 4년제
고등교육기관 유형별 기능 및 역할	▪ 2년제 커뮤니티 칼리지 ▪ 4년제 대학 ▪ 대학원 대학 등 다양	▪ 대학 ▪ 응용과학 ▪ 예술 및 음악대학	▪ 4년제 대학은 '지적, 도덕적 응용능력' ▪ 2~3년제 단기대학은 '직업 또는 실제 생활 필요능력 육성' 목적
고등교육기관 학사 및 교육과정 운영	▪ 학부, 대학원, 계속&전문 교육과정 대학자율 및 주 고등교육위원회 승인 얻어 운영	▪ 학부, 대학원 계속, 자격수료 과정 등 대학 자율운영	▪ 고등교육법에 따라 기준학점 및 졸업요건
수업연한 및	▪ 전문학사 2년	▪ 박사 3~4년	▪ 고등전문학교 준학사

---

57) 신현석(2017, 3).

학위	▪ 학사 4년 ▪ 석사 1~3년 ▪ 박사 다양	▪ 석사1~2년 ▪ 학사3~4년	5년 ▪ 전수학교 1년 이상 ▪ 단기대학 2~3년 ▪ 대학 4년, 석사 1~2년

일반대학과 전문대학 간 '학제 조정 및 수업연한 다양화'에 관한 내용을 살펴보자. 그는 전국 203개 일반대학을 대상으로 설문조사를 했다. 그런데 59개라는 제한된 대학만이 응답하였다. 이는 수도권대학과 지방대학, 국공립대학과 사립대학, 전공과 보직경험, 근무연차 등을 구분해서 설명이 보완될 필요가 있다.

발제자는 고등교육기관 종류별로 수업연한을 정하는 방식보다는 다양한 전공별 특성을 살리고, 이수학점 수를 조정하며, 산업현장의 수요, 학령인구 감소에 대응하여 "대학이 다양한 수업연한을 선택하여 교육과정을 운영할 수 있도록 하는 게 바람직하다"라고 밝혔다.

연구 대상으로 삼은 3개국, 혹은 '학제 개편의 3가지 모형에 따른 학사 및 교육과정의 설계와 운영은 대학의 자율성에 기초한' 선진 사례를 구체적으로 제시해야 한다. 예를 들어 미국 커뮤니티 칼리지의 경우 1~3년 수업연한 이후, 일본 단기대학의 경우 2~3년 수업연한 이후, 자체적으로 4년 학사과정, 석사과정 및 박사과정을 어떻게 운영하고 있는지, 우리나라와 같이 전공 관련 4년제 대학에 편입하는 구조인지, 아니면 또다른 운영 행태가 가동되는지 의문시된다.

그는 "전문대학의 수업연한 개선 문제는 전문대학만이 아니라 전체 고등교육의 발전 방향을 고려하여 총체적인 발전 전략에 근거하여 이루어질 필요가 있다.", "전문대학과 일반대학의 학위제도는 합리적 논의를 통해 보다 자율적이고 유연하며 융·복합적으로 개선되어야 한다.", "고등교육 학제 개편에 초점을 맞추되 바람직한 결론 도출을 위하여 이해당사자들을 공론화된 논의구조에의 참여시키는 거버넌스 접근 방식을 취해야 한다"라고 밝히고 있다. 이러한 진술은 '수업연한 다양화'가 전문대학의 문제항으로 설정된 이후 양적으로 확대되고 질적으로 심화되어 온 논의다.

덧붙여 "학사 및 교육과정 운영은 3개국 모두 대학의 자율성을 존중하고 있으며, 대학 내부의 결정 사안으로 위임되어 있다"라고 밝히고 있다. 선진 고등직업교육 사례와 시대적 패러다임을 수용하여 합리적인 가이드라인을 내놓아야 한다. 요컨대 고등직업교육 맥락에 대한 이해를 바탕으로 재조정화, 재구조화 구체적으로 발현돼야 한다.

고등직업교육 핵심 현안에 관한 접근과 모색이 실질적인 정책으로 입법화해야 할 시점이다. 이런 의미에서 정부 부처 정책평가 '정책형성단계' 세부 체크리스트 로드맵인 ① 적절한 계획 수립: 목표의 구체성 및 적절성, 계획수립 시 정책 효과, 장·단점 및 현장 의견 수렴, ② 적정 성과지표 설정: 성과지표 대표성, 성과지표의 목표치 설정의 적절성, ③ 적정 정책 수단 및 홍보 수단 선택: 정책 수단(법적, 제도적, 행정적 입안과 절차의 적절성, 홍보계획의 적절성, ④ 관계부서, 타 부처, 현장 협업: 관계부서·타 부처·현장과의 협업체제 구축 및 협업 여부, ⑤ 정책의 점검-환류의 적절성 점검 등을 감안하여 구체계획 수립이 요청된다.

IV. 결어 및 제언

필자는 2013년 5월 교육부 대학발전기획단 전문대학분과 정책위원으로 활동한 이후, 고등교육정책 부문 자체평가위원으로 활동해 왔다. 지난 정부가 시행한 20여 개의 교육부 소관 국정 관리과제 중에서 ▲ 고등직업교육 중심대학으로서 전문대학, ▲ 대학 등록금 부담 완

화, ▲ 대학 구조개혁평가 및 인증제도 운영, ▲ 산학협력 선도(링크)
사업, ▲ 사립대학 분규 정상화 문제 등 굵직굵직한 고등교육 현안에
관한 연례 평가보고서 작성에 참여한 바 있으며, 문제점과 개선방안
을 제시한 바 있다. 전문대학 유니테크 사업의 선순환 방향, 기관평
가인증과 구조개혁평가의 연계 가동, 사립대학 분규 시 적극적 알선
중재 노력 체크리스트화, 대학 등록금 부담 완화(등록금 카드납부제
독려) 등에도 정책자문을 한 바 있다.

4차산업혁명시대가 요청하는 고등직업교육의 혁신 방향과 역할 체
계를 다룬 본고의 결론은 다음과 같이 요약할 수 있다. 우선 4차산업
혁명시대 흐름에 맞는 직업교육제제로 바뀌어야 한다. 특히 학령인구
급감이라는 현실적인 애로사항을 극복하기 위해서는 평생직업 교육
체제(School to works, works to school)가 요청된다.

아울러 학벌 중심 사회에서 능력 중심 사회로의 전환이 필요하다.
그리고 여기에 걸맞은 교육부 내 행정조직의 변화가 동반되어야 한
다. 교육부 관련 부서의 업무 분장과 역할 조정이 필요하다. 한편 전
문대학이 일관되게 주장하고 있는 수업연한 자율화가 도입되어야 한
다. 재정운영적 측면에서는 OECD 국가 평균 대비 정부 재정지원이
매우 미흡하다. 이 역시 실질적인 수준으로 확충되어야 한다. 전문대
학 졸업생의 사회적 인식, 임금차별도 시정되어야 한다.

지난 대통령선거 국면에서 교육부 존폐론이 흘러나온 바 있는데,
현재 고등교육의 경우 '고등교육위원회' 설치로 방향을 정하고 있다.
공공부문도 민간부문 못지않게 모든 섹터에서 적정 업무 기준의 부
서 구획보다는 업무의 질적 선순환 구조를 전제로 한 구획 조정이 필
요한 시점이다.

전문대학 정책 운영의 경우, 기존 정책과 체제의 유지든, 고등직업
교육정책실로 확대 개편하여 이론-학문 중심 대 직업교육 중심의 양

립체제든, 전문대학정책과를 폐지한 후 대학정책실 통합 단일화체제든, 분명한 사실은 시대적 패러다임에 걸맞은 선진직업교육형 전담 조직으로의 리셋이 불가피하다는 점이다.

고등교육기관의 현안인 구조개혁시대를 지혜롭게 돌파하기 위해서는 한국고등교육평가원(가칭)의 설립이 요청되기도 한다. 현재 일선 대학에서는 기관평가인증, 구조개혁평가를 위시하여 20여 종의 평가가 연중 진행되고 있다. 가위 '평가&인증의 시대'라 할 만하다. 대학이 재정지원이라는 덫에 걸려 평가로 몸살을 앓고 있는바, 단일화한 체계가 필요하다.

교육부(대학정책실, 전문대학정책과), 한국교육개발원, 한국직업능력개발원, 한국연구재단, 대교협, 전문대교협 등 평가를 주관·관리하는 기관도, 지표관리 담당기관도 복잡하게 나뉘어 있다. 대학 구조조정시대, 중장기 비전을 확보해야 할 평가인증이라는 위중한 업무가 한시적인 위탁업무가 되고 있다.

고등교육기관 주요 지표의 체계적이고 일괄적인 관리, 공정한 룰과 기준을 근거로 한 평가, 합리적이고 과학적인 대학 구조개혁 설계를 위해서는 창구 단일화가 절실하다. 지표 관리와 평가·인증이 맞짝을 이뤄 고등교육이라는 수레를 원활하게 구르게 하는 전담기구가 설립돼야 하는 이유다.

<칼럼> 고등직업교육 구조혁신, 거품 빼기와 본질 찾기

'전문학교'가 1979년 12월 '전문대학'으로 명칭을 바꿔 단 이후, 2018년 '불혹의 나이 40'을 앞두고 있다. 그간 전문대학은 고등단계의 직업교육에 걸맞게 '전문 직업인 양성'을 표방하며, 이른바 '6차산업', '4차 산업혁명의 시대'라는 하이엔드(high-end) 화두를 견인해 왔다. 이러한 시점에 전문대학의 캐치프레이즈는 당연히 '선진직업교육 모색을 위한 혁신과 도약'이라 할 만하다. 전문대학 역시 '국민소득 3만 달러 시대, 100세 장수시대, 평생학습시대'에 부합한 선진직업교육으로의 학제 형태 변환 및 콘텐츠 생산이라는 과제를 안고 있다.

전문대학이 올곧게 달려온 40년 남짓한 연륜과 경험에 비춰볼 때, 전문대학 구조혁신을 통한 도약의 초점은 '거품 빼기'와 '본질 찾기'로 상정할 수 있다. 전문대학은 적재적소의 산업역군을 양성하며 영욕과 부침의 파고를 거듭해 왔다. 짧지 않은 역사에서 아류(亞流)라는 생채기를 원형질로 안고서도, 일취월장하는 뿌듯함이 교차하는 도정이었다. 그런데도 직업교육 선진국으로의 도약대를 넘어서지 못한 작금의 정체된 상황이 안타깝기만 하다. 특히 그러한 원인이 전문대학 내부보다는 구조적인 정책에서 비롯되고 있기 때문이다. 그렇다면 과연 혁신과 도약이라는 '두 마리 토끼'를 잡을 만한 묘책은 없을까.

우선 '거품을 걷어내기 위한' 시의적절한 기획과 전략이 구체적으로 실행되어야 한다. 지난 정부는 유례가 없을 정도로 '전문대학 집중 육성'에 포커스를 두었다. 이전보다 많은 재정을 투자하긴 했지만, 정권 초반에 일찌감치 손을 접어야 하는 사업이 많았다. 2017년을 완성 연도로 취업률 80% 달성을 목표로 한 특성화 대학 100개교 육성사업(SCK), 평생직업 교육대학 육성사업, 학위과정 및 수업연한 다양화, 산업기술명장 대학원 설치, 세계로 프로젝트 추진을 정책과제에

올릴 당시 전문대학은 반색했다. 하지만 세련화 과정을 거쳐 완성된 모습을 디테일하게 갖추기엔 무리가 따랐다. 다양한 프로그램(프로젝트) 지향, 수치 절대 향상에 주된 타깃을 두었기 때문이다.

차제엔 이를 반면교사로 삼아야 한다. 신입생 및 재학생 충원율은 학습자를 가르치고 수월한 인재를 양성하는 해당 대학의 몫이다. 하지만 취업률은 많은 선진국처럼 고용노동부, 교육부, 중소기업벤처부, 대통령직속일자리위원회 등 정부가 감당해야 한다. 전 지역적으로 일자리를 창출하고 업종 및 부문별 수급을 조정하며, 대학엔 교육과정과 교육내용만을 요구해야 한다. 12월만 되면 전국의 모든 대학이 '취업자 수치 올리기'로 아수라장이 되고 있다. 인증과 평가, 재정지원을 미끼로 일선 대학에 수치를 강압한다면, '거품 취업'의 매너리즘은 불식되지 않는다. 일시적, 잠재적 취업을 걷어내고 산업예비군에 선제 대응하기 위해서는 동종업계 유지취업률 및 실질취업률 제고에 전념하려는 위로부터의 일대 의식전환이 요청된다.

이런 차원에서 재정지원 패러다임의 실질적인 재구조화가 시급하다. 학습자 측면에선 반값등록금을 위시한 장학금과 취업 숙성 및 독려에, 교수자 측면에선 NCS와 연계한 현장 연구 및 선진 직업교육 연수 등에 파격적인 지원을 서둘러야 한다. 수다한 품목 나열보다는 굵직하고 투명한 재정지원이 요청된다. 현재 학술지원 일환으로 진행되는 교수 해외연수는 NCS 취지가 무색하게 일반대학과 달리 전문대학에서는 전무하다.

또 다른 하나는 '본질 찾기'다. 이는 현 정부에 거는 전문대학 구성원의 기대가 자못 큰 부분이다. 교육부 조직 개편 입법예고 사항에 관해 여론 수렴이 진행되고 있다. 고등교육의 두 축인 일반대학과 전문대학 간 경쟁 도량인 '기울어진 운동장'을 평평하게 만들어 달라는 얘기다. 공정한 룰을 만들어 게임이 공평하게 진행되어야 양극화가 해소되고 사회안전망이 견실해질 수 있다. 지난 정부의 고등교육 부문을 관장한 대학정책실은 대학정책과 등 12개 과로 구성되어 있는데, 전문대학은 4~5개 과만 고등교육 관련성을 갖고 있다. 즉 전문대학 모든 정책을 전문대학정책과에서만 주관하다 보니 여타 과에서 운영하는 사업에는 관여하기 어려운 실정이었다. 특히 학술지원과 소관 업무는 사각지대가 되고 있다. 전문대학만 제한경쟁하는 학술지원도 필요하다. 국정 관리과제의 경우도 비슷하다. 고등교육 18개 과제 중 전문대학은 5~6개 과제에 해당할 뿐이다. 조직 개편 시 이러한 왜곡상을 고려해야 한다.

일반대학과 전문대학 간 임금 격차도 해소돼야 할 시점이다. 2015년 말, 5인 이상 사업체 상용근로자 월 급여액 기준, 고등학교 졸업자를 100으로 친다면, 전문대학 졸업자 100.8~113.9, 일반대학 졸업자 153.0~162.7로 임금 격차가 과도하게 나타나고 있다. 이러한 차별은 15년 이상 지속되고 있다. 교육부의 맞짝 부처인 고용노동부의 협업이 긴요하다.

문재인 대통령은 취임사에서 '기회는 평등할 것, 과정은 공정할 것, 결과는 정의로울 것'이라는 국가 비전을 설파했다. 이는 '거품을 해소하고, 본질을 회복하는' 맥락과 상통한다. 즉 한국적 상황에서 여전히 '사회적 루저'로 스티그마가 붙어 다니는 전문대학 구성원들의 가슴을 보듬고 상처를 어루만지는 금과옥조임에 분명하다. 부디 새 정부의 비전과 철학이 교육부의 고등단계 직업교육정책으로 융융하게 녹아들기를 희원한다.

(한국대학신문, 2019. 1. 5)

<칼럼> 새 정부 교육 수장께 드리는 네 가지 苦言

문재인 정부가 출범 1개월을 넘어서며 국민 여론의 긍정적 호응을 얻고 있는 것으로 여론조사 결과가 나오고 있다. 여소야대 정국으로 인해 내각 구성이 지연되는 등 자잘한 불협화음이 있기도 하고, 정책 외적인 측면에 경사돼 있긴 하지만 대통령이 권위주의를 내려놓은 덕분에 파격적이라는 평가도 나온다. 하지만 이는 "모든 권력은 국민으로부터 나온다"라는 기본적인 원칙과 상식을 지키고자 하는 수평적 민주주의를 표방하는 '섬김 (servant) 리더십'의 회복이라 이해할 만하다.

아직 외교부장관, 헌재소장이 청문회라는 검증 절차를 통과하지 못하고 있는 탓에 여타 부처 수장의 경우 더욱 엄혹한 4대 인사 기준을 적용받고 있는 형국이다. 아무튼 교육부장관으로 김상곤 전 경기도 교육감이 내정돼 청문회 절차를 기다리고 있다. 문재인 정부에서 새로 입각할 교육 수장은 '교육입국, 교육백년대계'라는 이정표에 어떤 교육철학적 가치와 비전, 교육공학적 실행 매뉴얼을 담아낼 것인가가 큰 관심사다. 기왕의 교육부는 무리한 국정교과서 강행, 누리과정 예산 방치, 정부재정사업 편중 지원, 고위직의 국민 폄하 발언 등으로 '영혼이 없는 복지부동 공무원', '국민의 눈높이에 미치지 못하는 갑질 부처', '비정상의 정상화'에 되레 역행한다는 낙인(Stigma)이 찍혀 온 점을 부인할 수 없다.

교육 공무원으로 잔뼈가 굵은 박춘란 신임 차관은 저간의 사정을 인지한 듯, "구시대의 잘못된 관행을 바로잡고, 교육의 국가 책임 강화와 교육 민주주의 회복이 필요하다"라고 취임의 변을 내놓았다. 필자는 고등직업교육 부문을 중심으로 교육 수장이 지침으로 삼아야 할 교육 패러다임의 기조와 방향을, 정책 입안과 결정의 타당성을 분석하는 일반적 잣대인 'PEST 방식'에 의거하여 제언해 본다.

첫째 정치 · 정책 · 법률적 환경(Political Legal)이다. 국가의 근간인 교육 부문은 민간이 아닌 국가가 책임지는 체제로 제도가 재조정돼야 한다. 1995년 준칙주의 이후 우후죽순격으로 설립된 대학이 구조조정 단계에 돌입한 만큼, 교육 선진국 추세에 맞춰 국공립 비율을 점진적으로 확대하고, 특히 직업교육(특성화 고교, 전문대학)은 국가가 책임 경영해야 한다. 외국의 전문대학 격인 '커뮤니티 칼리지'(community college)는 90% 이상이 국공립인데 우리는 겨우 3% 정도다. 대학 내부적으로는 법인의 책무성을 강화하고 학생 등록금 부담 완화를 위해 재정의 투명성을 독려해야 한다. 차제에 교육 부문의 거시조정이란 구도 하에 노동부, 농림축산부 산하 대학도 교육부 체계로 일원화할 필요가 있다. 문화다양성, 생태계다양성에 버금갈 만큼 교육다양성도 중요하지만, 인력수급의 통합관리와 지원이라는 측면을 고려하는 게 바람직하다고 본다. 형식적으로 시늉만 내고 있는 성과급 제도도 교육 부문의 특성을 고려한다면 포지티브 방식으로 전환하는 게 바람직하다.

둘째는 경제 환경(Economic)의 선순환 체제다. 대학재정지원은 프로젝트 방식이 아닌 학생 등록금 및 장학금 충당, 취창업 및 창직(創職) 예비 프로그램 등 실질적인 투여가 요청된다. 대학 역량 및 학사 운영의 수월성도 고려돼야 하지만 기본적으로 교육 수요자인 학생 개개인의 특성이 반영돼야 한다. 재단 비위대학, 지방대학, 기관평가 미충족 대학, 구조조정 하위등급 대학이기에 애먼 학생이 수혜의 사각지대에 놓여서는 곤란하다. 한편 전공 및 스킬 미스매칭으로 사회적 비용이 가중되는 상황에서 노동부, 미래부, 중소기업청, 일자리위원회 등과 머리를 맞대고 학력 및 전공별 맞춤형 중장기 인력수급 비전이 제시되어야 한다. 대학은 전문인력 요청에 부합하는 컨텐츠를 만들어 인력을 양성하는 데 집중해야 한다. 사업 때문에 본업을 망치는 '본말전도'의 사태를 더 이상 방치해서는 미래를 담보할 수 없다.

세 번째는 사회문화 환경(Social)으로 여전히 저출산·고령화 문제가 관건이다. 학생충원 및 국가의 존립을 위해서는 영유아동에 대한 혁신적인 지원을 기반으로 외국인 유학생, 외국으로의 대학 진출, 평생직업교육을 통한 산업인력 확충 시스템 구축이 급선무다. 특히 특성화 고교와 전문대학 졸업자도 우리 산업의 견인차라는 자긍심이 사회적으로 확장성을 가지려면 급여체계의 진폭을 좁히려는 노력이 요청된다. 차별을 걷어내고 교육복지 구현에까지 진입해야 한다.

마지막으로 과학기술 환경(Technological)으로 4차산업혁명시대 코드에 걸맞은 스팀(STEAM) 컨텐츠를 준비하는 일이다. 즉 융복합형 사고를 통해 '아직 존재하지 않은 문제', '아직 존재하지 않은 직업'에 관한 '예측 불가능하지만 미구에 맞닥뜨릴 복잡한 문제'를 해결하는 데 초점을 맞춰야 한다. 5차 교육과정의 연착륙도 이와 맞물려 있다.

하지만 정책과 행정에 앞선 영순위(零順位)는 공복(公僕)으로서 진정성 여부에 달려 있다. 교육 공무원이 원칙과 소신을 갖고 교육 소비자에 겸양과 소통으로 다가서고, 융복합적 전문지식에 관한 지속가능한 모색을 통해 창의적이고 혁신적인 업무 태도를 견지할 때, 비로소 자라나는 세대에 '희망의 사다리'가 될 수 있다. 교육 부문의 '파천황'(破天荒)을 기대한다.

(전남일보, 2017. 6. 21)

제8장

공립전문대학의 현재적
진단과 구조 혁신 방안

I. 문제 제기

대학 무한경쟁시대, 대학 구조조정 국면에 접어들면서 고등교육 환경이 급속도로 어려워지고 있다. 이이는 노령인구의 증가 추세, 인구 급감에 따른 학령인구 동반 감소 등으로 인한 인구절벽의 도래가 가장 큰 원인이지만, 근본적으로는 1995년 대학 준칙주의 도입 이후 대학 설립이 가중된 데서 비롯되었다. 본고는 1차적으로 2017년 현재 고등교육 부문 전반에 걸친 현재적 상황을 살피고, 특히 고등직업교육의 행재정적 운영 현황 등을 기획설계-운영-점검-환류라는 4분위 순환 체제에 의거하여 살펴보는 데 주목하고자 한다.

여기에 더해 현재 4년제 일반대학과는 달리 수도권 전문대학이나 우수 사립전문대학에 비해 정부 행재정 수혜의 사각지대로 남아 있는 20년 안팎의 역사를 지닌 7개 공립전문대학의 운영 상황을 점검하고, 구조조정시대에 걸맞은 바람직한 개선방안 및 활성화 비전을 모색하는 데 궁극적인 목표가 있다. 이를 공립전문대학의 재구조화라 해도 무방하다.

이 두 가지 과제에 관한 목표에 접근하고 혁신 방안을 모색하기 위한 통계 및 비교자료로는 교육부, 한국교육개발원, 한국직업능력개발원, 한국대학교육협의회, 한국전문대학교육협의회, OECD 등 각종 통계자료를 활용하였다. 특히 본고는 4년제 일반대학과 전문대학, 사립전문대학과 공립전문대학, 공립전문대학 7개 대학 간 행재정적 통계자료 분석에 근간하고 있음을 밝혀둔다.

1. 대학수와 입학정원의 변화

가장 우선적인 통계지표로 고등교육 전반에 걸친 기초적인 인프라라 간주할 만한 2017년 대학 수와 입학정원을 살펴볼 필요가 있다. 표 8-1에서 설립 주체별, 연도별 대학 수를 분석해 보면, 국·공·사립대학에서 전문대학은 2001년 158개 대학에서 2016년 138개 대학으로 20개 대학(2001년 대비 12.7%) 감소하였고, 일반대학은 2001년 162개 대학에서 2016년 189개 대학으로 27개 대학(2001년 대비 16.7%) 증가하였음을 볼 수 있다. 즉 전문대학과 일반대학의 구성 비율은 2001년 전문대학 49.4%, 일반대학 50.6%에서 2016년 전문대학 42.2%, 일반대학 57.8%로 일반대학이 15.6%가 많음을 볼 수 있다. 전문대학 및 일반대학 전체의 대학 수 변화는 2001년 320개 대학에서 2016년 327개 대학으로 7개 대학(2001년 대비 2.2%) 증가하였다. 한편 정부의 정책 방향은 여전히 국립전문대학 수 감축, 전체 전문대학 수 감축, 일반대학 수 증가, 국립일반대학 수 증가로 일반대학 중심의 육성 정책 추진으로 나가고 있다.

① 국립대학 수
- (전문대학) 2001년 6개 대학에서 2016년 2개로 4개 대학(2001년 대비 66.7%) 감소
- (일반대학) 2001년 24개 대학에서 2016년 34개로 10개 대학(2001년 대비 41.7%) 증가
- (전문대학과 일반대학의 구성 비율) 2001년 전문대학 20%, 일반대학 80%에서 2016년 전문대학 5.6%, 일반대학 94.4%로 일반대학이 88.8% 많음
② 공립대학 수
- (전문대학) 2001년 9개 대학에서 2016년 7개로 2개 대학(2001년 대비 22.2%) 감소
- (일반대학) 2001년 2개 대학에서 2016년 1개로 1개 대학(2001

년 대비 50.0%) 감소

- (전문대학과 일반대학의 구성 비율) 2001년 전문대학 81.8%,
  일반대학 18.2%에서 2016년 전문대학 87.5%, 일반대학 12.5%
  로 전문대학이 75%

③ 사립대학 수

- (전문대학) 2001년 143개 대학에서 2016년 129개 대학으로 14
  개 대학(2001년 대비 9.8%) 감소
- (일반대학) 2001년 136개 대학에서 2016년 154개 대학으로 18
  개 대학(2001년 대비 13.2%) 증가
- (전문대학과 일반대학의 구성 비율) 2001년 전문대학 51.3%,
  일반대학 48.7%에서 2016년 전문대학 45.6%, 일반대학 54.4%
  로 일반대학이 9.2% 많음

표 8-1. 최근 10년간 설립 주체별, 연도별 대학 수[58]

연도	전문대학				일반대학				합계
	국립	공립	사립	소계	국립	공립	사립	소계	
2007	3	8	137	148	23	2	150	175	323
2008	2	8	137	147	23	2	149	174	321
2009	2	8	136	146	24	2	151	177	323
2010	2	7	136	145	25	2	152	179	297
2011	3	7	137	147	28	2	153	183	330
2012	2	7	133	142	31	2	156	189	331
2013	2	7	131	140	32	1	155	188	328
2014	2	7	130	139	34	1	154	189	328
2015	2	7	129	138	34	1	154	189	327
2016	**2**	**7**	**129**	**138**	**34**	**1**	**154**	**189**	**327**

---

58) 한국교육개발원, 교육통계, 해당년도.

다음은 입학정원의 변화추세다. 전문대학은 2001년 292,035명에서 2016년 178,050명으로 113,985명(2001년 대비 약 39.0%) 감소하였고, 일반대학은 2001년 316,780명에서 2016년 321,409명으로 4,629명(2001년 대비 약 1.5%) 증가하였다. 전문대학과 일반대학의 구성 비율은 2001년 전문대학 48.0%, 일반대학 52.0%에서 2016년 전문대학 35.6%, 일반대학 64.4%로 변화를 보이고 있다. 전문대학 및 일반대학 전체를 보면 2001년 608,815명에서 2016년 499,459명으로 109,356명(2001년 대비 약 18.0%) 감소하였다. 2016년 기준 국립대학 입학정원은 전문대학 601명, 일반대학 69,459명이며 전문대학은 일반대학의 0.9%로 전문대학의 국립대학 선택권은 일반대학에 비해 0.9% 수준이며, 국·공립대학 입학정원은 전문대학 4,124명, 일반대학 71,170명이며 전문대학은 일반대학의 5.8%로 전문대학의 국·공립대학 선택권은 일반대학에 비해 약 5.8% 수준으로 파악되고 있다.

한편 전문대학의 2016년 입학정원은 국·공립대학 4,124명, 사립대학 173,926으로서 사립대학 입학정원 의존율이 98.0% 수준이다. 2001년 대비 2016년도 전문대학 입학정원은 39.0% 감소(292,035명→178,050명)하였고, 일반대학 입학정원은 1.5% 증가(316,780명→321,409명)로 일반대학 중심의 육성 정책이 추진되고 있다.

2001년 대비 2016년도 일반대학 입학정원을 전문대학 입학정원 감축률(39.0%)과 동일하게 감축하였을 경우, 일반대학 입학정원 감축 인원은 123,544명으로서 2014년도부터 추진하고 있는 구조개혁에 의한 입학정원 감축목표 160,000명(2015년~2023년)의 77.2%에 상당하는 감축효과가 있어 대학구조개혁으로 인한 국가·사회적 부담이 크게 완화될 수 있다. 하지만 책임과 비용 부담을 정부가 아닌 대학에 전가하고 있는 실정이다.

① 국립대학

- (전문대학) 2001년 4,260명에서 2016년 601명으로 3,659명 (2001년 대비 약 85.9%) 감소

- (일반대학) 2001년 64,282명에서 2016년 69,459로 5,177명 (2001년 대비 약 8.1%) 증가

- (전문대학과 일반대학의 구성 비율) 2001년 전문대학 6.2%, 일반대학 93.8%에서 2016년 전문대학 0.9%, 일반대학 99.1% 로 일반대학이 절대적으로 많음

② 공립대학

- (전문대학) 2001년 7,290명에서 2016년 3,523로 3,767명(2001 년 대비 약 51.7%) 감소

- (일반대학) 2001년 3,415명에서 2016년 1,711로 1,704명(2001 년 대비 약 49.9%) 감소

- (전문대학과 일반대학의 구성 비율) 2001년 전문대학 68.1%, 일반대학 31.9%에서 2016년 전문대학 67.3%, 일반대학 32.7% 로 변화

③ 사립대학

- (전문대학) 2001년 280,485에서 2016년 173,926명, 106,559명 (2001년 대비 약 38.0%) 감소

- (일반대학) 2001년 249,083에서 2016년 250,239명으로 1,156명 (2001년 대비 약 0.5%) 증가

- (전문대학과 일반대학의 구성 비율) 2001년 전문대학 53.0%, 일반대학 47.0%에서 2016년 전문대학 41.0%, 일반대학 59.0%로 변화

표 8-2. 최근 10년간 입학정원 변화[59]

연도	전문대학				일반대학				합계
	국립	공립	사립	소계	국립	공립	사립	소계	
2007	1,374	6,506	230,189	238,069	60,163	3,485	256,234	319,882	557,951
2008	474	6,516	233,384	240,374	60,341	3,485	257,926	321,752	562,126
2009	474	6,536	233,513	240,523	64,522	3,448	257,438	325,408	565,931
2010	474	4,010	228,295	232,779	63,612	4,448	259,564	327,624	560,403
2011	804	3,965	216,347	221,116	64,995	4,448	260,098	329,541	550,657
2012	553	3,965	204,806	209,324	71,373	4,448	266,087	341,908	551,232
2013	561	3,865	195,543	199,969	73,658	1,768	265,554	340,980	540,949
2014	561	3,750	187,866	192,177	74,013	1,768	264,760	340,541	532,718
2015	611	3,573	179,130	183,314	73,626	1,768	255,673	331,067	514,381
2016	601	3,523	173,926	178,050	69,459	1,711	250,239	321,409	499,459

2. 교육재정 및 구조조정 정책

고등교육예산 5조 2,196억 원(국가장학금 4조 1,490억 원 제외) 중에서 전문대학 예산은 3,388억 원(6.5%)으로 전문대학 재학생 수 구성비 18.0%에 크게 미치지 못한 편이다.

재학생 1인당 예산은 고등교육기관 전체가 2,059천 원(100%)인데 비해, 전문대학은 743천 원(36.1%)으로 전문대학 재학생은 다른 고등교육기관 재학생 1인당 평균의 36.1%밖에 국고지원을 받지 못하는 불이익을 받고 있다.

국립대학 운영지원 예산 2조 7,316억 원(서울대 및 인천대 지원예산 4,654억 원, 국립대학 혁신지원 예산 86억 원, 국립전문대학 운영

---

59) 한국교육개발원, 교육통계, 해당년도.

지원 190억 원 포함) 중에서 국립전문대학 지원 예산은 190억 원으로서 약 0.7%에 붏한 실정이다. 전문대학 예산은 2016년도 교육부 소관 고등교육기관 전체 예산의 6.5%에 불과하여 재학생 비율 18.0%에 크게 미치지 못하는 실정이다.

표 8-3. 교육부 고등교육 예산(2016년)[60]

고등교육 주요 사업		예산액(억원)
대학교육역량 강화사업	사회수요맞춤형인력양성사업	3,504	
	BK21플러스사업	2,982	
	산학협력 선도대학(LINC)육성사업	2,468	
	지방대학육성사업	2,075	
	학부교육 선도대학육성(ACE)사업	594	
	고교정상화기여대학지원	459	
	지역혁신창의적인력양성사업	169	
	국립대학혁신지원	86	
	서울대, 인천대 지원	4,654	
	기타	2,553	
	소계	**19,544(37.44%)**
학술연구역량 강화사업		**6,878(13.18%)**
국립대학 운영지원		**22,386(42.89%)**
전문대학 지원사업	특성화 전문대학육성사업	2,972	
	전문대학산학협력 선도대학(LINC)사업	195	
	전문대학글로벌현장학습	20	
	전문대학자율역량기반조성	11	
	국립전문대학(한국복지대학)운영지원	190	
	소계	**3,388(6.49%)**
합계		**52,196(100.0%)**

재학생 수 비교(2016년도 기준)

구분	교육부 소관 고등교육기관 전체	일반대학	전문대학	기타

---

60) 한국교육개발원, 교육통계, 해당년도(단, 국가장학금 4조 1,967억 원 제외).

재학생 수	2,534777		1,760972	455,892	317,913
구성비(%)	100		69.5	18.0	12.5

재학생 1인당 예산

구분	예산(억 원)	재학생 1인당 예산(천 원)
교육부 소관 고등교육기관 전체	52,196(100%)	2,059(100%)
전문대학	3,388(6.5%)	743(36.1%)

2013년 기준 OECD 평균 대비 우리나라의 학생 1인당 교육비 수준은 표 8-4와 같다. 즉 2013년 우리나라 전문대학 학생 1인당 교육비는 $5,370로서 OECD 평균 $9,992의 53.7%이며 초등학교 $7,957(94.6%), 중학교 $7,324(73.9%), 고등학교 $9,801(98.1%), 일반대학 $10,491(65.1%) 중에서 전문대학이 가장 낮은 수준이다.

표 8-4. 학생 1인당 교육비 국제 비교(2013년 기준)[61]

구분		초등학교	중학교	고등학교	전문대학	일반대학
OECD 평균		8,412	9,914	9,993	**9,992**	16,114
		100.0%	100.0%	100.0%	**100.0%**	100.0%
한 국		7,957	7,324	9,801	**5,370**	10,491
		94.6%	73.9%	98.1%	**53.7%**	65.1%

(단위: PPP US Dollar)

정부의 교육비 지원 전문대학 재학생 비율에 대한 국제적 현황은 표 8-5와 같다. 정부 의존형 사립전문대학을 포함하는 국·공립전문대학의 재학생 비율은 일본(8%)을 제외한 대부분의 OECD 국가가 50% 이상이다. 즉 대다수 국가들의 고등직업교육은 국가 주도의 책무성 하에 운영되고 있으나, 우리나라는 2%에 불과하다. 특히 독일,

---

61) OECD, Education at a Glance 2016.

중국, 멕시코, 스페인, 미국 등의 국가는 전문대학 재학생의 80% 이상이 국공립대학에 재학 중이지만 우리나라는 98%가 사립대학에 재학 중이다.

표 8-5. 정부의 교육비 지원 전문대학 재학생 비율(%)[62]

구분	국·공립	사립		
		정부의존형*	독립형	계
독일	80	20	0	100
영국	0	100	0	100
중국	87	13	0	100
뉴질랜드	57	40	3	100
멕시코	96	0	4	100
스페인	80	13	7	100
호주	74	16	10	100
미국	90	0	10	100
프랑스	67	12	21	100
브라질	58	0	42	100
일본	8	0	92	100
한국	2	0	98	100

* 정부의존형 사립전문대학(Government–dependent Private Institution): 학교 재정의 50% 이상을 정부(대행)기관으로부터 받거나 학교에 속한 교사(교수)인력이 정부(대행)기관으로부터 급여를 받는 기관

다음으로 대학 구조조정정책에 관해 살펴보자. 우리나라는 고등교육기관 취학 적정 연령(18~21세) 인구의 50% 이상(2012년 68.4%)이 취학하고 있어 현재 고등교육 보편화단계에 이르고 있다. 특히 2018년부터 입학정원이 고교 졸업자 수를 초과하게 되고 2020년 이후에는 초과 정원이 급격히 증가한다. 즉 고교졸업자 수가 2013년 63만 명에서 2020년 40만명으로 감소한다. 이는 단기적인 개선방안으

---

62) OECD, Education at a Glance 2016.

로는 불가능하다. 반값등록금제 도입 등으로 국민의 혈세가 부실 대학의 연명수단이 되어서는 안 된다는 구조조정 요구와 함께, 대학의 글로벌 경쟁에 따른 교육의 질 관리가 요청된다. 대학의 신입생 미충원으로 고등교육 생태계 전반의 황폐화가 예견되고 중견·고급 기술인력 공급에 우려가 증폭되고 있다. 현재 교육부가 내놓은 정원감축 목표는 다음과 같다.

8-6. 정원감축 목표

평가 주기	1주기(2014~2016)	1주기(2017~2019)	1주기(2020~2022)
감축 목표	4만 명	5만 명	7만 명
감축 시기	2015~2017학년도	2018~2020학년도	2021~2023학년도

II. 고등직업교육의 현재 여건 및 개선 방향

1. 일반대학 및 고등직업교육 선진국 대비 전문대학의 교육여건

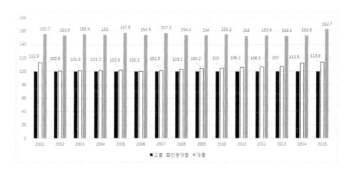

그림 8-1. 학력별 임금 격차(단위: %)[63]

---

63) 고용노동부, 고용형태별근로실태조사, 해당년도.

1) 국가·사회적 여건

우리 사회는 여전히 학력·학벌 중심 사회의 틀을 벗어나지 못하고 있다. 때문에 능력 중심 사회 실현의 핵심적인 장애 요인이 되고 있다. 대학 수 변화, 입학정원 변화, 정부 재정 투자 규모 등에서 알 수 있듯이 정부가 일반대학 중심의 대학 육성 정책을 추진함으로써 학력·학벌 중심 사회를 더욱 고착화 시키는 결과를 초래하고 있다. 일반대학 중심의 대학 육성 정책은 전문대학, 산업대학, 기술대학 등 고등직업 교육기관이 일반대학의 하급 교육기관이라는 낙인효과를 고착화시킴으로써 일반대학 선호, 고등직업 교육기관(전문대학) 기피 풍조를 조성하고 있다.

이러한 일반대학 선호 요인은 일반대학과 전문대학 간의 학력별 임금 격차에서도 찾아볼 수 있다. 고졸, 전문대 졸업생이 비슷하나 일반대학 졸업생과는 큰 격차를 보이고 있다. 일반대학 선호, 전문대학 기피 풍조는 입시위주의 교육, 과도한 사교육비 투자로 인한 가계 부담 가중, 공교육 붕괴, 인성교육 부재, 적성·소질과 무관한 일반대학 진학, 고학력 청년실업률 증가를 야기하고 있다. 위의 그림 8-1의 학력별 임금 격차(2001년~2015년)에 의하면, 고등학교 졸업자의 임금을 100으로 볼 때 전문대학 졸업자의 임금은 100.8~113.9인 반면 4년제 대학 졸업자는 153.0~162.7로 나타나는 등 15년 동안 거의 개선되지 않고 있다. 정부는 대학 수 변화, 입학정원 변화, 정부의 재정 투자 등을 볼 때 일반대학 중심의 육성 정책을 추진해 왔으며, 고등직업교육의 중추적인 역할을 하고 있는 전문대학은 사립대학에 의존도가 높은 편이다.

청년실업률 증가의 경우, 2016년 2월 기준 청년실업률이 12.5%, 전체 실업자 132만 명 중에서 청년실업자가 56만 명으로 이는 외환위기 이후 최고 수준이며 전문대학 졸업자 실업률도 증가하고 있다.

전문대학 졸업자 실업률도 6.4%('13)→7.3%('14)→7.5%('15)로 증가하고 있다.

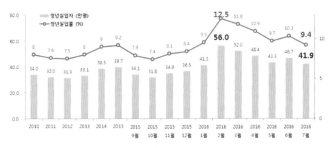

그림 8-2. 청년실업률 동향[64]

한편, 저출산-고령화 시대가 현실화하고 있다. 2016년도 출산율은 가임여자 1명당 1.17명으로서 세계 평균 2.5명보다 현저히 낮고 OECD국가 중에서 가장 낮으며 65세 이상 인구비율은 2015년 13.2%→2020년 15.7%→2030년 24.3%로 증가가 예상되고 있다.

2) 교육 주요 지표

2016년 기준 신입생충원율은 일반대학 98.9%, 전문대학 98.4%로 유사하며 고등교육기관 전체의 신입생충원율 89.9%보다 높게 나타나고 있다. 재학생충원율은 일반대학 110.8%, 전문대학 107.0%로 일반대학이 높으며, 일반대학과 전문대학 모두 고등교육기관 전체의 재학생충원율 102.7% 및 기타 고등교육기관 84.4%보다 높다.

---

64) 통계청, 고용동향, 2016.

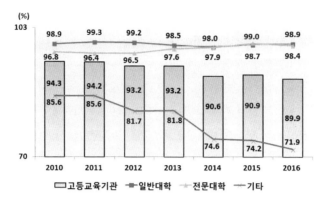

그림 8-3. 신입생충원율[65]

그림 8-4. 재학생충원율[66]

2010년 대비 2016년 재학생충원율 변화를 보면, 일반대학(106.1% →110.8%) , 전문대학(99.6%→107.0%)으로, 고등교육기관 전체는 증가(100.4%→102.7%)하고 있으며, 기타 고등교육기관은 감소(90.4%

65) 교육부, 2016년 교육기본통계 주요 내용, 2016. 8.
66) 교육부, 2016년 교육기본통계 주요 내용, 2016. 8.

→84.4%) 추세다. 한편 2016년 대학 수 기준 사립대학 의존율은 전문대학 93.5%, 일반대학 81.5%, 합계 86.5%이며 입학정원 기준 사립대학 의존율은 전문대학 97.7%, 일반대학 77.9%, 합계 84.9%로 일반대학에 비해 전문대학의 사립대학 의존율이 높게 나타나고 있다.

기타 지표로 전임교원확보율은 지속적인 증가 추세에 있으며 일반대학(2016년 85.9%)이 전문대학(2016년 63.5%)보다 20%이상 높게 유지되고 있다. 전임교원 1인당 재학생 수는 지속적으로 감소하여 개선되고 있으나 2016년 기준 전문대학(2016년 35.5%)은 일반대학(2016년 24.2%)보다 11.3명이나 높다. 2016년 교원 1인당 학생 수는 초등학교 14.6명, 중학교 13.3명, 고등학교 12.9명, 전문대학 35.5명, 일반대학 22.9명으로 전문대학이 가장 열악한 실정이다.

전문대학 학생 1인당 교육비는 $5,370로 OECD국가 평균 53.7%에 불과하며, 금액 및 OECD국가 평균 대비 비율이 초등학교 $7,957(94.6%), 중학교 $7,324(73.9%), 고등학교 $9,801(98.1%), 일반대 $10,491(65.1%)로 대비 최저수준이다. 등록금의 경우, 2009년부터 2017년까지 지속적으로 등록금 동결 또는 인하 정책을 추진함으로써, 전문대학 경영 여건은 전례 없이 악화되고 있다.

전문대학 취업률(2015년 69.5%)은 고등교육기관 전체(67.5%) 및 일반대학 취업률(64.4%)보다 높게 나타나 청년실업률 해소에 기여하고 있다.

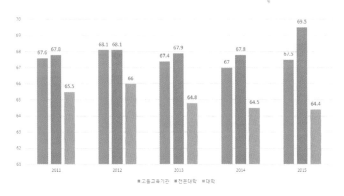

그림 8-5. 취업률 현황(각 연도 12월 31일 기준, 단위: %)[67]

2. 직업교육 선진화를 위한 전문대학 개선 방향

1) 시대 변화에 부합하는 선진국형 고등교육체제 구축

고등교육법상 명시된 전문대학 교육의 목표는 전문 직업인을 양성하는 일이다. 그 주요 수단으로 학력·학벌 중심 사회의 폐단 척결, 공교육 정상화, 4차산업혁명 시대 대비, 저출산·고령화시대 대비, 일자리 창출 및 실업률 해소가 있으며 이는 직업교육을 통해 국가경쟁력을 제고하기 위함이다.

이미 전문대학 구성원 일반이 주지하듯 고등교육체제를 일반대학과 직업교육대학으로 이원화하여 재구조화하고 직업교육대학을 일반대학과 대등한 위상의 교육기관으로 육성하는 게 청사진으로 제시된 바 있다. 이를 위해서는 성적순이 아니라 소질과 적성에 따라 일반대학이나 직업교육대학을 소신껏 선택할 수 있도록 유도하고, 직업교육대학이 일반대학의 하급 교육기관이 아니라는 사회적 인식 확산이 필요하다. 요컨대 전문대학, 산업대학, 기술대학, 폴리텍대학, 전공대

---

67) 한국교육개발원, 취업통계, 2016.

학, 일반대학(일부 전환) 등을 포괄하는 실무 중심의 고등직업교육 대학체제 구축이 요청된다.

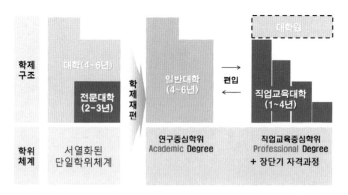

그림 8-6. 선진국형 고등교육체제 개편 방안[68]

대학 수 및 입학정원은 인력수요를 감안하여 정부가 조정하되, 학위체제는 연구 중심학위와 직업교육 중심 학위로 이원화하고, 수업연한이 아닌 이수학점 중심의 학위체제로 전환하여 선진국형, 미래형 평생직업 교육체제로의 변화하자는 게 골자다. 이를 구체화하면 학과/전공 중심의 교육에서 직무/능력단위 중심의 교육으로, 단일전공 교육에서 융·복합 교육으로, 강의실/실습실 중심 교육에서 플립 러닝, MOOK, 프로젝트, 문제해결 학습으로 심화하자는 것이다.

한편으로 직업교육대학의 질 관리 및 수월성 확보를 위해 인증평가를 강화할 필요가 있다. 기관인증, 학위과정 및 프로그램 인증평가 강화로 직업교육 수월성 확보하고, 인증 결과에 따른 학위과정 및 프로그램의 개설/ 폐지, 차등적 재정지원 도입도 검토되어야 한다. 한편으로 국·공립대학, 사립대학 간의 역할 분담을 통해 소모적이고 불

---

68) 한국고등직업교육학회 대토론회 자료집, 2017. 2.

공정한 교육경쟁구도 완화하고 국제경쟁력 강화를 위한 정부의 규제 정비 및 지원 강화도 요청된다.

나아가 교육국제화 및 해외유학생의 적극 유치를 위한 대학 규제 철폐, 해외교육시장 개척을 위한 대학지원 강화, 고등직업교육의 국제적 통용성 및 등가성 확보도 강구돼야 한다.

2) 국립 평생직업 교육대학 설치·운영 및 재정지원 확충

이를 위해서는 고등직업교육에 대한 국가의 책무성 강화, 직업교육 대학의 위상 제고, 고등직업교육정책 개발 및 보급, 지역별 거점 직업 교육대학으로서의 역할 이행, 직업교육대학을 선택하는 학생들의 국립 대학 선택권을 보장하는 정책적 시행이 요청된다. 차제에 고등직업교육에 대한 국가의 적극적인 참여와 책무 이행으로 국민의 직업교육 선택권 보장하려면 일반대학의 국립대학 구성비에 상당하는 대학 수 및 입학정원 확보가 긴요하다. 2016년 현재 일반대학의 국립대학 수는 18%(189개 대학 중 34개 대학), 일반대학의 국립대학 입학정원은 21.6%(321,409명 중 69,459명)이나 전문대학의 국립대학 수는 1.4%(139개 대학 중 2개 대학), 전문대학의 국립대학 입학정원은 0.3%(178,050명 중 601명)다. 그런데 현실적으로 필요한 전문대학의 국립대학 수는 18.0%,(25개 대학), 국립대학 입학정원은 21.6%(38,459명)가 되어야 한다. 아울러 점진적으로 OECD 수준의 국·공립전문 대학 및 정부의존형 사립전문대학으로 대학 형태 변환(대부분의 국가는 재학생 수 기준으로 국·공립대학 및 '정부의존형' 사립대학 재학생이 70%이상)이 보완되어야 한다.

선진국형 직업교육대학 육성, 직업교육대학 재학생과 일반대학 재학생들의 형평성 보장, 직업교육대학 교육과정의 국제 경쟁력 제고를 위해서는 재정지원 확충이 요청된다. 이를 추진하기 위해서는 직업교육대학과 일반대학의 균형적인 재정지원이 연계된 후 점진적으로 국제 수준의 재정지원이 뒤따라야 한다. 2016년도 기준 재학생 수 구성비는 일반대학 / 전문대학 / 기타 : 69.5 / 18.0 / 12.5 이나 전문대학 재정지원 금액은 고등교육기관 전체 예산의 6.5%에 불과하므로 18.0%에 이르도록 증액해야 한다. 여기에다 등록금 현실화를 통한 투자도 확대되어야 한다. 2009년부터 등록금 동결, 2012년 등록금 인하(대부분의 대학이 약 3%인하), 2013~2017년까지 등록금 동결로 대다수 대학이 10년 전인 2008년 등록금보다 낮은 등록금을 유지하고 있는 형편이다. 마지막으로 고등직업교육에 필요한 재원의 안정적 확보를 위해 '고등직업교육교부금법' 제정도 검토할 시점이다.

3) 고등직업 교육체제 활성화를 위한 법적, 행정적 기반 구축

선진국형 고등교육체제 구축 및 직업교육대학의 설치·운영을 위해서는 법적, 행정적 기반이 마련되어야 한다. 이를 위해서는 우선 고등교육기관 관련 법령을 선진국형 고등교육체제에 부합하도록 체계적으로 제·개정해야 한다. 즉 '고등교육법', '평생교육법', '근로자 직업능력개발법' 등에 근거하여 운영되고 있는 다양한 고등직업 교육기관을 선진국형 고등교육체제의 직업교육대학으로 운영할 수 있도록 법령 체계 일원화하고, '직업교육훈련촉진법'과 '산업교육진흥 및 산학연협력 촉진에 관한 법률'에 통합해야 한다. 구체적으로는 '고등직업교육육성법' 제정도 검토할 만하다.

한편 선진국형 고등교육체제의 직업교육대학 설치·운영에 적합한 정부 조직내 부처 신설도 검토가 요청된다. 그러기 위해서는 우선 직업교육대학의 위상 제고 및 직업교육 활성화를 위한 범정부 차원의 거버넌스(Governance) 체제 구축·운영이 필요하다. 각 부처 및 부서에 분산·운영되고 있는 평생교육기관 및 고등직업 교육기관의 통합

운영을 위한 거버넌스 체제가 확립되어야 한다. 이러한 체제가 연착륙하면 중등 및 고등단계 직업교육 정책의 통합성, 연계성, 일관성이 확보될 것이다.

III. 도립전문대학의 역량 진단

1. 기본역량 및 핵심역량지표 점검

1) 비전과 목표, 추진 기반
① 비전
- (고등교육의 비전) 창의적인 인재 양성과 혁신적인 가치 창출
- (고등직업교육의 비전) 지식기반시대의 핵심적인 전문 직업인 양성
- (도립대학의 비전) 창의적인 지역산업 전문인력을 양성하는 명품대학 실현

② 목표
- (고등교육의 목표) 학생 잘 가르치는 대학, 교수 연구역량이 높은 대학, 지역 가치를 높이는 열린 교육, 고른 접근성과 다양한 평생학습 기회의 보장
- (고등직업교육의 목표) 전문대학을 고등직업교육 중심기관으로 육성
- (도립대학의 목표) 특성화된 창의적인 전문인력을 양성하여 지역산업을 선도하는 명품대학 육성

③ 추진 기반

■ (지역산업 요구에 부응하는 자율성장 기반 구축) 도립대학의 지역산업과 연계한 강점 분야에 부합하는 특성화를 선택하여, 대학의 자율성장 역량기반 구축. 지역산업·환경과 대학의 강점에 따라 차별화된 전문대학을 육성하여, 셋방화(glocalization) 시대 지역사회에 기여하는 지역 명문 고등직업 교육기관으로 육성

■ (취업맞춤형 현장실무 중심 교육과정 운영) 국가직무능력표준(NCS; National Competency Standards) 기반 교육과정 운영을 통해 직무수행 완성도가 높은 현장실무 위주의 인재 양성에 주력. 현장 중심 NCS 교육과정을 통해 산업체 현장에서 요구하는 핵심 전문인력을 양성하고, 고등직업 교육기관으로서의 차별성 확보

■ (평생학습시대에 걸맞은 평생직업교육 선순환 체제 구축) 산업 기술 고도화와 다양한 인력수요에 대응하여 신축적인 학제를 전문대학에 도입하고 평생직업교육 생태계를 구축. 성인 중심의 평생직업능력 개발을 위해 일과 학습이 연계된 실무 중심의 평생직업 교육체제 구축

2) 기본역량 및 핵심역량

■ (기본역량: 도립전문대학이 갖춘 기본적인 교육지표)

- 도립(공립)대학은 전국 총 7개교로 '1995년 대학 준칙주의' 이후인 1996~1998년 광역자치체인 도 단위에서 일제히 설립함. 경남은 2개교, 기타 광역도는 1개교씩 설립함. 서울, 울산, 경기, 전북, 제주는 설립하지 않음

- 도립대학의 입학정원 기준 교사확보율은 평균 165%로 일반 전문대학 대비 높은 편임

- 도립대학의 평균 학과 수는 13개, 편제 입학정원은 1,000명 수준으로 기관평가인증 신청 기준 소규모대학에 해당함
- 도립대학의 전임교원 평균 수는 30명(총 231명)임. 설립 초기 많은 수가 임용되어 정교수 비율이 높은 편임. 교수 1인당 학생 수는 32.3명, 교원확보율은 64% 수준으로 전문대학 평균 수준임
- 도립대학의 직원 수는 평균 30명(대학회계 직원 8명, 전체는 201명)으로 전문교육직 아닌 도청 파견 지방공무원으로 구성
- 도립대학의 정원내 입학생 충원율 및 등록률은 100% 이상이며, 재학생충원율은 95.1%, 중도탈락률은 8% 수준임
- 도립대학의 평균 등록금(2015년 기준)은 245만원 규모로 일반 전문대학에 비해 상대적으로 저렴한 수준임. 등록금은 공학계열, 예체능계열, 자연계열이 인문계열에 비해 상대적으로 높게 책정된 것으로 나타남
- 도립대학의 세입은 정부 교부금, 정부 및 지자체 지원금, 등록금 수입 등으로 구성
- 도립대학의 2015년 도립대학 전체 세출 예산은 평균 860억원, 예산 평균은 120억원, 인건비 평균 비율은 총예산 대비 45% 수준이며, 학생 1인당 장학금은 평균 317만 5,000원임
- ■ (핵심역량 : 고등직업교육평가인증원이 1주기(2012~2016) 실시한 기관평가인증에서 일선 대학에 제시한 필수 및 주요 지표)
- 도립대학은 공히 고등직업교육평가인증원이 실시한 기관평가인증을 득함. 고등직업교육평가인증원에서 요구하는 인증 필수평가요소 요건(재학생충원율 82% 이상, 전임교원확보율 50% 이상, 교육비환원율 100% 이상, 학생 장학금은 등록금 대비 10% 이상)을 모두 구비하고 있음
- 도립대학은 기관평가인증 필수평가요소 외의 기타 정량지표값

인 전공강좌당 학생 수(평균 33명 이하), 성적 분포 비율(40%
이하), 졸업생취업률(전체 60% 이상), 신입생충원율(91% 이상),
현장실습교류업체당 재학생수(13명 이하), 등록금대비 전임교원
및 교직원 인건비 비율(교원 30% 이상, 교직원 41% 이상), 주
당 수업시간(기준시수 9시간, 또는 12.8시간 이하), 전임교원 1
인당 연구실적(0.2편 이상), 학생 1인당 자료구입비(21만 6천원
이상), 학생 1인당 실험실습비(15만 7천원 이상) 등을 충족하고
있음

‒ 도립대학의 평균 취업률은 69.4%로 사립전문대학 대비 높은 편
이며, 교육비환원율은 100%를 초과함

‒ 2017년 정부재정지원사업은 7개 도립대학이 참여해 대학당 평
균 1개 사업 수주로 미흡한 수준임. 3개 대학은 아예 참여하지
못하고 있음69)

① 기본 현황

표 8-7. 도립대학 기본 현황(단위: 개, 명, 천원, 2016년)

대학명	학과	편제 정원	교수 수	총학생 수	교수 1인당 학생 수	연 간 장학금
강원도립대학교	13	1,000	31	900	28.8	2,084,000
경남도립거창대학	12	985	30	955	32.8	1,768,565
경남도립남해대학	9	830	23	846	36.1	2,108,722
경북도립대학교	12	950	31	930	30.6	1,801,422
전남도립대학교	20	1,560	46	1,463	33.9	2,063,405
충남도립대학교	12	1,116	32	1,121	35	2,211,000
충북도립대학교	12	1,040	29	1,028	36.6	1,753,434
평 균	13	1,000	32	1,043	32.3	-

---

69) 전체 자료: 전국 도립대학 총장협의회, 2017. 1.

② 교원 현황

표 8-8. 도립대학 교원 현황(단위: 명, 2016년)

대 학 명	교원 합계	전 임 교 원				초빙 교수	조교	교 원 확보율
		소계	교수	부교수	조교수			
강원도립대학교	47	31	6	14	11	2	14	68.9
경남도립거창대학	49	30	17	9	4	10	8	61.2
경남도립남해대학	49	23	12	6	5	17	8	57.5
경북도립대학교	52	31	20	8	3	9	11	63.3
전남도립대학교	78	46	34	11	1	15	15	62.2
충남도립대학교	51	31	14	13	5	6	13	60.4
충북도립대학교	42	29	6	21	2	-	12	55.8

③ 직원 현황

표 8-9. 도립대학 직원 현황(단위: 명, 2016년)

대 학 별	총계	일 반 직 원						대학회계 직원
		소계	4급	5급	6급	7급	8~9급	
강원도립대학교	45	36	-	1	13	11	11	9
경남도립거창대학교	22	14	-	1	6	4	3	8
경남도립남해대학교	21	14	-	1	5	4	4	7
경북도립대학교	26	21	-	1	8	6	6	5
전남도립대학교	30	16	-	1	8	6	1	14
충남도립대학교	29	22	1	-	9	3	9	7
충북도립대학교	28	22	1	1	5	6	9	6

④ 신입생 등록률 및 재학생충원율 현황

표 8-10. 신입생 등록률, 재학생충원율 현황(단위: 명, 2016년)

대 학 명	연도별	입학정원	등록인원	등록률	재학생 충원율
강원도립대학교	2016	455	455	100	91.4
경남도립거창대학	2015	480	486	101.3	93.6
경남도립남해대학	2015	420	436	103.8	98.4
경북도립대학교	2015	435	447	102.8	92.1
전남도립대학교	2015	740	809	109	91.2
충남도립대학교	2015	543	543	100	98.9
충북도립대학교	2015	500	516	103	97.0

⑤ 등록금 현황

표 8-11. 도립대학 등록금 현황(단위: 천원, 2016년)

대 학 명	등록금	인문사회	자연과학	예체능	공학
강원도립대학교	2,360.4	2,026	2,444	2,444	2,444
경남도립거창대학	2,821.8	2,396	2,890	0	2,890
경남도립남해대학	2,756.1	2,396	2,890	0	2,890
경북도립대학교	2,432.8	2,143	2,587	2,587	2,587
전남도립대학교	1,900.3	1,722	1,992	1,992	1,992
충남도립대학교	2,455.6	2,131	2,585	0	2,585
충북도립대학교	1,870.5	1,642	0	1,912	1,912

⑥ 세출예산 규모 및 취업률 현황

표 8-12. 세출예산 규모 및 취업률 현황(단위: 억 원, %, 2016년)

대 학 명	총세출	인건비		학생경비 및 공통경비(%)		졸업생취업률(16년, 20년 목표)	
강원도립대학교	124억	56억	45%	68억	55%	49.2%	55.0%
경남도립거창대학	86억	43억	50%	43억	50%	64.6%	68.0%
경남도립남해대학	80억	39억	49%	41억	51%	72.5%	75%
경북도립대학교	155억	55억	36%	100억	64%	65.6%	69.0%
전남도립대학교	208억	87억	42%	115억	58%	66.1%	72%
충남도립대학교	108억	54억	49%	54억	51%	54.1%	63.0%
충북도립대학교	99억	43억	44%	56억	56%	60.1%	66.0%

⑦ 정부 재정지원사업 참여 현황

표 8-13. 정부 재정지원사업 현황(2017년 2월 현재)

대학명	특성화 전문대학(SCK)(1~4유형)	산 학 협 력 선 도 대 학 (Link)	취업보장 고교·전문대학·기업 Uni-Tech	세계적 수준의 전문대학(WCC)	총계(7개 사업)
강원도립대학교	X	X	X	X	0
경남도립거창대학	o(2유형)	o	X	X	2
경남도립남해대학	o(2유형)	X	X	X	1
경북도립대학교	X	X	X	X	0
전남도립대학교	o(2유형)	o	o	X	3
충남도립대학교	o(3유형)	X	X	X	1
충북도립대학교	X	X	X	X	0

2. SWOT 분석을 통한 정책적 시사점

① SWOT 분석: 도립대학의 강점

정치·정책·법률적 여건 (Political-Legal)	▪ 다수의 공무원 및 지역인사 배출 ▪ 실무능력이 구비된 교직원과 공정한 인사구조 ▪ 변화와 혁신 추진에 적합한 규모
경제 여건 (Economic)	▪ 전문대학 육성사업에 적극 참여하는 노력 ▪ 투명하고 건실한 대학 운영 ▪ 특성화 분야(공무원, 글로벌화) 지원 확대 ▪ 낮은 등록금 및 낮은 등록금 의존율
사회문화 여건 (Social-Culture)	▪ 높은 신입생 지원율과 입학생 충원율 ▪ 낮은 수준의 중도탈락률 ▪ 졸업생에 대한 높은 평판도 ▪ 학생복지(장학금, 셔틀버스, 기숙사)확대
기술,환경 여건 (Technological-enviornment)	▪ 지속적인 산업체 기반 현장실습 교육 ▪ 자연친화적 캠퍼스 환경

② SWOT 분석: 도립대학의 약점

정치·정책·법률적 여건	▪ 교육직 공무원이 아닌 행정직 공무원 조직 ▪ 잦은 직원 인사이동으로 인한 전문성 결여
경제 여건	▪ 지역발전 낙후성 및 주력 산업 연계성 미흡 ▪ 도심으로 부터 격리된 지리적 입지 조건 ▪ 국립대학 대비 복지시설 및 연구비 부족
사회문화 여건	▪ 대학의 사회적 인지도 및 대내외 홍보 부족 ▪ 입학자원 유치 과열 경쟁 구조 ▪ 입학생 학력 수준 저하 ▪ 국제교류 및 유학생 유치 미흡
과학기술, 환경 여건	▪ 교육환경 인프라 및 기자재 확충 미흡 ▪ 학생 편익시설 및 복지시설 미흡

③ SWOT 분석: 도립대학의 기회 요소

정치·정책·법률적 여건	▪ 전문대학 육성정책 공표 및 육성사업 개선 ▪ 교육정책 변화(대학 자율화, 수업연한 자율화, 학사과정 유연화, 전공심화 입학자격 완화 등) ▪ 구조조정 및 특성화 계획에 관한 의지
경제 여건	▪ 효율과 투명경영의 조직 분위기 추세 ▪ 직업교육 부문 취업률 회복 추세 ▪ 등록금 인하에 대한 사회적 요구 증가
사회문화 여건	▪ 글로벌 교육 및 전문인력 양성 요구 증가 ▪ 평생교육에 대한 수요 증대 ▪ 다문화 가정 및 근로자 교육 수요 증대 ▪ 직업교육에 대한 인식 변화(역입학) ▪ 수험생 하향평준화로 입시지원율 상승
과학기술, 환경 여건	▪ 산업구조 고도화·융합화에 따른 인력수요 증대

④ SWOT 분석: 도립대학의 위협요소

정치·정책·법률적 여건	▪ 일반대학 및 각종 대학의 전문대학 영역 침범 ▪ 특성화고의 취업지향정책으로 자원 유인 곤란 ▪ 잦은 대학 평가 및 구조조정정책 추진
경제 여건	▪ 전문대 출신 인력 초과공급으로 취업난 가속 ▪ 경기침체로 취업악화에 따른 취업 기회 감소
사회문화 여건	▪ 전문계고 및 비정규 교육기관과의 경쟁 심화 ▪ 학령인구 감소 따른 신입생 유치 경쟁 가속화 ▪ 기초학력 저하로 인한 학생의 질 저하 ▪ 4년제 대학을 선호하는 사회적 분위기 ▪ 이공계 기피 현상 심화 ▪ 대학구성원의 고령화 현상
과학기술, 환경 여건	▪ 지역 주력 산업과의 연계성 부족 및 지역 내 산업기반 취약

⑤ SWOT 분석 시사점: 강점을 기회 요소로 활용한 공격적 전략

SO1. 능력 중심 사회에 적극 대응

SO2. 해외복수학위·인턴십 활성화

SO3. 지역산업기반 인재 육성을 위한 대학 구조 및 체질 개선

SO4. 선택과 집중을 통한 특성화 모형 수립

⑥ SWOT 분석 시사점: 기회 요소 활용한 약점극복 다양화 전략

WO1. 전공·교양교육 내실화 및 다양화를 통한 교육경쟁력 확보

WO2. 강사료 현실화를 통한 우수 교원 확보

WO3. 심리상담 창구 개설 통한 재학생 고충 해소 노력

WO4. 조직 개편 및 행정효율화 추진을 통한 체계 확립

⑦ SWOT 분석 시사점: 위협요소를 강점으로 극복하는 전략

ST1. 교육의 질적 수준 제고

ST2. 저소득층 우수입학자원 확보

ST3. 대학 특장점을 인식시키기 위한 대학 홍보 전략 수립

ST4. 국제 및 산학협력 증진을 통한 취업률 강화 전략 수립

⑧ SWOT 분석 시사점: 약점 및 위협요소 방어 전략

WT1. 대학특성화정책 및 전략에 맞는 대학 구조개혁

WT2. 대학 및 학과 만족도 제고를 통한 경쟁력 제고

WT3. 입학정원감축과 공직진출 모색

WT4. 계열 및 학과 조정으로 경쟁력 확보

IV. 도립전문대학의 활성화 전략과 개선방안

표 8-14. 도립대학 활성화 추진전략과 세부 실행 과제

창의적 지역산업 전문인력 양성하는 명품대학 실현

추진전략	10대 추진 과제	실행목표
지역산업 특성화 대학	① 대학입지 전략산업기반 특성화 대학 지향 ② 4차산업혁명 시대 적정 기술 수용한 산학밀착 교육과정 개발 및 적용 ③ 지역사회 저소득층 및 사회적 취약계층 고등교육 기회 제공	▪ 국가-지역 요구하는 전문산업인력 양성 (취업률 75% 이상 달성) ▪ 글로벌 교육과정 도입으로 질적 수준 제고
평생직업 교육대학	④ 평생직장 개념 사라진 전문직시대 겨냥한 평생직업교육 선순환 체제 구축 ⑤ 재정지원 확대로 각종 입직 희망자를 위한 학위 및 비학위 교육과정 병행 개설 ⑥ 수요자 위주의 탄력적인 학사제도(수업연한, 선행학점인정제, 인턴십, 복수학위제 등)도입	▪ 산·학·연이 연계하여 만드는 자격 및 기능, 학점 인정, 취업실무과정 구축 ▪ 기존 '평생직업 교육대학', '평생직업교육단과대학' 시행안 절충
구조조정 거점대학	⑦ 대학 정원감축에 따른 학과 구조조정 및 행정조직 효율화로 대학 경쟁력 확보 ⑧ 대학 구조조정 국면에서 발생한 부작용 최소화하는 안전판으로서 지역거점 구조조정대학 역할 수행	▪ 대학 구조조정 후속 프로그램(학사관리, 장학금 등 법적·제도적·재정적 장치)마련
국립4년제 일반대학	⑨ 직업교육 선진국의 추세를 반영한 국가 주도 핵심적인 고등직업 교육체제 구축 ⑩ 현 고등교육체제에서 행·재정적으로 구조조정이 비교적 용이한 공립 도립대학과 국립대학의 통합	▪ 지역거점 4년제 일반 국립대학과 통합 ▪ 국립 직업교육대학으로의 체제 개편

1. 지역산업발전을 견인하는 지역산업 연계 특성화 대학

도립전문대학의 현재 (As-Is)	도립대학의 미래 (To-Be)
▪ 공급자 중심의 교육과정 운영 ▪ 백화점식 학과경영으로 특성화 미흡 ▪ 산업구조 전문화 및 고도화 반영 미흡	▪ 산업체 및 수요자 요구형 교육과정 운영 ▪ 특성화·전문화한 경쟁력 갖춘 대학 ▪ 4차산업혁명 흐름 반영한 인력 양성

① 대학 입지 권역 내 전략산업 기반 강점 분야 특성화 대학 지향

- **(지역산업과 연계한 현장 중심의 특성화 대학 지향)** 대학 형태 및 학과 편성이 지역 연계 지식기반산업과 동떨어진 백화점식 체제로 선진직업교육 대응력 부족

  → 대학 강점 분야 중심 특성화를 통해 지식기반산업의 역량 있는 핵심인재 양성 및 공급. 국가 및 지역 전략산업과 대학 주력분야 등과 연계한 우수 직업인 양성. 미래 산업을 선도하고 산업현장 인재 양성 환경을 조성하며 공공성 제고하는 지역명품대학으로 추구

- **(산업수요에 맞는 지역산업 기반 맞춤형 전문인력 양성)** 산업구조 고도화에 따른 새로운 융·복합 인력수요에 신축적으로 대응할 수 있는 대학체제 개편. 전문성이 고도화 한 특성화 경쟁력 갖춘 대학 기반 조성

  → 지역·산업별 수요에 맞는 인력 양성 위해 현장 중심 교육과정 운영

② 4차산업혁명 시대 적정 기술 반영한 산학밀착형 교육과정 개발 및 적용

- **(시대 흐름을 반영한 융·복합기술교육과정 개발 및 도입)** 전문

대학 해외취업 활성화를 위한 국제 교육·교류 프로그램 부족
및 외국인 유학생 유치·관리 역량 미흡

- **(4차산업혁명 시대 반영한 융·복합기술 교육과정 개발 및 도
  입)** 4차산업혁명 시대 도래에 따른 급변-적정기술의 전문화, 고
  도화한 고등직업 교육체제로 변화 유도. 선진직업교육 패러다임
  을 수용한 질적 경쟁력 구비, 국제적 교육역량 강화 및 졸업생
  해외취업 활성화 추진
- **(졸업생 수 급감 및 전문대학 신규 인력 공급 감소)**
  → 우수 전문 직업인 육성을 통한 취업률 75% 이상 향상

③ 지역사회 저소득층 가계 및 사회적 취약계층을 위한 고등교육 기
  회 제공
- **(현장 중심 교육기관으로 취업 수요자 요구형 교육과정)** 저성장
  시대와 청년실업의 장기화에 대비한 실무교육 과정 운영
- **(사회적 취약계층 교육기회 부여)** 대학 입학하는 저소득층 및
  사회적 취약계층에 고등교육 기회 제공. 사회 안전망으로서의
  부수적 효과도 얻음

표 8-15. 도립대학 소재 광역경제권지역 선도산업(5개 권역 해당)[70]

권역	비전	선도산업	비고
충남도립대학교			
충청권	과학기술과 첨단산업의 중심, 대한민국 실리콘밸리	의약바이오 반도체 디스플레이	통합신약 개발 플랫폼 차세대 천연바이오 소재 팹리스 반도체 디스플레이 원천기술
전남도립대학교			
호남권	21세기 문화예술과 친환경	신재생에너지	그린에너지

---

70) 국가균형발전위원회, 2013.

	녹색산업의 창조지역	광 소재	풍력·조력 발전 장비·부품 광 기반 융합 차세대 LED 조명시스템

경북도립대학교

대경권	전통문화와 첨단 지식산업의 신성장 지대	이동통신 에너지	모바일·이동통신 부품·소재 그린에너지 차세대에너지소재

경남도립거창대학교, 경남도립남해대학교

동남권	환태평양 시대의 기간산업 및 물류 중심지	수송기계 융합부품· 소재	그린 카, 차세대 선박·부품 미래형 해상플랜트 설계·장비

강원도립대학교

강원권	환 동해권 관광휴양 및 웰빙 산업의 프론티어	의료융합 의료관광	에너지 산업 바이오 메디컬 융·복합 산업

표 8-16. 전문대학 졸업생 및 신규 인력 공급 전망[71]

구분	2000년	2005년	2010년	2015년	2020년
졸업생 전망	223,489	228,763	190,033	169,721	148,900
신규 인력 공급	190,635	194,771	164,719	147,694	129,820
차이	32,854	33,992	25,314	22,027	19,080

표 8-17. 전공 대분류별 신규 인력 공급 전망 결과(전문대졸, 천 명, %)[72]

구분	2010년		2015년		2020년	
		증가율		증가율		증가율
인문계열	6.5	-6.5	4.9	-5.6	3.1	-8.9
사회계열	51.7	2.3	44.5	-2.9	38.3	-2.9
교육계열	8.1	-1.0	7.5	-1.5	6.5	-2.9
공학계열	37.2	-10.7	33.4	-2.1	28.6	-3.0
자연계열	11.2	-5.0	9.4	-3.3	8.0	-3.2
의약계열	22.7	3.5	23.0	0.2	22.2	-0.7
예체능계열	27.3	-3.0	24.9	-1.8	23.0	-1.6
계	164.7	-3.3	147.7	-2.2	129.8	-2.5

---

71) 고용정보원(2012), 중장기 인력수급 전망 2011~2020.

72) 고용정보원, 중장기 인력수급 전망 2011~2020., 2012.

2. 평생학습시대를 선도하는 평생직업 교육대학

◈ '일터에서 대학으로, 대학에서 일터로'가 실질적으로 작동하는 **최신 직업 지식 및 기술을 습득**하는 **평생직업 교육대학으로의 변환**
◈ 평생학습시대 산업수요에 따라 학위과정, 비학위과정 병행 및 **수업연한을 다양화한 선순환 고등직업 교육체제** 확립

도립전문대학의 현재 (As-Is)		도립대학의 미래 (To-Be)
▪ 학위·과정 중심 대학 운영 ▪ 학년·학기 중심 등록제 ▪ 학과 중심의 교육과정 운영 ▪ 기존 고등직업교육 형태인 사립 전문대학의 평생직업 교육대학, 사립 일반대학의 평생직업교육단과대학 운영		▪ 학위·비학위 교육과정 공동 운영 ▪ 성인·재직자·미취업자 중심 평생직업 교육 ▪ 입직 기회 제공하는 다양한 학사제도 ▪ 기존 고등직업교육 2가지 형태를 통합한 국가가 책임운영하는 단일화 국립 4년제 평생직업 교육대학체제로 변환

④ '평생직장' 개념 사라진 전문 직업인 시대 겨냥한 평생직업교육 선순환 체제 구축

■ **(평생직업교육 수요 증가 추세 반영)** 고등직업교육에 대한 국가의 책무성 강화, 직업교육대학의 위상 제고, 고등직업교육정책 개발 및 보급, 지역별 거점 직업교육대학 필요성 제기

– 고졸 선취업, 후진학 정책추진으로 직무능력향상교육 수요증대 및 재직자 직업능력향상을 위한 계속교육 요구 증대. 베이비부머 세대의 본격 은퇴에 대비한 평생학습 활성화 필요성 제기 및 100세 시대로 제2의 인생 설계를 위한 창업, 전직 수요 증대

■ **(평생직업 교육대학 설립 및 운영)** 기술 변화에 따른 평생직업 능력 개발요구 및 학벌 중심 사회에서 능력 중심 사회로의 전환 요청

- '평생직업교육'이란 성인 학습자가 직업능력향상과 경력개발을 위해 형식적 학습뿐만 아니라 무형식 학습, 비형식 학습 등을 통해 언제 어디서나 최신 직업지식, 기술 및 소양을 습득하여 직업 전문성을 신장시키는 재교육 및 계속교육을 의미
- 고등직업교육에 대한 국가의 적극적인 참여와 책무 이행으로 국민 직업교육 선택권 보장
- 일반대학의 국립대학 구성비에 상당하는 대학 수 및 입학정원 확보가 요청되는 시점
- 2016년 국립 일반대학 수는 18%(189개 대학 중 34개 대학), 국립 일반대학 입학정원은 21.6%(321,409명 중 69,459명)이지만 국립전문대학 수는 1.4%(139개 대학 중 2개 대학), 국립전문대학 입학정원은 0.3%(178,050명 중 601명). 국립전문대학 수는 18.0%,(25개 대학), 국립대학 입학정원은 21.6%(38,459명)가 되어야 국립 일반대학과 비슷한 수준이 됨
- 점진적으로 OECD 수준의 국·공립전문대학 및 정부의존형 사립전문대학으로 대학형태가 변화하는 추세임
- 대부분의 국가는 재학생 수 기준으로 국·공립대학 및 '정부의존형' 사립대학 재학생이 70% 이상 차지
- 빠른 기술 변화와 고령화 사회에 성인의 직업재교육·전직교육 및 선취업·후진학자 등의 고등직업교육 수요가 확대되고 재교육, 계속교육, 경력단절교육 등 평생교육 수요도 증가 하는 추세

※ '평생직업교육' 관련 고등교육기관 운영 형태

- '평생직업 교육대학'이란 직업생활에 필요한 전문성 신장을 필요로 하는 전 국민을 대상으로 맞춤형 직업능력개발을 위해 국가·지역·산업체가 연계한 수요자 맞춤형 평생직업 교육체제. 취·창업 역량 강화로 성인 학습자를 위한 첨단 인프라를 구축하여 다양한 연한의 학위·비학위 통합 직업교육과정 개설

  (개설대학) 전문대학

  (대상) 입직을 원하는 모든 성인

  (연한) 1개월 단위, 6개월, 1~4년 등 다양한 연한

  (학위) 학위, 비학위, 학점인정제, 학점은행제 등 가능

- '평생직업교육단과대학'은 고령화와 노동시장 유연화 등으로 인한 성인들의 다양한 평생교육 수요를 흡수하고, 고졸자의 선취업·후진학을 활성화시키고자 대학의 우수한 인프라를 활용하여 개설한 고등교육기관의 단과대학. 개인의 경력개발경로(career path)가 고교 졸업 후 바로 대학에 진학하는 형태를 지양, 선입직(入職)하고 필요 시기에 상위교육을 받는 경로 창출에 의미가 있음.

  (개설대학) 일반대학

  (연한) 4년 과정

  (학위) 학사학위

  (대상) 3년 이상 경력의 고교 졸업한 직장인, 30세 이상의 무직 성인

- 평생교육 관련 법규로는 고등교육법, 평생교육법, 학점인정 등에 관한 법, 독학에 의한 학위취득에 관한 법, 근로자직업능력개발법, 직업교육훈련촉진법, 산업교육진흥 및 산학협력촉진에 관한 법 등

의 법률이 있음

- **(재취업, 전직 등 단기 비학위 과정 개설)** 입직이 자유로운 새로운 형태의 전문화, 고도화한 직업교육 필요. 전문대학 정규과정과 연계한 성인 학습자 대상 직업교육 시스템 부족

⑤ 평생직업 교육대학에 대한 재정지원 확대 및 학위·비학위 교육과정 병행 개설 운영

- **(선진국형 고등교육체제의 직업교육대학 육성)** 직업교육대학 재학생과 일반대학 재학생들의 재정지원 형평성 보장
  - 직업교육대학의 질 관리 및 국제 경쟁력 제고를 위해 일반대학 수준으로 직업교육대학 재정지원 확충
  - 2016년 기준 재학생 수 구성비는 일반대학 : 전문대학 : 기타 = 69.5 : 18.0 : 12.5이나, 전문대학 재정지원 금액은 고등교육기관 전체 예산의 6.5%에 불과하므로 18.0%가 되도록 증액해야 함
  - 고등직업교육에 필요한 재원의 안정적 확보를 위해 고등직업교육교부금법(가칭) 제정도 검토 고려. 등록금 현실화를 통한 교육투자 확대

※ 정부는 2009년부터 등록금 동결, 2012년 등록금 인하(대부분의 대학이 약 3% 인하), 2013년부터 2017년까지 등록금 동결을 유도함으로써 대다수 대학이 10년 전인 2008년도 등록금보다 낮은 등록금을 유지하고 있음

- **(취업에 초점을 둔 학위 및 비학위 과정 운영)** 일·학습 병행하며 기술·지식을 습득하는 고등직업 교육기관 부족, 재직자, 미취업자, 퇴직자 등을 위한 평생직업교육 지원 부진을 해소하기 위한 교육과정 요구에 부응. 학점 인정, 정규학위과정 등록 시

학점 인정, 선행경험학습인정제(RPL), 학점당 등록제 도입

⑥ 학습 수요자 위주의 다양한 학사제도 도입

- **(교육대상과 수업연한)** 재직자, 퇴직자, 실업자, 창업희망자, 신규
  취업희망자 등 성인 학습자 대상 자격취득, 첨단기술 교육훈련,
  창업보육 다양하게 운영하되 기업현장과 신축적으로 조정. 비학
  위과정 취득 학점은 학점은행제 등과 연계, 학위취득도 가능
  - 다양한 학사제도: 다학기제, 집중이수제, 선행경험학습인정제,
    교육훈련과정(자격증 과정, 1년 이내), 학점인정제, 학점당 등
    록제, 현장실습 필수 이수제(1년 이상) 운영(수업연한 단축으
    로 조기입직 촉진 효과 기대)

3. 대학 구조조정 중추 역할을 하는 구조조정거점대학

◈ 학령인구 감소를 대비하여 **객관적인 평가를 기초로** 정원 규모 조정, 부실 대학
퇴출 등 **선제적 대응이 필요한 고등교육구조**
◈ 대학 구조조정으로 불가피하게 발생하는 학사관리 등 **예상되는 문제를 최소화
하는 안전판으로서의 거점대학** 필요성 대두

도립전문대학의 현재 (As-Is)	도립대학의 미래 (To-Be)
- 고령화로 인한 학령인구 급감 및 - 인구절벽에 따른 입학생 감소 - 현재의 구조조정 정책, 특성화 정책과 동떨어진 백화점식 나열식 학과구조 - 공립대학으로서 공적 지원, 공적 역할과 기능이 미흡한 대학 운영 구조	- 구조조정거점대학으로서의 책무역할 - 대학 정원감축에 따른 일선 대학의 학과 및 행정부서의 효율적인 재편 - 중앙정부가 지원하고 지방정부가 운영하는 구조조정 거점대학 필요성 대두

⑦ 대학 정원감축에 따른 학과조정 및 행정조직 효율화로 대학 경쟁
력 확보

- **(대학 구조개혁 정책에 신축적으로 대응)** 미래 산업구조 변화에
사전 대비하기 위하여 양적 조정과 질적 개선을 포괄하는 체질
개선 요구에 따른 도립대학 단위의 체질 개선 노력

표 8-18. 입학자원 감소와 대학의 체질개선 방향[73]

양적 조정 강조	대학의 체질 개선	
학령인구 감소 대비 입학정원 감축 및 부실 대학 퇴출	질적 개선	미래형 학사구조 개편, 특성화
	양적 조정	정원 감축 및 부실 대학 퇴출
	新수요창출	성인 학습자, 유학생 유치

- 1주기 대학 구조개혁에 의한 도립대학별 정원감축에 따라 효율
적이고 합리적인 학과 및 조직 개편 추진. 대학의 교육여건 개
선 및 교육의 질 제고 노력에 대한 종합적이고 객관적인 평가
실시에 따라 도립대학도 교육여건, 학사관리, 학생 지원, 교육성
과, 중장기발전계획, 교육과정, 특성화 등 정량적, 정성적 지표
관리에 만전의 노력이 필요

⑧ 대학 구조조정 국면에서 발생한 부작용 최소화하는 거점 구조조
정 관리대학 역할 수행

- **(구조조정 거점대학으로서의 역할과 기능 모색)** 학령인구 감소
에 선제적으로 대응하여 대학의 미충원 충격을 완화하고, 미충
원이 예상되는 지방대, 전문대를 정책적으로 보호하고, 퇴출대
학의 졸업생 관리 등을 본격 거론하는 구조조정 단계에 진입하
고 있음

---

73) 교육부 자체평가보고서 자료, 대학평가과, 2017. 1.

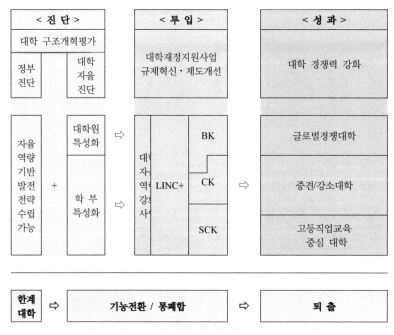

< 진 단 >	< 투 입 >	< 성 과 >
대학 구조개혁평가	대학재정지원사업 규제혁신·제도개선	대학 경쟁력 강화

그림 8-7. 특성화 및 재정지원을 연계한 대학 구조조정 프로세스[74)]

- 이러한 국면에서 특성화 및 재정지원을 연계한 구조조정 프로세스를 도출하고 있음.
- 이에 기능전환, 통폐합, 퇴출 시 고려할 수 있는 구조조정 거점 대학으로서의 역할이 요청됨
- 구조조정 거점대학은 도립대학 스스로 지속가능한 발전 체제를 마련하여 자율적 구조 혁신을 추진하는 방안임

- **(도립대학의 특성을 살리기 위한 대학으로 변화 유도 필요)** 현재의 도립대학은 일반대학과 차별성이 없는 2년제 백화점식 학

---

74) 교육부 자체평가보고서 자료, 대학평가과, 2017. 1.

과로 특성화 미흡. 특히 공립대학으로서 정체성이 미정립한 상
태이며 교육경쟁력이 미흡한 구조에서 탈피해야 할 상황

- **(정보공시센터 운영을 통한 구조조정 정책 시행)** 구조조정 거점
대학으로서 정보공시센터를 운영, 학습 수요자에게 객관적인 정
보를 제공하는 역할 수임

4. 국가가 책임지고 운영하는 국립 4년제 일반대학으로 통합

◈ 해외 **직업교육 선진국의 추세를 반영한 국가가 주도적으로 책임지고 운영하는**
핵심적인 고등직업 교육체제 구축
◈ 현 고등교육체제에서 **행·재정적으로 구조조정이 비교적 용이한 공립(도립)대학**
의과 국립대학의 최우선적 통합 조정

도립전문대학의 현재 (As-Is)	도립대학의 미래 (To-Be)
■ 일반대학과 차별성이 없는 2년제 백화점식 학과로 특성화 미흡 ■ 구조조정 국면에서 전임교원 미충원 다수학과 발생 ■ 전문성 없는 교육행정과 잦은 인사교체로 행정공백 발생 ■ 인건비성 경비 위주의 취약한 재정구조로 시설기자재 투자 미흡 ■ 산업구조 고도화,다양화가 반영되지 않은 공급자 위주 교육과정 실행	■ 직업교육 선진학제 반영한 국가 주도하는 국립 특성화 대학체제 ■ 맞춤형 취업에 걸맞은 산업체 경력교수 적정채용 ■ 국립대학 통합으로 전문적 교육행정 구현 및 직원교육매뉴얼 구축 ■ 평생직업 교육대학 교육과정 대비 첨단 시설-기자재에 대한 재정 투여 ■ 4차산업혁명 시대의 고도화 및 다양화 반영한 현장밀착형 교육과정 변환

⑨ 직업교육 선진국 추세를 반영하여 국가가 주도하는 고등직업 교
육체제 구축

- **(고등교육체제를 일반대학과 직업교육대학으로 이원화하여 재구**

조화) 직업교육대학을 일반대학과 대등한 위상의 교육기관으로 육성

- 학력·학벌 중심 사회의 폐단 척결, 공교육 정상화, 4차산업 혁명 시대 대비, 저출산·고령화시대 대비, 일자리 창출 및 실업률 해소로 국가경쟁력 제고
- 성적순이 아니라 소질과 적성에 따라 일반대학이나 직업교육 대학을 소신껏 선택할 수 있도록 유도. 직업교육대학이 일반 대학의 하급 교육기관이 아니라는 선진국 수준의 사회적 인식 확산 필요. 일반대학은 연구 중심 학위를, 직업교육대학은 장단기 자격과정으로 운영하여 직업교육 중심 학위를 취득하게 이원화하고 단순히 수업연한이 아닌 이수학점 중심으로 학위체제 전환

- **(직업교육 선진 추세를 반영한 다양한 교육과정 도입과 수업연한 다양화 추진)**

전문대학, 산업대학, 기술대학, 폴리텍대학, 전공대학, 일반대학(일부 전환) 등을 포괄하는 실무 중심의 고등직업교육 대학체제 구축 필요성 대두

- 선진국형, 미래형 직업교육과정인 학과·전공 중심 교육에서 직무능력단위 중심의 교육으로 변화 추구. 단일전공 교육에서 융·복합 교육으로의 변화 추구. 강의실 및 실습실 중심 교육에서 탈피하여 플립 러닝, MOOK, 프로젝트, 문제해결 학습방식으로 전환 유도
- 선진직업교육 추세를 반영하여 1년제, 2~4년제, 2학기제, 다학기제, 학위과정, 비학위과정 등 대학이 자율적으로 선택한 교육과정의 내용에 걸맞게 탄력적으로 조정하여 운영 (표 8-19 참조). 현 4년제 일반대학도 대학 수, 입학정원 등을 고

려하여 거시적인 구조조정정책에 의거하여 직업교육대학으로 전환 가능

- **(학제 개편, 국공립대학 통폐합, 구조조정정책 등 교육 분야 거시적 구조조정에 관한 시대적 흐름 및 국민적 요구 반영)** 국립대학의 연합대학 통폐합 정책에 편승한 공립대학(지방대학& 전문대학&고등직업 교육기관)과 국립대학의 통합 추진
  - 국립대학 통합으로 인한 전체 고등교육기관(대학) 수 및 입학생 감축으로 인한 소모적인 비용 감소. 국·공립대학, 사립대학 간의 역할 분담을 통해 소모적이고 불공정한 교육경쟁구도 완화
- **(직업교육대학 질 관리 및 수월성 확보 위한 인증평가 강화)** 기관인증, 학위과정 및 프로그램 인증평가 강화로 직업교육 수월성 확보, 인증결과에 따른 학위과정 및 프로그램의 개설/ 폐지, 차등적 재정지원
- **(국제경쟁력 강화를 위한 정부의 규제 정비 및 지원 강화)** 교육국제화 및 해외유학생의 적극 유치를 위한 대학 규제 철폐, 해외교육시장 개척을 위한 대학지원 강화, 고등직업교육의 국제적 통용성 및 등가성 확보

※ 최근 국공립대학 통폐합 관련 논의

- **2016년 7월, 국립대 총장협의회의,** 10개 지역거점 국립대학 총장 참석: 급감하는 학생 수에 대비하고, 대학의 경쟁력을 높이려면 새로운 발전 모델인 지역 **국립대의 연합대학체제 구축이 필요**
- 이는 국립대학간 유사·중복학과 통폐합을 통하여 대학교육 여건을 개선하고, 지역산업과 연계한 대학 발전 계기를 마련하여 지역 고등교육의 내실화와 질적 고도화를 도모하기 위한다는 취지가 있음

– 이미 국립대+산업대+국립전문대가 시행했고, 공립대 통폐합 사례
(인천대)도 있음. 구조조정 이전에도 통합이 추진된 바, 국공립 형
태라는 이질성이 문제되지 않는 상황임

표 8-19. 국외 고등직업 교육기관의 수업연한 및 수여 학위[75)

구 분		수업연한	수여학위
미국	Community College	1~4년(학위과정) 6개월~1년(자격증 과정)	Associate Degree, Bachelor's Degree, Master's Degree
	Vocational/Technical Institution	1~2년, 2~4년	학위 수여 안 함
	3년제 학사학위	3년	Bachelor's Degree(3년)
캐나다	Community College	2년제 또는 4년제	Certificate, Diploma, Associated Degree, Bachelor's Degree
	University Colleges		Associated Degree, Bachelor's Degree
영국	Further Education College	단기 자격증 과정, 2개월~4, 5년의 학위 과정	Foundation Degree Higher National Certificate/Diploma Diploma of Higher Education Honours Degree
	New University	2년제, 3년제	Certificate, Bachelor Degree, Master Degree, Doctor Degree
호주	TAFE	자격증과정(2년 이내) 2~4년 학위과정	Diploma, Advanced Diploma, Associate Degree, Bachelor Degree
	ATC	단기간 자격증과정	Certificate
독일	Fachhochschulen	3~5년	Diplom-Ingenieur(FH)
	Berufsakademie	3년/기본2년+응용1년	Diplom-Ingenieur(BA)
핀란드	Polytechnics	3.5~4년	Bachelor's Degree
대만	TVE Uni.	2년제, 4년제	Diploma, Bachelor's Degree
	Junior College	2년제, 5년제	Diploma

---

75) 한국전문대학교육협의회, 평생직업 교육대학 운영모델 및 역할연구, 2014.

<최근 국립대학 통합사례>[76]

2004년(1)·공주대+천안공업대학(전문대)→공주대

2005년(4)·부산대+밀양대(산업대)→부산대

·강원대+삼척대(산업대)→강원대

·전남대+여수대(일반대)→전남대

2006년(1)·강릉대+원주대학(간호전문대)→강릉원주대

2007년(3)·경북대+상주대(산업대)→경북대

·제주대+제주교대→제주대

·전북대+익산대(국립전문대)→전북대

2009년(1)·인천대+인천전문대→인천대

2011년(3)·충주대+한국철도대→교통대

·충남대+공주대+공주교대→협의중

·부산대+부경대→논의중

- **(국립대학 통합으로 산업체 경력교수 채용 및 첨단 시설·기자재에 대한 과감한 재정 투여)** 구조조정 국면에서 전임교원 미충원 학과, 시설기자재 투자 등 구조 개선이 요청됨
- **(선진국형 고등교육체제 구축 및 직업교육대학의 설치·운영을 위한 법적 근거 마련)** 고등교육기관 관련 법령을 선진국형 고등교육체제에 부합하도록 체계적으로 제·개정함
  - '고등교육법', '평생교육법', '근로자직업능력개발법' 등에 근거하여 운영되는 고등직업 교육기관 법률을 선진국형 고등교육체제인 직업교육대학으로 일원화하도록 법령 체계 정비
  - '직업교육훈련촉진법'과 '산업교육진흥및산학연협력촉진에관한법률'의 통합. 고등직업교육육성법(가칭) 제정도 검토 고려

---

76) 교육부, 자체평가보고서, 2017. 1.

- **(선진국형 고등직업 교육체제인 직업교육대학 설치·운영에 적합한 정부 조직 신설)** 직업교육대학의 위상 제고 및 직업교육 활성화를 위한 범정부 차원의 거버넌스 체제 구축
  - 각 부처 및 부서에 분산·운영되고 있는 평생교육기관 및 고등직업 교육기관의 통합 운영을 위한 협업 체계 구축. 중등 및 고등단계 직업교육 정책의 통합성, 연계성, 일관성 확보를 위한 통합체제 구축. 직업교육의 성공적 정착을 주도할 정부 부처의 신설도 검토

⑩ 현 고등교육체제에서 사립대학 대비 행·재정적으로 구조조정 용이한 공립 도립대학과 국립대학의 우선적 통합

- **('국·공립'으로 통칭, '들러리' 취급받는 공립대학 위상 불식)** 국공립대학이라는 명칭하에 유명무실하게 취급받고 있는 2년제 공립대학의 부정적 인식 불식이 급선무
  - '국·공립' 명칭이 붙여진 전국 규모 각종 심포지엄, 포럼, 연합회, 공청회, 세미나 주최 및 주관은 사실상 2년제 공립 도립대학을 제외하고 있다고 보아도 무방
  - 국립을 기준으로 모든 정책이 진행되고 있는 실정. 다만 여기서 공립은 대체로 4년제 일반대학인 서울시립대학교를 지칭함. 2016회계연도부터 본격 도입된 대학회계 운영도 국립대학 중심으로 운영되고 있어 도립대학 회계구조와는 맞지 않음

※ 2015년 3월 '국립대학의 회계설치 및 재정 운영에 관한 법률'이 제정, 시행되어, 도립대학도 이를 준용하여 2016년부터 대학회계를 도입하여 운영하고 있으나 회계시스템 부재, 행정자치부 회계 규정과 충돌되는 등 대학회계에 문제점이 있어 관련 규정의 보완이 필요

※ 관련 법률: 대학회계는 '국립대학의 회계 설치 및 재정운영에 관한 법률'로, 특별회계는 '지방재정법 및 지방자치단체 재무회계 운영규정'을 적용

표 8-20. 대학회계와 특별회계 규정 대비[77]

구 분	대학회계	특별회계(지자체)
회계연도	3. 1~익년 2월말	1. 1~12. 31.
회계 시스템	별도 구매	e-호조
예산과목*	교육부 기준	행정자치부 기준
결 산	감사보고서 첨부	감사의견 첨부
물품 감가상각	D-Brain 활용	적용안함

※ 도립대학도 국립대학과 같이 지속적인 시설투자가 불가피한데도 대학 재원은 지자체 지원비로 제한. 매년 운영비, 시설비 등 100억 원 이상을 지자체가 부담

─ 국립대학은 대학 예산 신청에 따라 교육부, 기재부 심의 후 예산을 지원하는 데 비해, 공립(도립대학)은 별도 지원사업이 없이 대학평가방식의 공모사업, 특별교부금으로 지원함

※ 산학협력 선도대학, 특성화 전문대학, 유니텍 사업, 평생교육진흥사업 등

■ **(현 예산 지원 형태로는 도립대학 지속가능성 무색)** 도립대학은 재원이 지자체 지원비로 제한되어 있어 시설비 지원 등이 한계

─────────────

77) 전국 도립대학총장협의회, 2017. 1.

가 있음. 이에 국가 차원의 책무성이 요구됨

- **(국가가 지원하는 국립대학과의 통합으로 지역균형 발전 기여)** 도립대학 발전을 위해 지속적인 시설투자가 필요하지만 도립대학 소재 지자체의 대규모 예산투입은 어려운 상태. 도립대학 설립 이후 강의동 및 기숙사 확충, 교사 노후화에 따른 보수작업, 시설 투자 등이 거의 이뤄지지 않고 있는 상황임.

※ 지원근거는 "지방대학 및 지역균형인재 육성에 관한 법률" 제16조(국가 등의 지원): ① 국가와 지방자치단체는 지방대학의 교육·연구 여건의 개선을 위하여 교원 및 교육용·연구용 시설·설비의 확보에 필요한 지원을 할 수 있다. ② 국가와 지방자치단체는 지방대학의 학술 또는 학문 연구와 교육 연구를 진흥시키기 위하여 실험실습비·연구조성비·장학금 지급 등 필요한 지원을 할 수 있다.

- 사립전문대학에 비해 비교적 구조조정이 용이한 도립전문대학(공립대학, 지방대학, 직업대학)을 4년제국립대학과 통합하여 직업교육대학으로 통합하여 국가적, 사회적 비용 제거

  - **(국립대학 중장기 비전인 '국공립대학 법인화' 추세 반영)** 현 정부가 추진 중인 '국공립대 법인화'는 대학 운영체제의 자율성과 변화 지향성을 갖춰 특성화된 교육·연구 시스템을 구축하여 국공립대의 경쟁력을 강화하고자 하는 정책으로, 도립대학과 국립대학의 통합도 이러한 기조에 부합하다고 판단함

  - **(국립 4년제 일반대학으로 통합 후 직업교육대학 개편)** 공립대학 혁신 모델: 급격한 교육환경 변화에 대응하는 전략적 역할을 토대로 '캠퍼스 환경 구축' → '맞춤형 직업교육과정 운영' → '국립 4년제 통합 후 직업교육 명문대학으로의 체제 개편'이 바람직함

－ 국립 4년제 일반대학과 통합이 추진되려면 도립대학 공유재산의
무상 이양이 선제적으로 이뤄져야 가능함

V. 결어 및 제언

1. 도립대학 재구조화의 의의

지금까지의 논의를 간략히 요약, 정리하는 것으로 본 연구 과제를
마무리하겠다. 1차적으로 도립대학의 설립 목적과 목표, 이를 바탕으
로 한 혁신 방향과 기반 구축에 관하여 정리하였고, 2차적으로는 도
립대학의 현실적인 혁신 방안에 관하여 제안하였다. 도립대학은 지역
전략산업과 연계한 지역사회의 창의적인 전문 직업인을 양성하는 명
품 특성화 대학으로서 비전을 모색해야 하며, 평생직장 개념이 사라
진 평생학습시대를 선도하는 평생직업 교육대학으로서 기능과 역할
을 모색해야 할 것으로 판단한다. 이러한 사정을 고려한다면 도립대
학은 작금의 대학 무한경쟁시대, 대학 구조조정 국면에서 중앙정부·
광역지자체와 불가분의 관계를 맺고 있는 공적 기능을 수행할 수 있
는 구조조정 거점대학으로서의 역할과 기능을 부여할 필요가 있다고
파악된다.

특히 국립대학 통폐합 및 학제 개편 등 교육 부문의 거시구조 재
편이 논의되는 상황에서 도립대학과 국립대학의 통합 필요성이 제기
된다. 즉 국가가 주도적으로 책임지고 경영하는 직업교육체제 구축의
단초를 도립대학과 국립 4년제 일반대학의 통합 추진을 통해 모색한
다면 보다 효율적이고 합리적인 고등직업 교육체제가 구현되리라 예
측한다.

2. 도립대학 혁신의 비전과 의의

지역의 전략산업을 기반으로 연계하여 다음과 같은 세부 요건을 충족하는 특성화 대학을 추구한다. 지역산업에 필요한 창의적인 전문인력을 양성하는 데 목표를 두고, 궁극적으로 대학입지 전략산업에 기반한 강점 분야 특성화 대학으로서 명품대학을 실현하는 데서 그 비전을 찾을 수 있다. 4차산업혁명 시대의 급변 및 적정기술을 수용하는 글로벌 수준의 산학밀착 교육과정을 개발, 적용하여 취업률 75% 이상을 달성하고 지역사회 저소득층 및 사회적 취약계층에게 고등교육 기회를 제공할 수 있다.

평생직장 개념이 사라지고 전문 직업가로서 평생직업시대가 도래한 시점에, 평생학습의 장으로서 역할과 기능을 수행할 평생직업 교육대학의 설립과 운영이다. 즉 평생직장 개념이 사라진 전문직시대를 겨냥한 평생직업교육 선순환 체제를 구축하고 재정지원의 확대로 각종 입직 희망자를 위한 학위 및 비학위 교육과정을 병행 개설한다. 이에 따른 수요자 위주의 탄력적인 학사제도(수업연한, 선행학점인정제, 인턴십, 복수학위제 등) 도입을 검토할 수 있다. 한편 기존 전문대학의 평생직업 교육대학, 일반대학의 평생직업교육단과대학의 노하우를 연계·활용한 평생직업 교육대학의 설립, 운영도 요청된다. 이와 관련한 고등교육재정의 확대 및 관련 법률 제정이 필요하리라 본다.

3. 도립대학의 혁신 및 활성화를 위한 제언

대학 구조조정 국면에서 발생한 부작용을 최소화하는 안전판으로서 구조조정 거점대학으로서의 역할과 기능을 부여한다. 대학 구조조정 후속 프로그램(학사관리, 장학금 등 법적·제도적·재정적 장치)

및 실행 창구 역할을 하며, 입학정원 감축에 따른 학과 구조조정 및 행정조직 효율화로 대학 경쟁력을 확보할 수 있다.

선진직업교육 흐름에 좇아 국가가 주도적으로 책임지고 경영하는 직업교육체제를 구축한다. 즉 국립 4년제 일반대학과 통합 추진을 상정할 수 있다. 즉 현 고등교육체제에서 행·재정적으로 구조조정이 비교적 용이한 공립 도립대학과 국립대학을 통합하여 직업교육대학으로 운영할 필요가 있다. 이를 위해서는 도립대학을 국립대학과 통합, 직업교육대학으로의 체제 개편에 따른 재정적 투여와 관계 법령 개·제정 추진이 요청된다.

※ 본고의 "2장 고등직업교육의 현재 여건 및 개선 방향"은 양한주 전 동양미래대학교 교수이자 고등직업교육평가원장께서 집필하셨다는 점을 밝힙니다. 이 글의 논리적 흐름을 위해 필자에게 양해를 구하고 실었습니다.

[별첨: 19대 대통령 후보님께 드리는 도립대학 요구사항]
현재의 도립대학을 국립 직업교육대학 형태로 개편하자

○ 전국 6개 광역지자체가 설립한 도립(공립)대학 7개교는 1990년대 후반 국가균형발전을 위한 교육정책의 일환으로 창학 20여 년간 묵묵히 지역발전을 선도해 왔다.

○ 특히 지역사회 저소득층 및 취약계층에 고등교육의 기회를 제공하며, 국가 산업에 필요한 전문인력을 적재적소에 배출해 왔다. 하지만 최근 연간 저출산·고령화로 인한 대학 입학자원의 '인구절벽'으로 대학은 무한경쟁시대, 구조조정시대를 외면할 수 없게 되었다.

○ 한편 저성장 경제 국면과 불황의 늪, 청년실업의 장기화, 평생 직장 개념이 사라진 이후 '전문 직업인' 시대의 등장, 게다가 '4차산업혁명 시대'가 목전에 도래하면서 고등직업교육은 선진국 직업교육 패러다임에 필적할 만한 혁신적인 변화를 요구받고 있다.

○ 선진국의 경우, 교육의 최고기관인 대학을 국가가 책임지며 운영하고 있다. 직업교육은 더더욱 그렇다. 우리는 사립전문대학이 98%로 겨우 2%를 광역지자체가 설립하여 운영하고 있다. 국가가 직업교육을 방기하고 있는 상태다. 이제 국가가 발 벗고 나서야 할 때다.

○ 그간 도립대학은 국공립이라는 미명하에 공적 커뮤니케이션의 장에서 유명무실하게 들러리만 섰을 뿐, 스포트라이트를 받은 적이 없다. 공립대학으로서 지역 균형발전을 선도하라는 목적만으로 국가로부터 어떠한 종류의 재정적 투여가 이뤄지지 않고 있다.

○ 도립대학과 국립대학의 통합은 대학 구조조정으로 인한 부작용을 최소화하는 안전판으로 작용할 수 있다. 구조조정 거점대학으로서의 역할을 할 수 있는 최적의 대안이다. 이는 평생직업교육의 장으로서 평생학습시대를 선도하는 '국민평생학습대학' 구현과도 직결된다.

○ 도립대학과 국립대학의 통합은 대학 구조조정 문제를 지혜롭게 풀기 위한 시의적절한 단초가 될 수 있다. 이는 국립대학 연합체제 방안에도 부합하는 최선의 방안이다. 이에 도립대학 7개교 구성원 일동은 도립대학과 국립대학의 통합을 강력히 요구한다.

2017년 3월 20일
전국 도립대학교 교수협의회

<기획 칼럼> 지자체와 공립대학의 상생과 협력

도립대학의 또 다른 이름은 공립대학이다. 이는 국민 다수의 공공적 복리 증진과 지역사회 발전을 위해 세운 대학이라는 의미다. 도립대학은 1988년 12월 31일 개정한 '오지개발촉진법'(2008년 3월 28일 폐지)에 의거해 1996~1999년 설립됐으나, 국가 재정 부담을 이유로 해당 도(道)로 이관돼 운영돼 오고 있다. 현재 전국에 강원, 경북, 경남(거창, 남해), 충남, 충북, 전남 등 7개 대학으로 20여 년의 역사를 넘어서고 있다. 지역의 경제적으로 어려운 우수한 인재들에게 고등교육의 기회를 확대하기 위해 값싼 등록금과 기숙사비, 다양한 장학금, 교통 편의 등을 제공하고 있다. 특히 졸업생 일부는 제한경쟁을 통해 공무원이 되기도 하는 '사회적 대학'이라 할 수 있다.

도립대학은 직업교육을 감당하고 지역균형발전을 위하는 작지만 강한 '알짜 대학'인데도, 여전히 대학의 존재 및 역할과 사명을 짚는 국가적 차원의 연구보고서 한 편 존재하지 않는 고등교육기관이기도 하다. 국립대학도, 수도권대학도, 4년제 일반대학도 아닌, 그렇다고 재원이 넉넉한 수도권 근동의 사립전문대학도 아니기 때문이어서일까. 내로라하는 '힘쎈 대학들'에 밀려 재정지원의 사각지대로 남아 있다.

도립대학은 나이로 말하자면 약관 20세, 청년으로 성장한 데 반해 초기 투자 이후 유지에만 급급해 미비 시설 및 노후화로 재정투자가 요청되는 시점이다. 그런데 국립과 달리 매년 운영비, 시설비 등 1백억 원 이상을 재정자립도가 취약한 해당 지자체가 부담하고 있다. 즉 국립대학은 교육부, 기재부 심의 이후 곧바로 예산 지원이 이뤄진 데 반해 도립대학은 별도 지원 없이 산학협력 선도대학, 특성화 전문대학, 유니텍사업, 평생교육진흥사업 등 공모사업에 근근이 의존하고 있다. 특히 재정 집행이 구성원의 인건비 지원에 머무르고 있어 지역 발전 특별회계 편성 등을 통해 공영의 기능과 역할을 충분히 살리는 지역거점 평생직업 교육대학으로 환골탈태해야 한다.

최근 '공영형 사립대학'이 현안 이슈로 부상하는 현상을 지켜보는 도립대학 구성원의 마음은 매우 불편하다. 엄연히 '공영'인 도립대학이 존재하고 있으니 말이다. 이는 자치행정의 양대 화두인 지역균형과 지방분권을 무색하게 하는 '옥상옥'의 고등교육정책이라 생각하기 때문이다. 굳이 추가하자면 도립대학이야말로 '지역산업 클러스터 기반 지역 선도대학' 역할을 감당해야 제격이다. 도립대학의 설립 주체는 광역지자체로 설립 목적은 지역산업에 필요한 창의적인 전문인력을 양성하는 지역산업 특성화 대학, 평생직업 교육대학 구현에 있다.

표 1. 도립대학의 재정운영 형태 구조 변경

구 분	종 전		변 경
	특별회계	기성회계	대학회계
예 산	도 전출금	기성회비	도 전출금 + 대학 자체수입금
편 성	도	대학의 장	대학의 장
심의, 의결	도의회	기성회 이사회	대학 재정위원회

도립대학은 2015년 3월부터는 국립대학의 기성회비가 폐지됨에 따라 기존의 이원화된 대학회계 제도를 개선하여 대학재정 운영의 자율성·투명성·책무성을 제고하고 혼란을 최소화하기 위해 대학회계를 도입하였다.

전국 7개의 도립대학은 정부, 지방정부로부터 재원을 확보하여 운영하지만, 광역지자체에 달린 시-군과 폭넓은 교류를 하면서 지역사회 산업발전을 견인하고 있다. 대다수 도립대학이 광역 및 기초 지자체의 산업발전 축과 궤를 같이하며 지역민과 함께 하는 대학으로 상생 협력하고 있다. 예컨대, 충남도립대학은 의약-바이오-반도체 디스플레이 중심의 첨단기술산업, 경북도립대학은 이동통신과 에너지 등 신성장 기술산업, 거창-남해도립대학은 수송기계 융합부품 등 해상 및 물류 관련 산업, 강원도립대학은 관광레저와 방재산업을 주축으로 삼고 있다.

지금부터는 전라남도 및 산하 지자체-정부기관-전남도립대학교와 상생-협력하는 구체적인 사례를 살펴보기로 하겠다.

전남도립대학교는 도립대학 소재 광역 5대 경제권지역 선도사업으로 일찌감치 신재생에너지와 광-소재를 중심으로 한 창의와 인성을 갖춘 정주형 인재 양성이라는 슬로건을 내걸고 정부-전라남도-군 등과 협력사업을 진행해 왔다. 특히 산하 22개 시-군과 유기적인 산학협력 체제를 이뤄 오고 있다. 특히 대학 거점인 담양군을 포함한 인근의 구례군, 곡성군, 화순군, 영광군, 장성군 등 6개 군과 산·학·관 거버넌스 구축을 위한 업무협약을 체결하고 이곳에 거주하는 지역주민, 자영업자, 소상공인, 취약계층, 창업희망자, 은퇴자, 은퇴예정자, 직장인, 지역주민, 경력단절여성, 재직자, 자격이수 희망자 등을 대상으로 100세 평생직업시대를 선도하는 취-창업 사다리 역할을 하고 있다. 전남도립대는 지난 5월 교육부 혁신지원사업 Ⅰ유형인 자율협약형에 선정된 데 이어 6월 교육부 혁신지원사업 Ⅲ유형인 후진학 선도형에도 선정됐다.

이 후진학 선도형사업의 핵심 내용은 평생직업교육 훈련과 상호발전을 위한 유기적 협력체제를 구축해 △지역밀착형 평생직업교육 운영 △ 산·학·관 거버넌스 구축 △ 지역 정주 여건 조성 및 취업 연계 지원 등 지역 수요에 맞는 혁신교육과정을 운영하는 데 있다. 2015년부터 2019년까지 대학과 지자체의 연계 협력을 보여준 경과를 살펴보면 다음과 같다.

1) 전략산업 기반 강점 분야 맞춤형 인력 양성은 담양군과 협약하에 지역주민 대상으로 평생교육과정 10개 과정, 400명, 대나무 해설사, 생활 도자기, 약선-한식 과정을 운영하고 있다. 향토전통 음식 및 외식산업 발전을 위한 인재 양성 일환으로 남도한식 외식산업 마에스트로 과정, 대나무 음식개발 및 음식점 컨설팅 사업도 하고 있다. 최근엔 지역·산업 맞춤형 일자리창출 지원사업으로 담양 산업단지 입주기업 및 취업 희망 구직자를 위한 취업종합지원센터를 구축하고 있다. 평생직업 교육과정으로는 남도전통문화전문가 3개 과정, 창업 마스터 프로그램으로 로컬푸드 3개 과정, 커피바리스타 3개 과정을 운영한다.

2) 4차산업혁명 시대 적정 기술을 반영한 산학밀착형 교육과정은 에너지밸리 산학융합 캠퍼스를 나주의 광주-전남 혁신산단에 조성하여 에너지 관련 전기·전자, ICT 학과 학생을 교육하여 인근 한국전력 등에 실질적인 취업으로 연계하려는 노력이다. 지자체 및 도민을 위한 평생직업 교육과정으로는 농촌융복합 전문가 과정으로 발효전문가, 남도음식전문가, 드론 전문가 등 11개 과정을 운영한다.

3) 지역사회 저소득층 가계 및 사회적 취약계층을 위한 고등교육 기회 제공은 도립대학의 큰 장점으로 꼽힌다. 현재 지역사회 서비스 투자사업으로 노후건강 프로젝트(담양, 화순, 장흥 관내 만 65세 이상 어르신 대상), 국제결혼 이주여성 활용 영어 학습 서비스(담양 관내 유치원·초등학교), 아동·청소년 심리지원 서비스, 인터넷 과몰입 아동청소년 치유 서비스, 어린이 급식관리지원센터 운영, 담양군 관내 37개소 영·유아 시설의 식단 개발 및 위생교육 사업 등을 시행하고 있다.

4) 지역민을 위한 사회적 책무를 다하기 위한 봉사활동으로는 도

민 자녀 영어 체험캠프 지원(강의실, 기숙사, 구내식당), 교사 연수교육 및 각종 기관단체 행사 지원(체육행사, 축제, 숙영지), 지역민을 대상으로 봉사활동(도자기 실습체험, 요양원 및 경로당 발마사지 봉사), 농촌집 고쳐주기 등을 하고 있다. 평생직업 교육과정으로는 지역 특화 케어서비스 전문가 과정으로 뷰티서비스 2개, 치매 예방 및 실버서비스 3개 과정을 운영한다. 2001년 이후 지금까지 전남 문화관광해설사 양성교육도 운영해오고 있다.

- 산학협력 네트워크 활성화 지속가능성 도모

- 숙련 기술인을 활용한 현장 밀착형 직무교육 프로그램 운영

- 수익 창출 비즈니스 모델(지적재산권 취득, 지역사회 서비스) 가동

- 지역과 함께 하는 봉사 프로그램(지역봉사, 경연대회, 자유학기제 참여) 실천

- 지역산업·사회 연계를 위한 성과확산 직무협의체 박람회 개최

<광역 및 기초 지자체와 상생협력 위한 전남도립대학교 핵심 아젠다>

도립대학의 현재(As-Is)는 학과 위주 학위·과정 중심, 학년·학기 중심 등록제 등을 운영하는 전문대학이다. 하지만 고등직업교육 선진국 추세를 반영한 미래(To-Be)의 대학으로 도약하려면 학위·비학위 교육과정 공동 운영, 성인·재직자·미취업자 중심 평생직업교육, 다양한 입직 기회에 초점을 맞춘 학사제도, 수업연한 다양화가 실질적으로 작동하여야 한다. 지자체와 지역민의 가교역을 맡는 도립대학이 지역거점 기간(基幹)대학인 평생직업 교육대학으로 거듭날 때 비로소

4차산업혁명 시대 패러다임에 걸맞은 고등직업교육 부문의 국가경쟁력을 확보할 수 있을 것이다.

(한국대학신문, 2019. 10. 23)

\<칼럼\> 공영형 사립대학보다 도립대학 활성화가 먼저다

새 정부 들어서도 도립대학은 여전히 고등교육정책에서 스포트라이트를 받지 못하고 뒷전으로 밀려나 있다. 도립대학은 국립대학도 아니고, 수도권대학도 아니고, 4년제 일반대학도 아니다. 그렇다고 재원이 넉넉한 수도권 근동의 사립전문대학도 아니다. 가끔 국공립대학 협의회라는 이름으로 언론지상에 오르내리기도 하지만 이는 수도권 4년제 일반대학인 서울시립대학교를 염두에 둔 것이지, 공립대학으로서 도립대학을 지칭하는 것은 아니다. 도립대학은 고등교육을 담당하는 대학이고, 고등직업교육을 담당하는 전문대학이며, 국가의 하부조직인 광역지자체가 운영하는 공립대학이지만, 여전히 행재정적으로 고등교육 사각지대에 덩그러니 놓여 있다.

최근 교육부가 국립대-사립대와 각각 태스크포스를 만들고 대학과 공동으로 현안을 논의하여 발전 전략을 짜고, 국정과제도 현장에 스며들도록 하겠다는 뉴스는 도립대학 구성원들에 '우리가 이러려고 지역산업 인력 양성에 매진해 왔는가'라는 자괴감과 상실감에 빠져들게 한다. 특히 교육부-국립대 TF는 국립대의 '공공성·책무성'과 '지역사회 발전 기여'로 8백억 원의 국고를 투여해 '지역산업 클러스터 기반 지역 선도대학'을 만들겠다는 취지가 흘러나오고 있다. 이번 교육부 기획에는 도립대학만이 아니라 전문대학이 통째로 빠져 있다. 국가가 고등교육의 40%를 차지하는 고등직업교육을, 지역균형 발전의 축으로 설립한 도립대학의 존재 자체를 사실상 외면하고 있는 셈이다.

대학 구조조정시대 지역균형발전 거점대학으로 변화해야

전국 7개 도립대학은 20여 년의 짧은 역사를 거쳐 대학 무한경쟁시대, 대학 구조조정국면에 들어선 작금의 상황에 이르기까지 해당 지역의 산업체와 긴밀한 협력관계를 갖고 전문 직업인을 양성하는데 혼신의 노력을 기울여 왔다. 특히 국가 및 지역사회에서 가장 어려운 처지에 있는 낙후된 오·벽지 국민의 자녀에게 저렴한 학비와 등록금, 기숙사비를 충당하는 등 고등교육 기회 확대를 통해 사회안전망 구축에도 일익을 담당해 왔다.

하지만 교육 수요자인 많은 국민은 도립대학의 실체적 진실인 위에서 언급한 설립 배경과 존재 의의를 짐작하지 못하고 있다. 심지어 대한민국 교육운영의 실질적 담당자인 교육부마저도 도립대학의 어제와 오늘, 그리고 바람직한 미래를 설계하는 일에 무관심하다. 도립대학은 여느 대학과 같이 국가재정 지원사업이나 기관평가인증 등 각종 평가를 받아야 하는 처지에서 자체적인 컨설팅은 수다하게 진행한 경험이 있지만, 교육부, 한국교육개발원, 한국직업능력개발원 등 국가적 차원의 도립대학 종횡단 연구(구조개혁 연구)는 전무한 형편이다. 현 정부에서만큼은 반드시 짚어 보아야 할 대목이다. 어느 고등교육 컨퍼런스 때 교육부 고위공무원으로부터 "도립대학은 1년에 광역지자체로부터 5백억 원이나 받는 애물단지라면서요?", "도립대학은 대학운영이 다소 지장 받더라도 도의 특성을 살린 학과를 설치해야 하는 것 아니에요?"라는 현실과 한참 동떨어진 질문을 받아 너무 어이가 없어 말문이 막힌 적이 있다. 전자는 국가(행정안전부)로부터 교수 및 직원(도립대학 평균 50여 명) 급여를 지원받는 미미한 수준이고, 도 관련 학과 개설만 한다면 짐작건대 '대학평가 3종 지표'인 신입생모집률, 재학생충원율, 졸업생취업률에 문제가 생겨 재정지원사업은 물론 대학기관평가인증에도 심각한 타격을 받을 게 뻔하다. 국립대학과 같은 수준의 지속가능한 재정지원구조가 없는 현재의 상황에선 도립대학이 진정한 의미의 지역산업 연계 특성화 대학으로 거듭날 수 없다. 도립대학 역시 겉으로는 특성화를 부르짖고 있지만,

여느 대학과 비슷한 유의 고만고만한 대학을 곧이곧대로 유지해야
생존을 보장받을 수 있기 때문이다.

평생직업시대에 걸맞은 평생직업 교육대학으로 도약을

현 정부 들어 '공영형 사립대학'에 대한 논의가 무성하다. 일반대
학을 포함한 전문대학의 90%가 사립대학에 의존하는 우리나라 고등
교육체제에서 선진국처럼 국가나 지자체가 담당할 몫을 늘려야 한다
는 주장은 꽤 설득력이 있다. 직업교육 부문은 당위성이 더하다. 그
런데 아직 공영형 사립대학은 미완성이고, 공립대학은 이미 존재하고
있는 실체 아닌가. 이미 존재하고 있는 공립대학의 정기능을 충분히
살린 연후에 일부 사립대학을 구조조정과 연계해 공영화하는 게 바
람직하지 않겠는가. 게다가 공청회이긴 하지만 일반대학 대비 전문대
학 비율이 턱없이 부족한 연구보고서가 발표되었다. 이는 공영형의
본질이 직업교육에 있음을 망각한 처사로 갑의 위치에 있는 일반대
학들의 나눠먹기식 재정지원으로 이어질 공산이 크다. 우리의 경우,
고등단계 직업교육인 전문대학의 94%가 사립대학이기 때문에 구미
선진국처럼 공영(혹은 국공립)의 비율을 비약적으로 높여야 한다는
데 이의를 제기할 사람은 없다. 많은 교육전문가는 고등교육구조만큼
은 국가가 발 벗고 나서 국공립형으로 조정해야 한다고 말한다.

전국의 7개 공립전문대학인 도립대학(강원, 경남 거창, 경남 남해,
경북, 전남, 충남, 충북)은 대통령 공약사업으로 1988년 12월 31일
개정한 '오지개발촉진법'(2008년 3월 28일 폐지)에 의거해 1996~
1998년 설립됐으나, 국가 재정 부담을 이유로 각 도(道)로 이관돼 근
근이 운영되고 있다. 하지만 도립대학은 미비 시설 및 기반시설 노후
화로 지속가능한 재정투자가 시급하다. 구성원의 인건비 지원에 머무
르고 있는 공립대학인 도립대학에 지역발전 특별회계 편성 등을 통

해 공영의 기능과 역할을 충분히 살려 지역거점 직업교육대학으로서의 위상을 견고히 세워야 할 시점이다. 이는 국가 균형발전을 위한 길이면서 대학 구조조정 거점대학으로서의 첫걸음을 내딛는 일이다. 국민 혈세로 교육백년대계, 직업교육천년대계를 재설계하고 지역균형발전을 도모하는 고등교육 부문 초미의 현안 과제는 공립대학인 도립대학을 직업교육 거점대학으로 활성화시키는 일이다.

(교수신문 2018. 3. 12)

◎ 도움받은 책

— 교육부, 고등직업교육 중심기관으로 집중 육성하기 위한 전문대학 육성사업 시행계획, 2013. 5

— 교육부, 2014학년도 사내대학 평생교육시설 인가 승인: 일·학습 병행을 통한 평생교육체제 구축으로 기업의 핵심인재 육성, 2013

— 교육부, 국가평생교육진흥원, 대학 중심의 평생학습 활성화 지원사업' 지원대학 발표. 교육부·국가평생교육진흥원 보도자료, 2012

— 교육부 전문대학 정책과, "국정과제추진 기본계획안", 2013. 5

— 대학평가지표의 문제점과 개선방안, 월간 새교육, 2012. 5

— 교육부, "성과관리 시행계획", "자체평가실적자료", 교육부 창조행정담당관실, 2013~2018. 4

— 한숭희 외, 평생학습사회의 직업교육훈련 체계 개선방안 연구, 교육과학기술부, 2012

— 이정표, 한국 평생·직업교육의 실태와 과제, 2012

— 한국전문대학교육협의회, "한국 전문대학교육 30년사", 2010. 1

— 고등교육현안에 대한 전문가 심층토론회, 한국대학교육협의회, 2013. 6. 14

— 한국교총 대학교수회 연수회 자료, 한국교원단체총연합회, 2012. 2. 28

— 정태화·김현수·윤형환, 전문대학의 평생직업교육 기능 개선 방안. 한국직업능력개발원, 2013

— 한국교육개발원, "전문대학 : 미래사회 변화에 부응하기 위한 교육 비전과 목표", 2007

- 한국고등직업교육평가인증원, "전문대학 기관평가인증제 평가자 매뉴얼", 2012~2015.
- 한국고등직업교육학회, "능력중심사회 실현을 위한 전문대학의 역할과 과제", 2015. 5
- 한국생산성본부, "전남도립대학교 대학역량진단보고서"(2회), 2013, 2016
- 한국고등직업교육학회, "4차산업혁명시대의 인재양성 : 고등직업교육에서 길을 찾다 - 신현석, 고등교육기관의 기능 및 역할체계의 재구조화, 이정표, 고등직업교육활성화 방안", 프레스센터 20층 국제회의장, 2017. 2
- 한국교육개발원, "교육통계연보", 2014~2016
- 대학중장기발전계획서, 영남이공대학교(2014), 충청대학교(2014), 청강문화산업대학교(2014), 서울예술대학교(2015), 동양미래대학교(2015), 전남도립대학교(2016), 충남도립대학교(2015)
- 대학자체평가보고서, 전남도립대학교(2015~2017), 경북도립대학교(2016), 경남도립 남해대학교(2016), 충남도립대학교(2015), 충북도립대학교(2016)
- 한국전문대학교육협의회, "한국전문대학교육30년사", 2010. 1
- 한국고등직업교육평가인증원, "전문대학 기관평가인증제 평가자 매뉴얼", 2013~2016
- 전국 공립 전문대학협의회, "국공립 전문대학 지표 현황과 문제점 및 개선 방안", 충북도립대학, 2011. 2
- "차기 정부의 직업교육 변해야 산다", 교육과학기술부, 한국직업능력개발원, 한국고등직업교육학회 주최, 프레스센터 19층 기자회견

장, 2012. 8. 30

- 국회 고등교육 관련 정책토론회, "세계 수준의 전문대학 육성", 한국 전문대학교육협의회 공동주최, 국회의원회관 제2세미나실, 2012. 9
- 한국교원단체총연합회 주관 정책토론회, "대학평가제 문제점과 개선 방안", 서울시 서초동 소재 한국교총 5층 회의실, 2013. 5
- 한국대학교육협의회 주관 정책토론회, "대학평가제 문제점과 개선 방안", 서울시 중구 소재 프레지던트호텔, 2014. 6
- 한국고등직업교육학회 '정철영-고등직업교육정책의 방향과 좌표', 부산시 해운대구 센텀지구 경남정보대학교, 2015. 7
- 한강희, 차갑부 외 4인, 전문대학 4년제 대상학과 분류 타당성 연구", 한국전문대학교육협의회, 2010, 11
- 한강희, 이 승, 이길순 외, 2013년 교육부 국정연구과제, "전문대학 육성방안 : 전문대학을 고등직업교육 중심기관으로 집중 육성", 고등직업교육연구소, 2013. 7
- 한강희, 홍용기 외, 2014년 교육부 국정연구과제, "평생직업 교육대학 운영 모델 및 역할 연구", 고등직업교육연구소, 2014. 2
- 한강희, 양한주, "전문대학의 현재적 좌표와 지역거점대학으로서 국공립전문대학의 활성화 방안", 2011. 2. 12
- 한강희, "차기정부의 직업교육, 변해야 한다" 발제 토론문, 고등직업교육학회 정기포럼, 2012. 8
- 박경미, "4차산업혁명시대의 교육, 무엇을 준비할 것인가 : 임철일 - 4차산업혁명과 차기정부의 교육정책 과제, 소효정-교육의 미래, 미래교육의 테크널러지", 국회 의원회관 소회의실, 2017. 3. 27

대한민국 전문대학 교육의 정체성

직업교육과 평생교육

초판인쇄 2020년 12월 13일
초판발행 2020년 12월 13일

지은이 한강희
펴낸이 채종준
펴낸곳 한국학술정보㈜
주소 경기도 파주시 회동길 230(문발동)
전화 031) 908-3181(대표)
팩스 031) 908-3189
홈페이지 http://ebook.kstudy.com
전자우편 출판사업부 publish@kstudy.com
등록 제일산-115호(2000. 6. 19)

ISBN 979-11-6603-178-6 93370